EL RIPIO CAMINO
DE LAS ARTES MARCIALES

Marina Serrano

EL RIPIO CAMINO DE LAS ARTES MARCIALES

Tomo I:

Conceptos generales sobre el arte de combatir

Marina Serrano

El ripio camino de las artes marciales / Tomo I. Conceptos generales sobre el arte de combatir. Marina Serrano. 1° Ed. S.E. Buenos Aires. Ensayo. Artes Marciales.

Editorial S. E. Córdoba 2243, Olivos. Buenos Aires, Argentina. Enero 2023.

Contacto: marina_serrano@yahoo.com.ar
Instagram: serrano_marina
Facebook: marina.serrano.5

A Pedro Florindo,
con la rabia escondida de no hallarlo vivo,
con el amor inexplicable que vivirá
mientras viva.

El ser de las artes marciales es en tanto recorre un camino. Una vía propia sin indicaciones ni mojones, sin prueba de fallos.

Do, Tao, es el nombre de ese camino que nunca existió y se conforma a cada paso, una creación constante.

GENERALES DE LA LEY

El impulso de luchar se conserva en lo más hondo

No nos olvidamos de la sangre, de las mañas útiles en la antigua cacería, de la lucha creativa y despiadada por la pareja sexual. Quien niega, sin sombra de dudas, sin titubeos que, al escuchar el golpe de una carne contra otra, carne ajena, truena un eco súbito en el propio cuerpo –se ensanchan los hombros, las capas musculares de los vasos, se cierran los puños, la respiración se agita– miente. Quien niega que, en ese silencio posterior a la resistencia, a la rendición, puede experimentar algo parecido a la plenitud, miente.

Impulso, fuerza invisible que mueve y empuja, sístole del artista marcial es ese golpe internalizado nacido en el parénquima, en las arterias, eléctrico, creado y atraído por antiguos golpes sobre antiguas presas, depredadores, rivales y, más aún, sobre parientes cercanos que soplaron en la carrera nuestras orejas[1].

Quien transita alguna de las vías –*do, tao*, sendas que conducen, que conforman y son en sí mismas el arte– se pone de pie frente a lo que se opone –rival, bestia, niño, cerebro virtual, ficha redonda, papel, lienzo– y, más o menos pronto, se ve compelido a dar un paso hacia la conciencia de aquello que lo mueve –el impulso ancestral, arcaico, límbico, vivo en su interior–, a dar el paso necesario para arrancar, y luego otros, que permitan el movimiento, observar desde más lejos, desde un lugar diferente, dar esos pasos

---

[1] ¿Por qué luchan los seres vivos unos contra otros?, es la pregunta rectora con la cual Konrad Lorenz abrió su, ya clásico, estudio *Sobre la agresión* (1963). Desde su visión como etólogo observó que: "*la lucha es un proceso sempiterno en la naturaleza, y las pautas de comportamiento, así como las armas ofensivas y defensivas que les sirven, están perfeccionadas y se han formado tan claramente obligadas por la presión selectiva de su función conservadora de la especie. Sin duda, tenemos la obligación de plantear la cuestión darwiniana, o sea la cuestión de la lucha por la vida, la lucha que hace progresar la evolución, y sus malentendidos*". Según su perspectiva, esta lucha por la vida es, en primer lugar, "*la competencia entre parientes cercanos más que la lucha entre especies*" (Lorenz, Sobre la agresión: el pretendido mal, 1963 [1971]).

11

que permitan experimentar con las tripas, más allá de la razón intelectual, ese tirón profundamente humano, eso que ha ido enterrándose sin prisa, pero sin pausa, en lo profundo de los núcleos grises, en el ectodermo plegado, y se hizo piedra en el camino.

*

La piedra obstruye o da pie, nivela, calza una con otra, forma una calle adoquinada, según se mire. No tiene sentido oponerse a la vivencia de aquello que pugna. Negarla o mantenerla tras un matorral, inaccesible, hacer de cuenta que no existe, es inútil. Lo que no se vuelva manifiesto, lo que no se enfrente con esquivas, avances, golpes, argumentos, se presentará una y otra vez en forma de resistencia u oposición. Domar parte de conocer, o postular, al menos, las causas que determinan ese algo a domar[2].

Y el esfuerzo de observar, de hacer de tripas corazón e involucrarse, es el camino. Una senda que puede conducir adonde sea y llamarse de mil maneras: camino hacia la iluminación[3], *satori*, búsqueda de la sabiduría, virtud, felicidad[4], senda hacia la manifestación[5], alcanzar el vacío.

---

[2] *"Siempre que el hombre ha conseguido domar los fenómenos de la naturaleza ha sido gracias al conocimiento de las causas que los determinan"* (Lorenz, Sobre la agresión: el pretendido mal, 1963 [1971]).

[3] Suzuki resume la esencia del budismo diciendo: *"Si un hombre entiende lo que es la iluminación o realmente la experimenta en sí mismo, conoce todo el secreto de la naturaleza superhumana del Buda y con él el enigma de la vida y el mundo. La esencia del budismo debe radicar entonces en la Doctrina de la Iluminación Perfecta"* (Suzuki, 1995 [1949]).

[4] Según expresa Aristóteles en su *Ética a Nicómaco*, todo lo que hacemos en la vida, lo hacemos en vista de algún fin que se nos presenta como bueno. En sus palabras: *"Todo arte, toda investigación, y, de la misma manera, toda acción y opción, es de presumir, tienden a un bien; por este motivo, se ha afirmado con tino que el bien supremo es aquello a que tienden todas las cosas"* (Aristóteles, 349 a.c. [1948]). En un resumen brutal de su teoría sobre la ética: todo lo que el individuo hace, lo hace para ser feliz. Es entonces la felicidad el bien supremo, y como bien supremo debe ser final (no ser medio para otro fin), ser perfecto, autosuficiente y hacer, de por sí solo, la existencia humana valiosa. Desde este punto de vista, la felicidad es la actividad del alma conforme a la razón, *"de conformidad con la virtud perfecta"* (Aristóteles, 349 a.c. [1948]) Es *éthos*, no es *pathos*. Es la actividad del alma conforme al areté, ἀρετή, a la virtud y este es el núcleo de la felicidad: realizar a la perfección la actividad que le es propia en cuanto hombre. No se trata de

Iaido, karate, tiro con arco, juego de go, poesía, ikebana, lo mismo da de qué manera el protagonista quiera encuadrarlo, en tanto se viva el camino.

*

Una inhibición tras otra, un devorar tras otro, nos hizo esto que somos, que aún somos. Mejor es aceptar la inalterable sed, la saliva refleja ante la presa. Lo propio que late, inhibido, bajo la corteza gris. Hay que reconocer que lo profundo puede ser domado, sometido con lazos y correas, silenciado temporalmente, ignorado, pero no destruido[6].

Los tirones viscerales, como aquellos de la supervivencia, son indestructibles. Enterrarlos es hacer de ellos una aparición nocturna, una bestia siniestra dispuesta a salir en cualquier momento, a como dé lugar. Mejor es poner en movimiento lo espeso acumulado en el fondo del tarro. Embridarlo y echarlo a correr.

*

---

afectos ni facultades, sino estados de carácter, hábitos. Siguiendo este principio: si eres zapatero, has el mejor zapato posible con el cuero que te ha tocado; si eres artista marcial, intenta convertirte en el mejor artista posible en y con las condiciones que la vida te ha proporcionado.

[5] En uno de los libros apócrifos del primer cristianismo, *Evangelio (Gnóstico) de Tomás*, texto copto de Nag Hammadi, V, cita como propias de Jesús, el Nazareno, las siguientes palabras: *"Reconoce lo que tienes ante tu vista y se te manifestará lo que te está oculto, pues nada hay escondido que no llegue a ser manifiesto, pues nada hay escondido que no llegue a ser manifiesto"* (Evangelio de Tomás, Origen desconocido [2019]). Según los estudios psicológicos de Carl Jung, *el símbolo* es una unidad sintética de significado entre dos polos opuestos: lo manifiesto y lo oculto. Tras su sentido objetivo y visible se oculta otro sentido invisible más profundo. Desde esta perspectiva, hablar sobre lo manifiesto no concluye necesariamente a una interpretación mística sino en una comprender una característica propia del lenguaje simbólico.

[6] En sus primeras teorías psicoanalíticas, Sigmund Freud propuso que los contenidos psíquicos expulsados, relegados, de la conciencia tienden a reaparecer, y dicho material retorna en forma distorsionada, en forma de actos fallidos, sueños, síntomas, lapsus, fantasías oníricas diurnas. Freud se refería al fenómeno como: retorno de lo reprimido. Este retorno de lo reprimido (en alemán *Wiederkehr* (o *Rückkehr*) *des Verdrängten*) es el *"proceso en virtud del cual los elementos reprimidos, al no ser nunca aniquilados por la represión, tienden a reaparecer y lo hacen de un modo deformado, en forma de transacción"* (Laplanche, Jean & Pontalis, Jean-Bertrand , 1996).

Cerebros dentro de nuestros cerebros se encienden en la lucha, y en la preparación de la lucha. Reptil, roedor, mamífero, despliegan en forma soterrada sus conductas afectando al individuo por entero con inhibiciones, estimulaciones, permisos o controles. La evolución completa oculta sus cartas más altas y en la lucha saca a relucir sus respuestas más antiguas[7].

En los deportes de contacto, teatros de combate, espectáculos de octógonos, círculos y cuadriláteros, aquellos cerebros que fuimos, son. Reviven impulsos comunes a la especie, aunque restringidos a un espacio limitado, conminados a obedecer reglas que protegen del tiempo y del castigo de la ley, de la masa ofuscada del consenso. Estas puestas en escena generan márgenes, espacios, en donde aún es posible desplegar la ferocidad, o una fantasía de aquella ferocidad que las sociedades organizadas han intentado por siglos domeñar.

*

El manotazo defensivo, la coz de los équidos, la cabeza que se esconde entre los brazos, los ojos que se cierran ante una masa que se acerca violentamente, delatan la fuerza de estos cerebros

---

[7] El cerebro humano está compuesto por tres formaciones independientes, en orden de evolución: el cerebro reptiliano, el límbico y el neocórtex. Los tres se encuentran interconectados a nivel neuronal y bioquímico, y cada uno controla distintas funciones del cuerpo. El cerebro reptiliano regula las funciones fisiológicas involuntarias y es el responsable de la parte más primitiva de reflejo-respuesta, tales como control hormonal y de la temperatura, hambre, sed, motivación reproductiva, respiración. Por encima del reptiliano, se halla el sistema límbico, almacén de emociones y recuerdos. En él se encuentra la amígdala, considerada la base de la memoria afectiva. Entre las funciones y las motivaciones del límbico están el miedo, la rabia, el amor maternal, las relaciones sociales, los celos. Por último, el neocórtex o cerebro racional, es quien permite tener conciencia y controla las emociones, a la vez que desarrolla las capacidades cognitivas: memorización, concentración, autorreflexión, resolución de problemas, habilidad de escoger el comportamiento adecuado. Según la teoría de los "tres cerebros" descripta por Mac Lean, se plantea que el cerebro "reptil", está vinculado a la autoconservación; el cerebro "roedor", se relaciona con los procesos emocionales, y el cerebro "mamífero", tiene que ver con los procesos del pensamiento. Estas tres formas de funcionamiento deben estar adecuadamente interrelacionadas entre sí (Chiozza L. , Obras Completas. Tomo XI. Afectos y afecciones 2 , 2009).

subalternos. En los espacios teatrales y rojos del arte marcial, con olor animal y gritos, hay un retorno, aunque sea momentáneo, a lo más cavernoso, a lo más fiero del ser, a la historia viva del hombre que, al desafiar a otro, al animal, a lo que obstruye, al buscar ocupar un sitio protegido, al intentar sobrevivir o lograr sus metas, usa su don mayor y lo hace expresión de una sustancia gris que lo identifica.

*

Se lucha hoy con la ferocidad siempre latente de un pasado ontológico y el control social adaptado del presente. Se lucha como se puede, donde se puede, cuando se impone.

*

Sueltos pero atados. Hay cruce.

No importa cuán libre de limitaciones creamos la contienda, hay un teatro de fondo, un hacer de cuenta, un despliegue simbólico que restringe. Hay reglas y heurísticos que fueron definiéndose, interiorizándose, con el correr del tiempo, y actúan solos. Todo el mundo sabe qué sucede con un gato encerrado y sin salida. La persona, el animal más manso y domesticado puede resultar bestial. Y ante lo bestial, se huye o se finge estar muerto. O se lucha. Algunas de estas respuestas por momentos se vuelven conscientes, parcialmente reconocibles, salen a la luz en un segundo imprevisto, aunque no sea lo usual.

En el combate, en esa zona a medias iluminada los corazones reviven, recuerdan, recrean, lo que los padres de los padres hicieron con sus cuerpos, choques de cornamentas y puños. Y el recuerdo se mezcla con el sostén del presente.

La lucha del artista marcial es, por lo tanto, un juego que implica totalidad, lo puramente intelectual y la animalidad prística. Allí es donde salen a la luz los escondidos incisivos, los filosos caninos, y los músculos cigomáticos tensan sus propias puntas de flecha. En la lucha vale el uso de lo que fue anterior, cada órgano se despliega en su versión más primitiva, adelantando la nariz[8], usando las tripas, la piel, la erección pilosa[9], mintiendo arquetípicamente. Se

---

[8] Según Pascal Quignard, *"el verbo* noein, *que es el verbo griego que se traduce como pensar, quería decir primero "oler". Pensar es olfatear la cosa nueva que surge en el aire circundante"* (Quignard, 2015).

[9] Los humanos comunican información socialmente relevante utilizando todas las modalidades sensoriales, incluidos los sistemas quimiosensoriales (Mutic, S., Parma, V., Brünner, Y. & Freiherr, J., 2016). El sentido del

piensa con todo aquello disponible, con el pasado, con el presente, con lo propio de la especie y lo individual.
Somos el perro, el collar, y el hombre que sostiene la correa.
*
En la lucha vive la letra más abstracta en la más carnal de las formas posibles.
*
Luchar, del latín *luctari*, es lidiar, enfrentarse al asunto molesto, bregar el torero con un toro. La *lis* es el pleito, la disputa, la lid, de ahí litigar, pleitear, lidiar[10]. La disputa, el litigio inicia cuando dos

---

olfato, involucrado en numerosas funciones de supervivencia, en relación con el procesamiento del olor corporal emitido por individuos peligrosos, está lejos de ser comprendido. Aunque los resultados de uno de los estudios de Mutic & colaboradores (2017) proporcionan la primera evidencia de que las señales químicas de agresión inducen un sesgo de atención sensible al tiempo en la detección del peligro quimiosensorial y modulan la activación del sistema límbico (Mutic, S., Brünner, Y., Rodriguez-Raecke, R., Wiesmann, M. & Freiherr, J., 2017). Lorenz expone que los mamíferos suelen *"pensar con la nariz"*, y habla de su papel en la demarcación territorial olfativa. Para ello, los mamíferos han creado los procedimientos más variados, han aparecido multitud de glándulas que segregan olores especiales, y extrañas ceremonias para orinar y defecar. Para Lorenz existe la probabilidad de que la repartición de los individuos de una misma especie por el biotopo disponible se realice no sólo en lo espacial sino también en lo temporal. Los gatos domésticos que viven en libertad en el campo podrían así utilizar un mismo cazadero sin tener jamás motivos de pelea, mediante un horario fijo. Una seguridad más de no tener encuentros desagradables la constituyen las señales olorosas que van dejando a trechos regulares esos animales por donde pasan o se detienen. Estas señales hacen entonces el efecto de las que en los ferrocarriles sirven para impedir, con análogo objeto, la colisión entre dos trenes. Los gatos que hallan en el sendero de caza la señal de otro, cuya edad pueden calcular muy bien, dudan o cambian de itinerario si la señal es reciente, pero prosiguen tranquilamente su camino si ya tiene dos o más horas (Lorenz, Sobre la agresión: el pretendido mal, 1963 [1971]).
[10] Luchar, en sentido amplio: combatir, pelear. Utilizar alguien sus fuerzas y recursos para vencer a otro, para vencer un obstáculo o dificultad o librarse de una cosa, o para conseguir algo (Moliner, 2007). *Lid*, significa combate, disputa, del latín, *lis*. El verbo castellano lidiar "luchar, pelearse con", "enfrentarse a un asunto molesto" y, muy especialmente "bregar un torero con un toro". Según DRAE, lidiar, del lat. *litigāre* 'luchar'. Es 1. Burlar al toro esquivando sus acometidas según las reglas de la

16

quieren el mismo hueso, la misma hembra, el mismo macho. O sea, desde que el hombre se volvió animal omnívoro, siempre dispuesto y flexible para el acto sexual, casi cualquier cosa, cualquier bicho, cualquier humano, puede convertirse en un objeto de disputa.

La lucha no tiene objeto privilegiado, no tiene móviles restringidos.

*

Se agarran de los pelos los animales, el hombre animal, eso quiere decir pelea. Desde lo etnológico, puede llamarse proceso sempiterno de la naturaleza. Pero el ser humano no se conforma. Y lo convierte en una disposición existencial. Lo llamativo es precisamente eso: los hombres que combaten, a matar y ser muertos le confieren sentido existencial a su lucha. Dice Byung Chul Han: *"el ser es, por tanto, lucha"*[11].

*

Los luchadores en el instante de la lucha viven un tiempo plegado. No se distancia del presente. En el instante de la lucha no hay otra cosa que lucha. Y, sin embargo, es un instante hecho de pasado, y un instante en donde el luchador es tomado por una vivencia llena de sentido existencial.

Quizá por eso durante la contienda, en el escueto round deportivo, en el *kumite*, en el *randori*, después del saludo, la orden, el *sijak*, se puede sentir la plenitud, aunque solo sea por breves momentos. En ese real e ilusorio espacio del combate puede llegarse, con una convicción sin futuro y sin pasado, al tiempo completo condensado, al punto de solo ser ahí[12]. En el combate puede salir a

---

tauromaquia hasta darle muerte. 2. Batallar, pelear. 3. Hacer frente a alguien, oponérsele. 4. Tratar, comerciar con una o más personas que causan molestia y ejercitan la paciencia. 5. Pleitear, litigar (Real Academia Española, 2014).

[11] Byung-Chul Han en *Topología de la violencia* (2016) analiza los vínculos entre violencia y política. Según él, C. Schmitt y Heidegger basan sus posturas en la contraposición existencial entre amigo y enemigo -lo cual basta, según Schmitt, para definir lo político genuino y diferenciarlo de lo meramente social asociativo-. A partir de ahí, la enemistad se vuelve constitutiva de la identidad. *"La enemistad funda lo político"*. Han cita a Schmitt: *"la guerra, la disposición de los hombres que combaten, a matar y ser muertos, la muerte física infligida a otros seres humanos que están del lado del enemigo, todo esto no tiene un sentido normativo sino existencial, y lo tiene justamente en la realidad de una situación de guerra real contra un enemigo real, no en ideales, programas o estructuras normativas cualesquiera"* (Han B. C., Topología de la Violencia, 2016).

la luz la presencia total, el *satori* japonés, el *oh* coreano, el momento de no-mente.

*

En ese mínimo teatro, los artistas marciales pueden desplegar lo que creen que pueden llegar a ser: ente de respeto, capacidad de defensa, autocontrol, poderío soberano sobre pulsiones sanguinarias. En ese espacio los artistas otorgan permiso a sus autocreaciones, las dejan existir, las ponen en juego. El luchador, hecho de posibles que lo constituyen, de proyectos futuros, encuentra un espacio en donde vivir una existencia auténtica. Hay una pista de pruebas, un coliseo, en la blanda arena, en la cepillada y lustrosa madera, en el colorido suelo de goma-eva.

*

La lucha es un encuentro espeluznante. En pocas ocasiones se pone alguien, por su propia voluntad, a merced de su muerte. Nunca tiene el mando absoluto.

En la lucha no hay previsión, pronóstico atinado, ni seguridad.

Sentirse frente a la posibilidad real de ser atacado puede fortalecer o no. El cuerpo pende sobre un delicado fulcro. Si se da el fallido paso del sentimiento de seguridad a la certeza se atravesará un terrible punto de equilibrio, de carga distribuida, que dará paso al derrumbe.

Porque el luchador no podrá nunca domeñar por completo sus impulsos y permanecer en calma ante las fieras, como si eso fuera un don adquirido e inexpugnable, una fórmula genómica a expresar. Ni le conviene que así sea, ni puede. Por algo permanece la información, no se descarta, porque aún se entiende necesaria. Ya fue dicho: los sistemas íntimos de la lucha se sostienen mediante complejas inhibiciones, no se saltan, no se descartan, no desaparecen[13].

---

[12] Según Heidegger, el *Dasein*, es el hombre arrojado al mundo, un ente existencial, arrojado a sus posibilidades. Jean-Paul Sartre habla de *conciencia de mundo*. La conciencia siempre es conciencia de mundo, ya que el momento del yo es un momento derivado, de reflexión posterior. Pone como ejemplo el hombre que corre al tranvía, en ese instante el *dasein,* el ser, es devorado por el mundo. Cuando el hombre corre al taxi no se pregunta por el hombre que corre al tranvía. Cuando el artista lucha no se pregunta por el hombre que lucha.

[13] El sistema nervioso se estructura bajo una ordenación jerárquica y es regulado mediante inhibición superior. Los reflejos medulares son

En el fondo, el luchador sabe que no tiene el control total. Cuando se quita el *dobok*, el *judogui*, el *hakama*, el *karategui*, el uniforme, el *mawashi*, los guantes, la malla olímpica, el luchador sabe que no ha domado prácticamente nada. No ha sido él, no sabe bien lo que hizo, ve como entre nubes. Reconoce que en el ardor de la lucha actuó algo en él más allá de sí mismo.

Sabe que, cuanto más experimenta en carne propia el enfrentamiento, más consciente se vuelve de su imposibilidad de control absoluto, siempre habrá alguien más fuerte, o diestro, un momento de debilidad, una desventaja, un día de otoño entre las manos, años que aplasten. Siempre tendrá por debajo de las uñas, un animal al acecho. Es el escritor que termina su libro, su obra, y sabe que no ha tocado la íntima estructura de la literatura y que, al mismo tiempo, una parte de esa obra fue creada por algo ajeno a él, a través de su mano, y forma parte de la literatura de su tiempo.

*

En el momento del enfrentamiento no hay diferencias radicales, a todos nos deleita, de forma más o menos enmascarada, el golpe que damos, el que no nos dieron, el sonido de una carne contra otra, la respiración súbitamente cortada de aquel a quien acabamos de noquear, su flatulencia descontrolada. Porque en el enfrentamiento, la experiencia sensorial toma al luchador[14] como a cualquier otro miembro de la especie, atrae su pasado y le permite vivir plenamente en un puro presente el cuerpo amodorrado que carga a diario. Quizá ese conglomerado de sensaciones sea un estímulo evolutivo, o una recompensa creada por el hombre que

---

controlados por estructuras superiores y estas, a su vez, por otras, por medio de inhibiciones. "*Los mecanismos motores, filogenéticamente antiguos y más simples, no están desplazados por los más recientes, sino que están intactos, pero complementados, controlados y utilizados de acuerdo con las necesidades del acto motor, por los mecanismos de los niveles superiores*" (Loyber, 1999).

[14] Spencer, en su interesante artículo *Etnología de las Artes Marciales* (2013) observa que, al pelear, las experiencias sensoriales se vuelven particularmente agudas. El investigador presta especial atención al análisis de los sentidos usualmente más dejados de lado, como el olfato y el gusto. Para él, la lucha tiene una proliferación de significados en el entremezclado continuo de los cuerpos. A través del contacto sensorial entre los cuerpos se forman vínculos sociales y derivan en placeres (Spencer, 2013).

hizo desaparecer al hombre, que se impuso metódicamente sobre su ambiente, no tiene mayor importancia.

*

El conglomerado perceptivo, los animales encerrados, los niveles inhibidos, el impulso de luchar, es también eso que somos. Todos, sin excepción.

EL ARTE DE LA LUCHA NO
BORRA EL MIEDO

La evitación del dolor y el miedo estarán presentes mientras haya vida. No se pone un pie en el camino, cualquier clase de camino, sin presumir alguna clase de peligro. En cada uno de ellos podemos morir.

Experiencias marcadas en la propia carne, experiencias vicarias, experiencias individuales y colectivas, infantiles y ancestrales, empujan desde el limbo. Sabemos por la sangre reconocer depredadores que nunca vimos, que ni siquiera nuestros padres vieron. Suponer peligros forma parte de nuestros mecanismos de supervivencia[15].

*

La carne de la cobardía arraiga en el cono inferior de los reflejos, en la base de la pirámide jerárquica, en el peón del ejército, y lleva una orden, más allá de toda moral, ética o empeño altruista: cuidar al cuerpo biológico.

---

[15] Algunos teóricos proponen la existencia de un *Sistema de Optimización de Supervivencia* (SOS), que se basa en el supuesto de que ha evolucionado un conjunto de sistemas para evitar y combatir las amenazas que representan un peligro para la aptitud de la especie (Mobbs, D., Hagan, C., Dalgleish, T., Silston, B. & Prévost, C., 2015). Harari, en su libro *De Animales a dioses* (2014) señala que una de las teorías acerca de la extinción del diprotodonte en Australia se basa en la falta de comprensión gradual y adecuación evolutiva de estos animales al hombre como depredador. Dice: *"las grandes bestias de África y Asia comprendieron gradualmente qué pretendían los humanos, y aprendieron a evitarlos. Cuando el nuevo megadepredador (Homo sapiens) apareció en la escena afroasiática, los grandes animales ya sabían mantenerse a distancia de animales que se parecían a él. En cambio, los gigantes australianos no tuvieron tiempo de aprender a huir. Los humanos no tienen un aspecto particularmente peligroso. No poseen dientes largos y afilados ni un cuerpo musculoso y elástico. De modo que cuando un diprotodonte, el mayor marsupial que haya hollado la Tierra, fijó la vista por primera vez en este simio de aspecto endeble, le dedicó una mirada y después continuó masticando hojas. Estos animales tenían que desarrollar el miedo a los humanos, pero antes de que pudieran hacerlo ya habían desaparecido"* (Harari, 2014).

En la lucha, se parte de algo cierto: ignoramos el abanico desplegado de nuestras respuestas, así como ignoramos las acciones futuras. Ante la duda, como cualquier otro animal, nuestra elección se debatirá entre opciones simples y estereotipadas: la evitación, el escape, el inflamarse de los cuerpos con humores, la redistribución de la sangre, la parálisis, o el ir de lleno a la lucha.

*

Todo luchador con la determinación de enfrentar se alimentó de la misma raíz que aquel otro que se ha propuesto huir. Todo luchador lleva en sí también al cobarde, al que escapa, al enceguecido, al desesperado, al impotente. Todo luchador puede manifestarse encarador o rastrero, o muerto, según convenga. El miedo es una herramienta de la especie[16] y el artista marcial juega a pararse todos los días frente a un pie que vuela perfilado hacia su cara, huesudo, hasta rendirse ante la evidencia y aprender.

Controlar no será nunca equivalente a hacer desaparecer, borrar, finiquitar[17].

---

[16] Según Harari Yuval: "*durante millones de años, los humanos cazaban animales más pequeños y recolectaban lo que podían, al tiempo que eran cazados por los depredadores mayores. Fue solo hace 400.000 años cuando las diversas especies de hombre empezaron a cazar presas grandes de manera regular, y solo en los últimos 100.000 años (con el auge de Homo sapiens) saltó el hombre a la cima de la cadena alimentaria. Este salto espectacular desde la zona media a la cima tuvo consecuencias enormes. Otros animales de la cumbre de la pirámide, como leones y tiburones, evolucionaron hasta alcanzar tal posición de manera muy gradual, a lo largo de millones de años. Esto permitió que el ecosistema desarrollara frenos y equilibrios que impedían que los leones y los tiburones causaran excesivos destrozos. A medida que los leones se hacían más mortíferos, las gacelas evolucionaron para correr más deprisa, las hienas para cooperar mejor y los rinocerontes para tener más mal genio. En cambio, la humanidad alcanzó tan rápidamente la cima que el ecosistema no tuvo tiempo de adecuarse. Al haber sido hasta hace muy poco uno de los desvalidos de la sabana, estamos llenos de miedos y ansiedades acerca de nuestra posición, lo que nos hace doblemente crueles y peligrosos. Muchas calamidades históricas, desde guerras mortíferas hasta catástrofes ecológicas, han sido consecuencia de este salto demasiado apresurado*" (Harari, 2014).

[17] De acuerdo con el orden de aparición en el desarrollo filogenético, la motilidad puede clasificarse como: refleja, automática y voluntaria, o arquicinética, paleocinética y neocinética respectivamente. Cada nivel superior se desarrolla filogenética y ontológicamente ejerciendo una función inhibidora sobre el más antiguo. De aquí que, la destrucción de un determinado centro nervioso suprasegmentario interviniente en el control de la motilidad origina dos clases de alteraciones, una debido a la

*

El miedo se ha vuelto mala palabra. Sin importar su cuantía, su adecuación. Miedo es Satán, cruz diablo, fuera, valor negativo, ni una gota de él en nuestros vasos. Sentir lo negativo, lo que disgusta, lo que horripila, se ha vuelto lo opuesto, no solo a lo buscado, sino a lo tolerado. Ante la presuposición de un peligro o incapacidad, hay una búsqueda enfermiza de aquella píldora o acción mágica, capaz de hacerla desaparecer inmediatamente. A quien hoy se ve compelido por esta sensación primitiva, escalofriante, suele no importarle cuán mágicamente se obligue a borrarlo, cae en la ciega compulsión de buscar una acción disolutora, sin importar que dicho apuro irracional priorice el hacer desaparecer la señal de aviso sobre el contexto de origen de dicho estímulo.

Esos intentos de atajo alejan del camino de las artes marciales. Las acciones mágicas, disolutoras, actúan como sombras en el camino.

Las artes marciales crean peligros, enemigos, armas, imaginan, anticipan su propio final para trascenderlo[18].

*

No se reserva solo para las grandes batallas, para las catástrofes, la presunción de peligro, o la sensación de falta de capacidad. Ya existen como idea cuando alguien acata una orden de saludo. Hay negación y falta cuando se cree que enfrentar una pelea implica enfrentar al propio miedo, cuando se piensa que entrar al ring, al cuadrilátero, al *dojo*, al *marú*, –o como sea que quiera llamarse a ese espacio, para muchos, sagrado, en donde el otro espera para atacar, para hincar el diente– implica superar la desesperación,

---

lesión misma, y otra debida a la liberación de los centros inferiores del control que puede ejercer sobre ellos el centro destruido (Loyber, 1999).

[18] Dentro de las cinco principales estrategias de supervivencia descriptas por Mobbs & cols. (2015) se encuentran las estrategias de predicción. La predicción consciente y la simulación de una amenaza futura se produce durante el contexto de seguridad preferido y la amenaza previa al encuentro y permite a los animales prepararse y atender con flexibilidad el peligro potencial... Cada una a su manera, las artes marciales permiten la creación de contextos de seguridad en donde imaginar, simular, utilizar un razonamiento analógico y codificar predictivamente, elementos necesarios para las complejas predicciones de la lucha. *"La imaginación permite potencialmente simular de forma remota un comportamiento depredador impredecible mientras minimiza el contacto con el depredador y el esfuerzo energético, aumentando así la probabilidad de escape"* (Mobbs, D., Hagan, C., Dalgleish, T., Silston, B. & Prévost, C., 2015).

sobreponiéndose al temor, al cagazo de novela, propio de cualquier enfrentamiento. El miedo no sólo no se mata, sino que no tiene sentido hacerlo.

Si se pretende que, por medio del choque, de la contienda, se cancele la existencia del miedo, luchar es inútil. Si hacerlo desaparecer es el fin de la lucha, la lucha está de antemano perdida.

*

La creencia en acciones disolutoras son fantasías al servicio de alguna clase de alivio momentáneo, y carecen de respaldo. La falta de consciencia acerca de la imposibilidad de hacer desaparecer el miedo y los peligros, pueden llevar a la constitución de un círculo vicioso y purgante de retroalimentación negativa. Una vez terminado el acuerdo llamado pelea, combate, round, ajuste de cuentas, en el fondo oscuro y solitario, el luchador, bajo el agua fría de las canillas, con el cuerpo extenuado y los vestuarios ya vacíos, habiendo sudado y sentido los golpes en la piel, el lento descenso adrenalínico se permitirá reconocer con las tripas, íntimamente, que una sola regla, una sola y única regla aliviana las cosas, las modifica, las vuelve juego, un juego en donde nadie ni nada puede morir sino como historia.

*

Los juegos de enfrentamiento y tirones de pelos, de infladura de músculos, no pueden tocar siquiera un poco de aquello que profundamente atormenta.

El que lucha llegará a darse cuenta de una simple consecuencia, tarde o temprano: las contiendas regladas, los desafíos deportivos, las peleas callejeras (sí, las peleas callejeras también tienen reglas, y de las peores, de esas implícitas que no se leen ni se escuchan), son medios demasiado artificiales para saldar el costo del miedo, para lograr una negociación afortunada. O lo que es peor, solo la mitad de ese luchador se convencerá de que las contiendas han sido medios demasiado artificiales para que salden el costo del miedo. Y calmen su sed.

*

El enfrentamiento sin consciencia refuerza el ciclo de búsqueda en forma adictiva, progresiva: una nueva pelea, nuevas reglas, nuevos niveles, porque nada alcanza nunca, lamentablemente, para aplacar el miedo de aquel endeble caminante de las sabanas carente de garras y colmillos, para aplacar aquello que no nace en la pugna.

El artista de la lucha sabrá que el resultado del enfrentamiento no puede conformarlo: vencer o fracasar no alcanzan. La existencia de un resultado es un pobre intento de manipulación del propio yo, de sí mismo.

*

Oponerse es resistir. Hacer consistente aquello que se enfrenta es darle realidad. El miedo se aglomera en un punto. Y, cuando se haya concretado la obra actual, este enemigo, pensado así, como enemigo, vanamente armado saltará a otro cuerpo, saltará en el tiempo, persistiendo caprichoso. El dolor no podrá evitarse. Ni el peligro. Como partes de una realidad concreta, su sombra estará bosquejada como escritura en nosotros a modo de protección. El dolor es protector y parte de todo[19], es sensación, sentido.

*

Ningún golpe en una pelea —ni uno solo, nunca— demuestra al luchador que, con ese instrumento, o con varios, es capaz de absorber una sola gota del frío sudor del miedo, de alejarlo del dolor. El dolor es aquella señal que hay que aprender a interpretar, y es parte de la acción auto salvífica. Esto no quiere decir: hacer un culto del dolor, que el dolor sostenido destroce los umbrales. Pararse en una ancha posición básica a recibir palazos puede alimentar una fantasía de potencia, pero es solo una fantasía sin más correlato fisiológico que microtraumatismos repetidos.

*

Los amantes del esotérico mundo oriental escuchan a menudo: dolor y sufrimiento no son sinónimos. Repiten como loros: *el dolor es inevitable, el sufrimiento es opcional.* Pero mucho queda en palabras interpretadas a la ligera, sin sostén. Deje el artista marcial serio de lado el trago extravagante del esoterismo flojo.

Sufrir es valorar algo de una determinada manera. Sufrimiento *"es una valoración del significado o sentido que poseen el dolor u otras experiencias potencialmente amenazadoras, sean del tipo que sean"*[20]. Y para ello, para sufrir, ni siquiera es necesario el dolor, basta con esperarlo, con el

---

[19] Desde una mirada fisiológica, el dolor constituye un mecanismo de protección. El dolor aparece siempre que un tejido resulta dañado y hace que el individuo reaccione apartando el estímulo doloroso. Los receptores para el dolor son terminaciones nerviosas libres, y se encuentran en la piel y otros tejidos (Guyton, Arthur C. & Hall, John E., 2016).

[20] De Kahn y Steeves, 1996, tomado de *Psicología del sufrimiento y de la muerte* (Bayés, 1998).

miedo al dolor posible, y el mundo se vuelve una amenaza concreta[21].

Esta es una distinción útil en el camino. Y evadir la interpretación del mártir.

---

[21] La confusión, o distinción, entre dolor y sufrimiento ha sido un planteo filosófico, psicológico y religioso constante. Desde la psicología, el dolor puede describirse en términos neurológicos, pero la conciencia cognitiva, la interpretación, las disposiciones de comportamiento, así como los factores culturales y educativos tienen una influencia decisiva en la percepción del dolor. Bueno-Gómez propone que el sufrimiento se defina como una experiencia desagradable o incluso angustiosa, que afecta gravemente a una persona a nivel psicofísico y existencial. La inclusión de la dimensión existencial en la definición de sufrimiento resalta la relevancia del sufrimiento en la vida y su efecto en el propio apego al mundo (incluida la gestión personal o las influencias culturales y sociales que lo configuran) (Bueno-Gómez, 2017). Para el budismo, la vida, como la vive la mayoría de nosotros, es sufrimiento: *"mientras la vida sea una forma de lucha, no puede ser sino dolor"* (Suzuki, 1995 [1949]), en esto consiste la primera de las Nobles verdades pronunciadas por El Buda: *la vida es dolor*. Todo conlleva sufrimiento, la existencia y sus partes son sufrimiento. La segunda explica el origen del sufrimiento, como proveniente del deseo y los cinco venenos (Apego, Odio, Ignorancia, Ego, Celos). Supuestamente a Buda se atribuye la frase: *"el dolor es inevitable, el sufrimiento es opcional"*.

El artista es también un cagón

Por conveniencia, influencias ambientales, información genética, se avanza tomado de la previsión. Para sobrevivir vale todo recurso, incluso, según el contexto, la actitud del cobarde puede presentarse como saludable y adecuada. También llevo en mí al cobarde, debería decirse cualquier artista que pretenda alguna clase de realización, de trascendencia en el florido campo de las artes marciales. Es mejor entregarse a la voz firme y clara que describe la programación profunda: soy también esa pura respuesta de mí, aun cuando se la llame cobarde, cagona, gallina.

*

Con respuestas negativas, positivas, automáticas, sopesadas o no (para responder, el cuerpo ni siquiera necesita reconocer aquello que lo agrede[22]), guardándose o atacando, ocultándose o enfrentando: mucho es lo que lucha porque mucho es lo que teme. Mucho lo que se espera. Y cuanto mayor expectativa, mayor cautela.

*

Y se puede decir cobarde, *coe*, cola, rabón, porque meter la cola entre las patas es una instancia de la manifestación[23].

Aunque la expresión cobarde no reconforta al artista. No es lo suficientemente atinada para describir esa reacción agazapada, incrustada en quien lucha —jamás sería la palabra elegida para referirse a sí mismo, primer negador necesario—. Cobarde no es una palabra que brote de su boca, ni entrenando ni ante una situación considerada peligrosa porque, efectivamente, no se trata de una

---

[22] Según Damasio, quien desarrolló la teoría del marcador somático, para que se produzca una respuesta corporal *"ni siquiera se precisa reconocer al oso o a la serpiente, o al águila como tales, ni saber qué es exactamente lo que está produciendo dolor. Todo lo que se precisa es que las cortezas sensoriales iniciales detecten y categoricen el rasgo clave dentro de los rasgos de una determinada entidad, y que estructuras tales como la amígdala reciban señales referidas a su presencia conjuntiva"* (Damasio, El error de Descartes, 2008).

[23] Cobarde: proviene del vocablo *coe*, cola, rabón, meter la cola entre las patas. (Corominas, J., Pascual J. A., 1980).

cobardía general y lógica, intelectual, no se refiere a lo que en sentido amplio propone la definición: *"pusilánime, sin valor ni espíritu para afrontar situaciones peligrosas o arriesgadas"*[24].

El concepto de cobardía es, para un luchador, más restringido. Es algo que suena peor y da más en el blanco, al menos en lengua argentina: el artista es un cagón.

Cagón como signo esencial y visceral, como sinécdoque del ser que reacciona al peligro, que percibe, sopesa con su cerebro mesentérico y se queda solo con lo imprescindible. Su cagazo es la prueba efectiva de la adjetivación, el cierre de los esfínteres ante la inminencia de la amenaza, la eliminación de toda materia digerida o por digerir, la toma de un elemento de activación del sistema simpático ante el peligro llevada a una generalización de sentido.

Cagón es el ser que extendió una respuesta automática localizada al cuerpo entero, antes aún de que la cobardía se haga sentimiento y contenido consciente. Cagón es un adjetivo que remite, en el fondo, a la misma médula que cobarde, pero sin el remilgo humanizado, sin el colorido de la razón y los sentimientos. Así puede comportarse el luchador, así puede hablar su cuerpo.

*

Todo luchador es también un cagón, un alguien que, donde quiera que mire, interpreta, intuye, proyecta un posible ataque. Soy también un cagón, debería reconocer el artista marcial. Un hombre que cierra ante el objeto los agujeros del cuerpo entero, desde la crisma hasta la punta de los pies, eliminando lo provisoriamente innecesario. Cada señal interna es un arma que refina día a día[25].

En el viejo espejo animal debe observarse el practicante como rito iniciático, como un gato entre los gatos, comprender que la mayoría de los artistas, de los estrategas, los tan dedicados con afán a buscar combates reglados, el arte de la lucha, del engaño, el desarrollo técnico, los propensos a criticar y comparar sistemas y métodos de

---

[24] Según la Rae, (Real Academia Española, 2014), cobarde, del francés, *Couard*, es un adjetivo, que se define como: pusilánime, sin valor ni espíritu para afrontar situaciones peligrosas o arriesgadas.

[25] Siguiendo los principios de Damasio se ha probado que los sistemas fisiológicos y hormonales sirven como contextos críticos que influyen en la toma de decisiones óptima. Se han demostrado diferencias individuales en la capacidad de detectar el estado corporal interno, de interocepción, (Mobbs, D., Hagan, C., Dalgleish, T., Silston, B. & Prévost, C., 2015) que favorece la toma de decisiones.

defensa, son también seres atormentados por el miedo. Seres que comparten una realidad palpable y común. Que nadie se crea la excepción.

*

Si se encuentra al luchador en un gimnasio, haciendo tantos abdominales como le exigen que haga (instructor, padre o conciencia), hay ahí una respuesta a una motivación, a un pedido, a una orden, propia o impuesta, que lo sitúa ante la necesidad de redoblar sus esfuerzos. Si se encuentra al luchador buscando ganar cuanta competición cruce, aún no ha ganado. Si corre todos los días para ganar, aún no ha ganado. Sin conciencia y claridad, puede estar en ese lugar, haciendo lo que otros dicen que se debe, rompiendo costillas, ganando peleas, escribiendo novelas, trabajando materiales con pico y martillo, pero, así y todo, cuando la campana suene, cuando el tiempo dé su veredicto, no alcanzará. Será necesario detenerse, hacer el intento de comprender. Se es, siempre y en lo más profundo, alguien que, por naturaleza o vicio, o costumbre, o destino, como quiera llamarse, no tiene importancia, ve peligro y teme, piensa peligro y teme, y reacciona desde circuitos profundos más allá de la razón.

Todos somos también cagones. Y no hay excepción sino variantes.

EL LUCHADOR AVANZA POR
UN DEMANDANTE CAMINO
DE APRENDIZAJE

Sin conocimiento no hay arte sino azar.

Observarse, conocerse, es fundamental para plantarse frente a un otro que desafía. Y este conocimiento tiene como punto inicial y centro, al propio artista. Observar lo que el propio luchador es y no puede dejar de ser, lo que tiene, aquello de lo que puede disponer y de lo que no, es el sarmiento de la lucha, el sostén.

*

En el fondo no comprendía cómo había ganado aquel combate. No estuvo en sus planes luchar, no había sido previsto, buscado, ni siquiera soñado. Mero producto de la casualidad había sido aquel espacio vacante tras la lesión de un luchador. Por primera vez se calzaba las incómodas y gomosas piezas protectoras en los pies – ese artilugio sin suela diseñado por John Rhee llamado *pad*–. Por primera vez se enfrentaba cara a cara con luchadores cinturones negros. Lejos de su pueblo, se oponía a un rival de carne y hueso bajo la ley deportiva, frente a la mirada de aquel gran otro marcial y nacional. A pesar de la edad, que estaba por debajo de la establecida, nadie cuestionó su ingreso a la categoría. Las desventajas no se discuten. Como era de esperar en un alma inexperta de provincia visitando la capital, se comportaba como vasallo en un castillo. Los rivales se mezclaban con el asombro, la vanidad arquitectónica del club, con los niveles y subniveles, las paredes revestidas por maderas y artesonados nunca vistas, los anaqueles llenos de trofeos, copas y espadas de la sede Ricardo Aldao eran todo lo brillante del mundo. El club Gimnasia y Esgrima de Buenos Aires era un gran laberinto que, como un gran Chaco Salteño, solo podía atravesarse guiado por un conocedor. La decoración tradicional, los enormes vestidores, los bustos de próceres en las escaleras eran una misma cosa con los rivales porteños que entrenaban ahí, a metros del Obelisco, a nada del centro neurálgico de todo. Donde Dios atiende. Y ahí estaba. El combate ocurrió. Una lluvia de verano, a medio camino entre la ebriedad y el sueño. Luego, su mano en el aire, arriba, su profesor sonriendo, sus compañeros gritando con furor de cancha. No tenía idea sobre lo que había hecho para conseguir la victoria.

¿Qué carajos había hecho? El tiempo intermedio entre el *sijak* y el *baró* parecían no haber existido.

*

La lucha se toma del conocimiento en todo sentido, auto, inter, intra, exteroceptivo, de relaciones. Se toma del conocimiento significativo y no del acúmulo insensato. No de la mera información. Porque en el arte marcial los conocimientos implican un saber más allá de lo intelectual, más allá de "lo que se ha captado de lo que se dice", *scire*, e incluye el saber emocional, "lo que se ha saboreado alguna vez", *sapere*, y el saber consolidado, que se ha experimentado, *experire*[26].

Saber, conocer, experimentar el cuerpo propio, el uno mismo desnudo, el uno cuando se pone en relación con otros, las cartas con que se juega, es prioritario y basamento de las artes. El conjunto elemental de herramientas a partir del cual se inicia el proceso de decisión y el acto.

Dice Gichin Funakoshi al oído atento del karateca: *"Conoce al enemigo y conócete a ti mismo; y en cien batallas nunca estarás en peligro"*[27].

Tomar consciencia de las propias cualidades hace más liviano el tránsito por la vía y resulta esencial para ser parte del mundo marcial, un mundo animal –por lo primitivo– y humano –por sus ambiciones–. La experimentación sobre el cuerpo biológico de sus programas, el significado profundo de sus relaciones, las reacciones universales, permiten la posibilidad de hacer algo con lo que se tiene.

Aquello que se ha conocido a través del intelecto recién inicia su camino, es un buen comienzo, pero solo el comienzo.

*

---

[26] Los antiguos distinguían tres formas de la sabiduría: el saber intelectual, lo que se capta de lo que se dice (*scire*), el saber emocional, lo que se ha saboreado alguna vez (*sapere*) y el saber consolidado, que se ha experimentado (*experire*). Vemos allí las diferencias entre "explicar" (aunque no se pueda comprender o creer), "comprender" (aunque no se pueda creer o explicar) y "creer" (aunque no se pueda explicar o comprender) (Chiozza L. , Corazón, hígado y cerebro, 2008).

[27] *"Know the enemy and know yourself; in a hundred battles you will never be in peril"* (Funakoshi, 1973 [1957]).

Al principio, el luchador se confía en una especie de plegaria sin dios. Cierra los ojos y entra al cuadrilátero, pone su fe en lo que le enseñaron, en la mecánica de los automatismos, y espera que la mano suba victoriosa. Perder y ganar son entonces resultados dependientes de los otros, del rival, del entorno, de los jueces. Aún no cuenta con medios suficientes para diferenciar por qué obtiene un resultado u otro.

*

Aquel día, en la gran sala de Gimnasia y Esgrima de Buenos Aires, en la sede Ricardo Aldao, hubo una victoria, pero quien levantó el trofeo no había estado ahí, en la lucha. Un ente desconocido había actuado donde usualmente decidía su voluntad. Un ente desconocido tiró su *yopchagui* con pierna adelantada a todo aquello que se movía, a lo que pasaba cierta frontera aúrica, personal, aérea. El ente esperaba alienado a la aparición de aquella bolsa corporal que era su oponente, en el momento indicado y largaba su saeta filo bordecalcánea.

Los enfrentamientos entonces eran sólo eso, un mero, aunque valioso, fluir inconsciente de mecánica biológica. Un luchador ciego, reacción instintiva, disciplina física. Primera etapa del camino. Y cuando quiso entender, dar un paso más, hacerlo a voluntad, retrocedió. Tuvo que retroceder, perder en los torneos, descender en los rankings. Le llevó años comprender esa mecánica repetida, la extraña U del aprendizaje[28].

---

[28] Se llama práctica tipo efecto "U", cuando al aprender algo, el primer tiempo parece que se ha aprendido un montón, luego parece que se empeora, y luego vuelvo a sentirse que hubo aprendizaje. Esto es porque primero se aprende de modo superficial, de memoria, reproductivo, calco lo que hay que hacer, luego cuando quiero entender es necesario reestructurar, interrelacionar cosas, hacerlo constructivo, y aparecen los conflictos, hasta que, por fin, ordeno. Según Carlucci & Case (2013), *una curva en forma de U en una trayectoria de desarrollo cognitivo se refiere a un proceso de tres pasos: buen desempeño seguido de mal desempeño seguido de buen desempeño una vez más. Se han observado curvas en forma de U en una amplia variedad de contextos de aprendizaje y desarrollo cognitivo. El aprendizaje en forma de U parece contradecir la idea de que el aprendizaje es un proceso monótono y acumulativo y, por lo tanto, constituye un desafío para las teorías en competencia del desarrollo cognitivo y el aprendizaje* (Carlucci, L. & Case, J., 2013). Ellos concluyeron que: "*surge el patrón de que, para criterios de aprendizaje parametrizados y cognitivamente relevantes, más allá de muy pocos valores de parámetros iniciales, las formas en U son necesarias para el pleno poder de aprendizaje*".

*

Una de las principales herramientas del sistema de supervivencia es el sistema modulador y de aprendizaje. El alimento del sistema es la información, el ejercicio es imaginar, aprender indirectamente de las amenazas ajenas, sentir empatía, unir datos para sacar a la luz lo que nos atemoriza, lo que nos pone en peligro. Aprender en todas sus formas es la llave de la vida y el artista de la lucha lo exprime más que nadie[29].

*

Saber sobre sí mismo es importante para quien lucha, para quien pone el cuerpo frente al agresor, en el plano de los hechos, en el plano biológico y en el plano de las ideas. Y el luchador no logra este conocimiento de forma enciclopédica, sino que será el otro, el oponente, el rival, el cuerpo que enfrenta, quien le dará la medida de sí mismo, lo cuestionará y terminará también formando su carácter.

Dice Han: *"en virtud de él, -rival, oponente- el yo conquista la medida de sí mismo, su propio límite, su figura"*[30].

La idea de Protágoras: el hombre es la medida de todas las cosas[31], también puede tener una interpretación propia desde las artes marciales. El ser artista es patrón, unidad de medida, y el ser de

---

[29] Según los estudios de Mobbs & cols. (2015) el sistema de supervivencia humano se mejora, se modula, con el aprendizaje indirecto sobre las amenazas, la empatía, la capacidad de razonar simbólicamente y unir datos para generar nueva información sobre amenazas (Mobbs, D., Hagan, C., Dalgleish, T., Silston, B. & Prévost, C., 2015).

[30] En la relación amigo-enemigo, el enemigo supone el cuestionamiento del otro, como figura. *"En virtud de él, el yo conquista la medida de sí mismo, su propio límite, su figura"* (Han B. C., Topología de la Violencia, 2016).

[31] Según Ferrater Mora, en el principio fundamental del sofista griego Protágoras, expresado en su obra *Acerca de la verdad*: "El hombre es la medida de todas las cosas (πάντων χρημάτων), de las que son en cuanto son y de las que no son en cuanto no son" , el ser la medida de todas las cosas, es decir, de todos los bienes, no significa que haya un criterio de verdad para cada hombre; en cada hombre varía, en efecto, la medida según sus propias circunstancias, según el tiempo y el espacio en que se halla colocado. De ahí que el bien y el verdadero comportamiento del sabio consista, según Protágoras, en adecuarse siempre a la circunstancia presente, en juzgarlo todo según la medida proporcionada por la ocasión y el momento (Ferrater Mora, 1964).

otros, el hombre reflejado, permite reconocer lo propio. Lo propio que muta con el otro.

Nunca se es un observador no participante en la lucha. Nunca hay un después igual.

*

Desde la filosofía occidental, aquel "conócete a ti mismo", de los griegos del templo de Apolo del siglo IV antes de Cristo, el *ruft* de Heidegger, su llamada a ser sí-mismo[32], son frases conocidas para la filosofía occidental. En el camino de las artes marciales, los maestros tradicionales y no tan tradicionales, a su manera, usaron otras palabras, discursos distintos, para un principio similar, lo instituyeron como parte elemental y práctica de su arte, lo hicieron ingrediente en sus recetas de enseñanza, pero en forma diferente. El primer paso en el conocimiento de las artes marciales no es a través de la palabra, del decir, de la historia de las palabras, los significados, las interpretaciones, sino a través del conocimiento práctico del cuerpo, del movimiento ritualizado y repetido. El aprendizaje entra por el propio cuerpo, en el silencio del acatamiento.

En los requerimientos marciales –en sí mismos y sin más– se hallan los límites, los valores, la información, el saber del practicante, no en la piedra tallada con explicaciones. Luego, se amplían progresivamente las relaciones y los cruces.

*

En el camino del puño que intercepta, en el camino de la mano vacía, en el que se abre con los puños y los pies, en el camino de la

---

[32] En *Ser y Tiempo*: *La conciencia da a entender "algo", la conciencia abre. De esta caracterización formal surge la indicación de remitir este fenómeno a la aperturidad del Dasein. Esta estructura fundamental del ente que somos nosotros mismos está constituida por la disposición afectiva, el comprender, la caída y el discurso. El análisis más a fondo de la conciencia la revelará como una llamada (Ruf). El llamar es un modo del discurso. La llamada de la conciencia tiene el carácter de una apelación (Anruf) al Dasein a hacerse cargo de su más propio poder-ser- sí-mismo, y esto en el modo de una intimación (Aufruf) a despertar a su más propio ser-culpable (Schuldigsein)". Y más adelante: Porque la llamada precisamente no es ni puede ser jamás planificada, preparada ni ejecutada en forma voluntaria por nosotros mismos. "Algo" llama ("es" ruft), inesperadamente e incluso en contra de la voluntad. Por otra parte, sin lugar a duda, la llamada no viene de algún otro que esté conmigo en el mundo. La llamada procede de mí y, sin embargo, de más allá de mí.* (Heidegger, Ser y Tiempo, 1927)

armonía, en el de la flexibilidad, en el camino del sable, es necesario observar el propio ego, el yo, el uno mismo, el ello en uno, o como sea que quiera llamarse a todo eso que compone lo oculto de sí mismo, observar lo aceptable y lo menos aceptable, lo conocido y lo oscuro, todo lo posible de eso que llamamos uno mismo, aunque solo sea para pretender trascenderlo, utilizarlo a favor, lidiar con ello. Bruce Lee, en su *Tao del Jeet Kune Do,* dice: *"Para llegar a ser diferentes de lo que somos debemos tener alguna conciencia de lo que somos"*[33].
*

Ese día en GEBA hubo lucha y la gente vio, pero no el luchador. Solo una parte de quien luchaba tenía noticia y actuaba. No era aún el artista que llegaría a ser. Sabía menos de sí mismo que sus observadores, al menos ellos recibían el fantasma de una imagen. Debió, con mucho tiempo, aprender a verse, a comprender cómo hacía lo que hacía. Primero fue mera respuesta a la disciplina ciega, luego, tocó no solo responder, disparar patadas como cañones ante la llama, sino disponer del espacio completo, de la luz y las sombras para elegir la lucha que se quiere luchar.
*

Un filósofo puede ser tal sin comulgar con las ideas que entiende, un escritor puede escribir lo que no cree, pero un artista marcial solo puede serlo siendo.
Y se hace, haciendo. Conociendo.
*

Conocimiento es una palabra de difícil aplicación en el ámbito de las artes marciales, de difícil delimitación. Porque luchar no implica solo cuerpo y mecánica, sino comprender lo que enmarca, lo que sostiene, lo que deviene. Comprender al luchador como ser social, psíquico, biológico, espiritual, sensible, gregario, individual. Reconocer las motivaciones más recónditas e internas. Propias y ajenas. Los propósitos. Reconocer, además, que quién se inicia en las artes es un borrador, el esbozo, de un sí mismo consciente de sus propias limitaciones y vulnerabilidad, el borrador y solo el borrador, el intento, el primer paso. Sin el correr de los años y la disciplina del arte, el iniciado es todavía un ego que observa el

---

[33] En el texto original: *"To become different from what we are, we must have some awareness of what we are"* (Lee, The Tao of Jeet Kune Do, 1975/ 1994). En la edición traducida al español por José María Fraguas: *"Para llegar a ser diferentes de lo que somos tenemos que tener alguna conciencia de lo que somos"* (Lee, El Tao del Jeet Kune Do, 1975/2014).

mundo con ojos de ente único, expuesto a peligros inesperados y externos, quizá oníricamente omnipotente. El novato, el inexperto, el cinto de color es prepotente. Debe primero darse cuenta de que todo el que se opone a algo —sea por medio de las más brutales trompadas, escribiendo, o destrozando con discursos— se manifiesta y, paradojalmente, se hace a sí mismo por medio de esa resistencia. Debe comprender que no hay fortaleza sin vulnerabilidad correlacionada[34].

*

En algún sitio se conserva aquel trofeo que levantó en el Torneo Nacional de GEBA, tan cerca del obelisco, en Buenos Aires. Una base redonda de madera oscura, una columna de metal, una chapa grabada: diciembre 1989. Pero ya se perderá.

*

El progreso en el arte corre en el sentido de la vida: ombligo, salida a la luz, entrega. Disciplina, cuidado, independencia, responsabilidad.

Sólo al comprender lo propio, lo intrínseco, al poder explicarlo, al creer en la experiencia, puede dar comienzo la tarea de hacer algo más o menos potable con todo eso, con todo esto que llamamos vida, o arte marcial, o solo arte, lo mismo da.

---

[34] Vulnerar, tomado del latín *vŭlnĕrāre*, ´herir´, derivado de *vulnus*, -*ĕris*, ´herida´. Vulnerabilidad se refiere a la cualidad que tiene alguien para poder ser herido. Por su lado, seguir el origen de fortaleza, del occit. *Fortalessa*, fuerza y vigor. Pero también, en el cristianismo, una de las cuatro virtudes cardinales, que consiste en vencer el temor y huir de la temeridad (Real Academia Española, 2014). Fuerte, del latín *fŏrtis*, ´difícil, duro, malo, molesto´.

La forma en que elijas luchar te conformará

En una riña callejera, buscándola o no, bajo el imperativo de servir para otra guerra como un soldado que huye, o aceptándose entregado al agresor, amansando las pasiones a través de un deporte de contacto o convirtiendo el movimiento y los impulsos en gracia por medio de un arte, volviéndose flexible de una manera o veloz de otra, llevando la contienda al frío terreno del suelo o de las palabras, al cuerpo, consciente o no, más allá de las preferencias, en algún momento de la vida, será inevitable la cita cara a cara con el enfrentamiento, con la situación impredecible. Y, de una u otra manera, se estará optando. Sistematizada o a la buena de Dios, oriental u occidental, deportiva o callejera, como una rueda –una vez que ha empezado a girar ya no puede detenerse sino por efecto de una fuerza suficiente– elegimos aun cuando nos abstenemos de elegir.
*

De rodillas, en el *Coconut Grove Convention Centre*. encastraba los cuadrados rojos y azules del piso de goma. En pocas horas se convertirían en áreas de combate, de formas tradicionales, de rotura. El aire grueso y pesado del caribe, del extremo peninsular del estado de la Florida, no se alivianaba con la tarde, ni con la nochecita. Del grupo organizador del campeonato ya no quedaba casi nadie. Aún antes de comenzar el torneo, la fatiga vencía. El clima paranoico de un país atacado por extranjeros no favorecía los preparativos del evento. La negación masiva de visas había provocado una catarata de llamados desesperados, los entrenadores indios, pakistaníes, argentinos, e incluso polacos, pensaban ingenuamente que la organización podría hacer algo por ellos, para permitirles la entrada al país. Pero no, a duras penas podía continuarse con el evento. Era un Mundial que venía presentando el cuarto trasero a minutos de nacer. Complicado, también los publicistas se habían hecho humo, y siendo la tarde anterior, apenas estaba el estadio listo. Las gradas a medio levantar.

Pero la obstinación siempre había sido su cualidad saliente, de rodillas, seguía trabajando. De pronto el eco de una risa, agigantado

por el vacío del gran estadio, le provocó un escalofrío. Siniestro. En el hervidero de Miami, en la soledad de un espacio inmenso y casi vacío, sintió frío en los huesos. Hubo una asociación inmediata, y también una respuesta interna, la calma lógica que inventa el pensamiento se convirtió en voz mental: *No tiene por qué estar aquí.* Levantó la vista. A través de las gradas, en la otra punta del estadio, percibió el cuerpo de alguien caminando, empujando algo. Como un carrito. La sombra se dibujaba a través de los espacios horizontales entre los tablones. Avanzaba. El ente en movimiento era un ser humano. Y ese movimiento, inclinado hacia adelante, algo jorobado, de postura viciada y apoyos podálicos deficientes, aun a media sombra, aún donde no debió estar, aun sin haber sido visto por años, no dejaba lugar a dudas. Sin detalles, sin definiciones, su forma había sido determinada muchos años antes. Se había ido conformado de a poco pero irreversiblemente con la digestiva absorción de esa serie de pequeñas avivadas argentinas, de trampas aparentemente cándidas.
*

La lucha, como la comunicación, la conducta, en fiel seguimiento a los señores de Palo Alto, no tiene la chance de no ser[35]. Pararse frente a las cosas, dejar que el duro hueso de la cabeza se adelante a las esferas de los ojos, decidir si se avanza, si se huye, lo que seguirá, comienza muy temprano y se refina con el tiempo. Lo contrario es el coma, el vegetal, la catatonía.
*

El hecho de saber que siempre se está realizando una elección, aunque sea inconsciente, nos ubica ante la responsabilidad de tomar una decisión.

No la posibilidad sino la responsabilidad.

Dejar que el tiempo, que la marea, nos lleve, esperar a que los hechos sucedan para sumirse luego en alivios infantiles, pateando culpas fuera de la cancha, puede ser, en algún momento, un recurso fáctico, pero resulta demasiado costoso a largo plazo. El traspaso

---

[35] Según Watzlawick, toda conducta es comunicación: *"no hay nada que sea lo contrario de conducta. En otras palabras, no hay no-conducta, o, para expresarlo de modo aún más simple, es imposible no comportarse. Ahora bien, si se acepta que toda conducta en una situación de interacción tiene un valor de mensaje, es decir, es comunicación, se deduce que por mucho que uno lo intente, no puede dejar de comunicar"* (Watzlawik, P., Beavin Bavelas J. & Jackson D. D., 1991).

sin fin del huevo podrido que se tira al distraído no aporta más beneficio que el desfogarse en protestas.

Otorgar el poder a elementos externos, culparlos, desprendiéndose de la propia responsabilidad puede resultar fácil, cómodo, pero traerán consigo impotencia y un simple corolario: no tener voz ni voto en la propia vida.

*

Dijo Karl Marx: *"la gente construye su propio cerebro, pero no lo sabe"*[36]. La gente se construye casi enteramente, pero suele hacer como si no lo supiera.

Decidir es cortar, podar, talar[37]. Algo queda y algo se va. Abarcarlo todo es hacer que el mapa corresponda punto a punto con el territorio. No tiene sentido. Podar es un proceso mecánico, de alguna manera inteligente, que realizamos dentro y fuera de nosotros desde los inicios. Un proceso necesario. Podamos árboles neuronales, cortamos relaciones, quitamos para dar lugar, para especializarnos[38].

---

[36] Según Marx: *"nuestro cerebro es un producto histórico desarrolla una interacción con su medio ambiente a través de la praxis humana"*. Citado por Žižek (Žižek, Visión de Paralaje, 2006),

[37] Decidir, del latín *decidĕre*, 'cortar', 'resolver', Formar juicio resolutorio sobre algo dudoso o contestable. Decidir una cuestión. Formar el propósito de hacer algo. Hacer que alguien forme el propósito de hacer algo. Determinar el resultado de algo. Formar el propósito de hacer algo tras una reflexión. Hacer una elección tras reflexionar sobre ella (Real Academia Española, 2014). Etimológicamente, dicho verbo se compone del prefijo *de*, que indica separación, y del verbo *caedĕre*, que significa pegar, cortar, talar, romper, y matar.

[38] El desarrollo del cerebro está asociado con la formación de sinapsis excesivas que deben eliminarse de manera controlada y oportuna para lograr circuitos maduros refinados. Las células gliales, incluidas las microglías y los astrocitos, son los efectores de la poda sináptica, identificando y eliminando las sinapsis superfluas (Neniskyte, U. & Gross, C., 2017). Las neuronas y las células no neuronales del sistema nervioso que las rodean tienen la capacidad de sufrir modificaciones adaptativas en respuesta a las señales ambientales que se originan dentro o fuera del cuerpo. Dicha capacidad, conocida como plasticidad neuronal, permite modificaciones duraderas de la fuerza, composición y eficacia de las conexiones entre las neuronas, que constituyen la base bioquímica para el aprendizaje y la memoria (Schiera, G., Di Liegro, CM., Di Liegro, I., 2019).

*

Aquel cuerpo que avanzaba inclinado hacia adelante por la trastienda del *Coconut Grove Convention Centre*, con los hombros antepulsados, las extremidades de músculos pobres, era el resultado de ligeras trampas, excusas, pereza, sutiles licencias ejercidas en forma constante. En ese estar de rodillas, en ese breve escalofrío, mientras veía avanzar la sombra, rearmaba el recuerdo, se proyectaba, uniendo causa y consecuencia. De pronto aquella forma particular de realizar sus extensiones de brazos, falta de técnica —el hombre era de los que preferían hacer muchas repeticiones mal hechas a pocas bien— se materializaba a través de los años y se volvía visible. Era real. Podía verlo. El hombre había amarreteado recorridos por años, dejando caer la cabeza para que el ejercicio diera la impresión de alcanzar su punto óptimo y rozara el suelo. Pero eso no había sido todo, no tenía ni 27 años cuando se rompió un ligamento de la rodilla y en eso encontró la gran excusa. Una excusa a la cual le sacó todo el jugo posible. Beneficio secundario de la enfermedad, diría Freud[39]. El sonso beneficio secundario. Le permitió evadir la competencia, el entrenamiento, los exámenes exigentes. Y no recuperarse nunca. A partir de ese evento, del momento de su cirugía de rodilla, comenzó a elaborar sus discursos siempre en tiempo pasado, hablando en términos históricos. No volvió a tener un presente activo. Nunca había sido un luchador serio, pero a partir de ese momento, comenzó a tratarse a sí mismo como el hábil luchador que nunca había sido.

Lo vio caminar en las sombras. Esas pequeñas decisiones, esas excusas, amontonadas durante años, lo que el tipo hizo y lo que dejó de hacer, se le habían hecho carne, se habían convertido en

---

[39] "Beneficio de la enfermedad designa, de un modo general, toda satisfacción directa o indirecta que un sujeto obtiene de su enfermedad. El beneficio primario es el que entra en consideración en la motivación misma de una neurosis: satisfacción hallada en el síntoma, huida en la enfermedad, modificación favorable de las relaciones con el ambiente. El beneficio secundario podría distinguirse del anterior por: — su aparición con posterioridad, como ganancia suplementaria o utilización por el sujeto de una enfermedad ya constituida: — su carácter extrínseco en relación con el determinismo inicial de la enfermedad y con el sentido de los síntomas; — el hecho de que se trata de satisfacciones narcisistas o ligadas a la autoconservación más que de satisfacciones directamente libidinales (Laplanche, Jean & Pontalis, Jean-Bertrand , 1996).

forma física. Y ahí estaba, figurando delante de las nuevas generaciones, como si hiciera, como si alguna vez hubiera hecho, pero no. Era solo una sombra detrás de las gradas, hablando de un pasado idealizado y pobre.

*

Comprender la importancia de las decisiones como formadoras, ya no de otros sino de uno mismo, la imposibilidad de no-conducta, y la responsabilidad que deviene a partir de esta comprensión, deberían al menos contar como ayuda empírica, como guía para el artista marcial.

*

Feldenkrais desarrolló un método terapéutico conocido en el mundo entero. Pero primero, y para siempre, fue un artista marcial. Él entendía que *"la vida es un proceso, no una cosa. Y, los procesos van bien si hay muchas formas de influir en ellos. Necesitamos más formas de hacer lo que queremos que las que conocemos, incluso si son buenas en sí mismas"*[40]. Quizá camino, *do*, también sea proceso[41]. Un proceso en tanto acción de ir hacia delante, ir adelante en un transcurso del tiempo. Acción que su acto ceder, no resiste, en función de obtener mayor provecho.

*

Para el japonés budista, el acto mismo funda la verdad de cada ser. *"Lo que soy, pensaban los Bushi de Kamakura, es lo que hago, eso de lo cual soy capaz, la suma siempre inconclusa de mis actos que desborda la conciencia que tengo"* (Pinguet, 1984 (2016)).

Si es que se eligen las explicaciones racionales al estilo occidental se pueden sopesar las reflexiones sartreanas sobre la responsabilidad y el ser. *¨Aquello que cada uno de nosotros es, en cada momento de su vida, es la suma de sus elecciones previas. El hombre es lo que decide ser¨*. Entonces es menester quitar el foco de atención del pasado, de los miles de hicieron, de los deberían ser, y fijarlo en la responsabilidad de las elecciones propias, en la acción presente y voluntaria. En este sentido, Sartre concluye: *"cada hombre es lo hace con lo que hicieron de él"*[42].

---

[40] Extraído del *The Elusive Obvious*, de Moshe Feldenkrais. 1981, California (Feldenkrais, 1981).

[41] Proceso, de ceder. *Pro*, del latín vulgar *prōde*, provecho, de *prodest*, lo que es útil; y *cédére*, del latín clásico, retirarse, marcharse, ceder, no resistir (Corominas, J., Pascual J. A., 1980).

[42] Jean Paul Sartre en *El Ser y la Nada* (Sartre, 1943) habla del ser-en-sí y el

Esto puede extenderse también al terreno de la lucha, del arte marcial. Y no se trata sólo de ideas, de creencias, de una posición política, intelectual, porque todo estará, a la corta o a la larga, reflejado en el cuerpo, como una semántica corporeizada.

*

El hacer en el presente es lo que forma. Todo el presente.

No hay actos gratuitos, inocuos. Es menester ser minucioso en la selección de tareas, todas y cada una de las tareas habituales. No hay áreas intrascendentes. Toda actividad de largo aliento –estudio, deportes, actividades recreativas– quedará labrada en el cuerpo, y dará forma.

El consenso acuerda en lo primordial que resulta la educación formal, pensar en los futuros estudios, en la profesión, en la vocación de cada uno, y lo prioriza sobre otras áreas a las que, sin notarlo, se entrega cotidianamente. El consenso suele desentenderse de estas actividades paralelas (recreativas, sociales, deportivas, de ocio) olvidando que son formadoras mudas de carácter. Base de lo que, en esencia, habrá de conformar.

*

Estructuralmente, en la psiquis más retirada de la vigilia, las actividades físicas, las artes marciales, hacen su trabajo de escultura. Un trabajo de carácter interno y discreto, determinado por un sucederse mecanizado y silente que suele pasarnos desapercibido.

La información que acaba de leerse en los diarios vagará en un limbo oscuro tras una borrachera, o con el simple paso de las horas, el agotamiento de la memoria a corto plazo, o la modificación de nuestra atención. Un engrama bien armado, metido en las entrañas, funcionará más allá de la conciencia, aun en la borrachera y el sueño, en la catástrofe, en la amnesia.

---

ser-para-sí. El ser-en-sí no será diferente de lo que es, como una roca o un árbol. Dice Sartre: *"el ser-en-sí no tiene un adentro que se opondría a un afuera y que sería análogo a un juicio, a una ley, a una consciencia de sí. El en sí no tiene secreto, es macizo"*. El ser-para-sí, *pour soi*, es un ser cuyo ser consiste en proyectarse. El hombre como ser-para-sí, paradojalmente, también tiene su ser-en-sí, su *coseidad*. Su pasado, lo que ha ido eligiendo se entiende entonces como cosa, un en sí, no modificable. Para Sartre el hombre es un ser que al elegir, se elige. Una de sus más hermosas frases: *"Cada hombre es lo hace con lo que hicieron de él"*, implica que no tenemos justificantes, que somos libres y responsables de nuestros actos (Feinman).

Porque toda actividad, todo trabajo, que toque la piel, tocará lo más profundo[43].

*

Somos pensamientos hechos carne. Y, más allá de la conciencia, pensamientos vivos de la carne.

*

Si se prefieren otros argumentos, podemos recurrir a las ideas del médico psicoanalista Luis Chiozza: *"somos organismos conformados por innumerables pensamientos, pensamientos implícitos en la construcción de nuestros órganos, en la configuración de nuestras emociones, en la determinación de nuestros actos"*[44]; podemos seguir la huella clásica de Gandhi, donde son nuestras acciones las que determinan nuestra vida[45]; la lógica pascaliana de la costumbre: *"actúa como si creyeras y la creencia*

---

[43] Deleuze, en su *Lógica del sentido* cita a Paul Valéry deconstruyéndolo, *"¿Lo más profundo que hay en el hombre es la piel?"* Para Deleuze, lo que es más profundo que cualquier fondo es la superficie, la piel. Con la reconfirmación de esta cita, Deleuze, añade el sentido de superficie y una nueva forma de medir el amor, a través de la importancia y la exploración de su superficie y, no de su profundidad. Superficie que se pierde en la vasta dimensión de sus límites. *"Es preciso que Robinson vuelva a la superficie, que descubra las superficies. La superficie pura es, quizá, lo que el otro nos oculta. Extraña postura la que valora ciegamente la profundidad a expensas de la superficie y que quiere que superficial signifique no de vasta dimensión, sino poca profundidad, mientras que profundo significa al contrario de profundidad y no de débil superficie. Y, sin embargo, un sentimiento como el amor se mide mucho mejor, me parece de ser posible medirlo, por la importancia de la superficie que por su grado de profundidad"* (Falcón, 2007).
[44] Según Chiozza: *"algo nos conforma cuando, con ese algo, adquirimos una distinta forma"*. *"Vivimos estructurados y habitados, con-formados, por innumerables pensamientos que hemos pensado en nuestra infancia olvidada o que jamás hemos pensado nuestra vida individual. Se trata de pensamientos implícitos en la construcción de nuestros órganos, en la configuración de nuestras emociones, en la determinación de nuestros actos y, también, en la manera en que, sin pensar Conscientemente, pensamos acerca de nosotros mismos, acerca del mundo en el cual vivimos, y acerca de nuestros semejantes, conformando los vínculos que establecemos con ellos"*. (Chiozza L. , Obras completas. ¿Por qué nos equivocamos? Lo malpensado que emocionalmente nos conforma y otros textos, 2009).
[45] *"Cuida tus pensamientos, porque se transformarán en actos, cuida tus actos, porque se transformarán en hábitos, cuida tus hábitos porque determinarán tu carácter, cuida tu carácter porque determinará tu destino, y tu destino es tu vida"* Mahatma Gandhi.

vendrá por sí sola"; o, más irónicamente, citando a Kurt Vonnegut en su *Madre Noche*: "*somos lo que simulamos ser, de modo que debemos tener cuidado con lo que simulamos ser*". En todos los casos, la conclusión práctica es similar: no hay actividades inocuas. Actos que solo actúen en el cuerpo o solo pesen en la mente, o solo muevan emociones. Ninguna acción queda aislada y sin consecuencias.

Dice Chiozza: "*en las cosas están las ideas*". En nuestros cuerpos están nuestras ideas.

*

La sombra se acercaba. No hubo error en la deducción. Ahí estaba, insoportable como siempre y aún no había dicho una palabra. La sombra se acercaba al área azul roja, al cuerpo arrodillado sobre la goma. Años después, ligeros movimientos aparentemente superfluos, ejercicios mal hechos, habían deformado su cuerpo. De acto a destino, lo que antes era un gesto, luego fue una actitud corporal, funcional, y más tarde se convirtió en estructura. Física y psíquica. Nadie hubiera apostado siquiera un dólar esa tarde en la previa del campeonato, jugándose a que ese tipo era un artista marcial, o que lo hubiera sido alguna vez. El cuerpo de ese hombre decía más que sus melosas, fluidas y siempre políticamente correctas palabras. Años después, su actitud de comodidad, su rodilla, sus lesiones, aun impedían dar prueba de sus habilidades y destrezas en exámenes y clases, y siguió siendo aceptado por el consenso. El daño colateral fue convertirse en un ser mediocre, un viejo a los cuarenta. Entre ambos, entre la sombra y el cuerpo arrodillado, uno ganaría al día siguiente y el otro seguiría hablando, como siempre.

*

Es necesario tomar conciencia: un estudiante puede llegar a dedicar tantas horas al estudio formal intelectual como a sus actividades extracurriculares: artes marciales, deportes, actividades recreativas, *PlayStation*, redes sociales.

Es necesario pensar que, por importante y voluminosa que sea la información cultural e intelectual que se reciba, la información como información en sí, bits acumulados, lagos de palabras e imágenes, si está volcada sobre un ser que se percibe a sí mismo débil, dominado, tiranizado, entregado a la voluntad de otros, se vuelve material inútil. Instruirlo académicamente no será más que tirar manteca al techo, atiborrar una pequeña carretilla con una carga insoportable.

*

Es importante elegir –un gimnasio, un dojang, un museo, un *marú*, un espacio de reflexión, los libros que se leen, la música que se escucha– de acuerdo con pautas precisas, y no solo caer en lo que tenemos a mano, lo regalado, lo fácil –el instituto más cercano a casa, lo que toca en suerte, el gimnasio que tiene descuento con tarjeta de crédito, lo que ofrece Netflix–.

Hay que elegir de forma responsable y consciente. Porque lo escuchado se nos quedará en el oído, lo visto quedará en imágenes mentales, e invadirá los sueños, lo actuado tomará forma en nosotros.

Hay que elegir teniendo en cuenta, además, que nuestro tiempo, energía y recursos son finitos. No alcanzará para todo.

*

Y si ya se hizo una elección, es menester revisarla. Si se la juzga equivocada, no hay por qué temer un cambio, no es obligación permanecer con un profesor que golpea "por el bien del alumno", o "porque así lo hacían los verdaderos guerreros", o porque alguna vez estuvo bien darle con un palo a los estudiantes, o ser obligado a pagar cifras siderales por carnets en federaciones de una inutilidad y soportes penosos.

No hay tiempo que perder, ni aprendizaje sin tiempo. Y, además, hay distintas necesidades según la etapa vital de cada artista.

No hay necesidad de conformarse con una instrucción mediocre, un hacer mediocre, un libro mediocre, una serie mediocre, o con actividades que no representen un desafío individual adecuado[46], porque la actividad que se despliega, a la corta o a la larga modifica el carácter, la forma corporal, los engramas y los circuitos neuronales más delicados.

*

Todo aquello que afecta al cuerpo, al cuerpo biológico, a la carne, a la sangre, forma carácter, creencias, respuestas medulares. Y forma

---

[46] Lev Vigostky, epistemólogo constructivista ruso, propuso el concepto *Zona de desarrollo próximo*, entendido como la distancia entre el nivel real de desarrollo, determinado por la capacidad de resolver independientemente un problema, y el nivel de desarrollo potencial, determinado a través de la resolución de un problema bajo la guía de un adulto o en colaboración con otro compañero más capaz. La zona de desarrollo próximo proporciona a los psicólogos y educadores un instrumento mediante el cual pueden comprender el curso interno del desarrollo.

casi sin darse cuenta, sin necesidad de voluntad manifiesta de grabar, de guardar, sin advertencias.

Las actividades que realizamos diariamente, cualesquiera sean, nos convencerán, dando estructura a lo más profundo en cada uno de nosotros. Y el artista no puede dejarse vivir en la experiencia inauténtica, anónima, ya que nadie luchará su lucha.

No importa que no se elija con la razón y la voluntad explícita, las cosas que hacemos nos seguirán formando, y también seremos esa forma.

Las artes marciales se hacen carne. La obra de arte marcial es el producto esculpido en el practicante entregado durante décadas.

La obra de arte es el practicante.

LAS ARTES MARCIALES NO
SE ENTRENAN PORQUE
SIRVAN

Las artes marciales no apuntan a satisfacer fines utilitarios. Nunca han servido para lo que dicen servir. Lo que ingenuamente llega a intuirse interrogando sus honorables y exóticos nombres. El nombre funciona como una espesa capa de nata. Una sombra. La etimología, la literalidad, direcciona, pero no ubica. No limita. No llega a contener. Los nombres de las artes marciales, como cápsulas, recortan. No dejan ver la inmensidad de su campo de acción e inacción.

Porque su alcance no se limita ni se enfoca sobre esa pequeña diana a la que el nombre parece apuntar. La denominación arte marcial, como si se expandiera junto al universo entero, toma distancia de la significación literal y conserva sólo una porción ínfima, histórica e ideal, de aquel aparente fin teleológico primitivo. El nombre apenas puede prestar sostén para alguna clase de ilusión fantástica, educativa, e incluso mercantil, pero siempre al servicio fines más amplios, inclusivos, impalpables.

*

La defensa personal fue y aún es caballito de batalla para muchos instructores, escuelas e institutos de enseñanza. Especialmente cuando se trata de mujeres. Especialmente a fines de los ochenta, principios de los noventa. Las dobles famosas de Hollywood publicaban libros llenos de fotografías: el primer cuadro mostraba a un individuo humano masculino tipo ropero tomando la solapa de una señorita delgada y bajita en minifaldas y tacones. En el segundo cuadro, el hombre había sido obligado a inclinarse ante los efectos de una patada en la ingle. Había un tercer cuadro, en donde la chica tiraba un puñetazo a un área indefinida reforzando el argumento. Y, como cierre definitivo de la historia, se mostraba la ausencia de toda respuesta con el ofensor completamente tendido sobre el suelo. Las estrategias publicitarias repetían el modelo con niños muy pequeños y adultos enormes. Pero una sonrisa irónica solía ser, y aún es, la respuesta más sincera y respetuosa que puede esperarse ante tales compendios educativos.

La actualidad no nos sorprende con propuestas muy diferentes, sean en exhibiciones o libros. Hay palabras distintas, pero no ideas, ni métodos de eficacia comprobada en defensa personal.

*

El punto central es que las artes marciales no pretenden ser fórmulas o métodos con aplicaciones prácticas directas. Lejos están de ser experiencias científicas, replicables, herramientas causa efecto. Es necesario comprenderlo desde el principio, no solo para conocer direcciones y metas a la que conducen sus caminos, sino, más que nada, para cerciorarse sobre lo que no habrá de esperarse.

En el reconocimiento de las limitaciones radica la seguridad, protege de actuar en forma estúpida o temeraria.

*

La utilidad, el uso práctico de las artes, en tanto mejora de las aptitudes bélicas, capacidad de autodefensa, resultan de aplicación (estadísticamente) poco probable. La replicabilidad del contexto es mínima. Los conjuntos técnicos, tales y como se enseñan en los institutos o escuelas de artes marciales, no tienen como objeto ni son adecuados para ser trasferidos directamente a situaciones reales (especialmente en contextos sociales actuales), ni siquiera aquellos métodos que se vanaglorian de serlo.

Los beneficios de las prácticas se encuentran en espacios bastante alejados del mundo de la guerra; pueden resultar propicias como formas de autocultivo, autoeducación[47], relacionarse con el bienestar psicológico y la mejora de factores cognitivos[48], sociales, o incluso brindar beneficios específicos en algunas patologías médicas[49], pero no han sido creadas para enfrentar barrabravas.

---

[47] Allen, en su libro *Striking Beauty, una mirada filosófica sobre las artes marciales asiáticas* (2015), dice que: *"los chinos descubrieron que tanto las técnicas de combate sin armas, como aquellas de artes marciales asiáticas contemporáneas, son buenas para más que meramente preparar al hombre para las armas y la guerra"* (Allen, 2015). Ya desde la época de Confucio, las artes marciales comenzaron a percibirse como artes de autocultivo, autoeducación. No solo eran buenas para la guerra, sino que tenían propósitos estéticos y espirituales.

[48] Fabio & Towey (2017) al analizar factores cognitivos y de personalidad en relación con la práctica regular de artes marciales concluyen que la práctica regular puede influir en algunos aspectos funcionales, dando lugar a efectos positivos tanto en la personalidad como en los factores cognitivos, con implicaciones en el bienestar psicológico y en el campo educativo (Rosa, F. & Giulia, T., 2017).

[49] Las artes marciales proporcionan ejercicio significativo y que promueve

Las extensas series de golpes enrevesados, las superficies delicadamente diferentes que hacen contacto con otras zonas delicadamente diferentes, funcionan como coloraciones estimulantes para ese resto infantil que nos persiste, para el lobo visceral. Pueden funcionar como ejercitadores corporales, como herramientas de reafirmación personal, pero nunca serán prescripciones aplicables y seguras para situaciones de agresión callejera. Nunca serán sistemas antivandálicos.

*

Enseñar defensa personal como una serie de fórmulas predeterminadas (formato: A entonces B, A →B), enseñar a quitarse de encima un arma de fuego mediante piruetas y flirteos, enseñar algún tipo de golpe mortal y secreto sobre puntos mortales y secretos, convencidos o no de su efectividad (parte de un engaño comercial o un autoengaño egocéntrico) representa un gran peligro para el practicante novato. Lo entrega a la formación de falsas nociones de realidad. Mapas que no cuajan con el territorio. Así, la práctica basada en la creencia del éxito mecánico de la defensa

---

la salud para millones de practicantes. Los beneficios de estas prácticas incluyen una mejor salud y equilibrio en general, así como una mejor sensación de bienestar psicológico. No promueven la agresión y pueden usarse como una modalidad de tratamiento para jóvenes en riesgo de violencia (Woodward T. W., 2009). Algunos de los beneficios para la salud discutidos en los artículos científicos incluyen el fortalecimiento y la autoeficacia de los ancianos, la reducción de caídas, el aumento de la capacidad de ejercicio y los beneficios para el sistema inmunológico y el sistema nervioso autónomo (Burke, D.T., Al-Adawi, S., Lee, Y.T. & Audette, J., 2007). Otros artículos muestran que la práctica de artes marciales resulta benéfica también en algunos procesos patológicos. Entre muchos ejemplos, puede citarse que artes marciales, como el Tai Chi, demostraron mejorar la disfunción endotelial y la rigidez arterial en un grupo de mujeres ancianas con artritis reumatoide (Shin, J., Lee, Y., Kim, S.G., Choi, B.Y., Lee, H. & Bang, S., 2015) y que su práctica también resulta una medida preventiva y de bajo costo, beneficiosa para la osteoporosis, especialmente cuando la práctica se mantiene por un plazo largo (Chow, T.H., Lee, B.Y., Ang, A., Cheung, V., Ho, M. & Takemura, S., 2017). Otro estudio demostró que un programa de ejercicios consistente en movimientos básicos de Taekwondo es un medio eficaz para la corrección de la postura (Byun, S., An, C., Kim, M. & Han, D., 2014) pero pueden citarse muchos otros estudios referidos a efectos saludables de las artes marciales.

opera de forma tal que puede dar lugar, por extensión, a la creencia de que sí, de que existe, al menos, una posibilidad certera de defenderse. Y que esa posibilidad ya fue pensada y estipulada.

A esta práctica estandarizada de técnicas de defensa personal, entrenadas bajo el slogan de su efectividad práctica, formadoras de falsas nociones de realidad, le siguen ingenuas sensaciones de seguridad, que caerán como viejos edificios dinamitados al momento de enfrentar un objetivo real. Son nociones falsas, en tanto las precede y las rodea una idea absurda, siempre armada con datos destinados a no coincidir con el plano real.

*

Defensa, la sola idea genera su opuesto y su necesidad. Las técnicas estandarizadas de ataque que el arte marcial intenta defender nunca existen como tales en el universo real y palpable. Golpes ideales para defensas ideales, desvíos precisos que, en las situaciones de ataque callejero, riñas, peleas, no tienen correlato específico. Relación unívoca. Quizá solo una ligera sombra, una pizca de movimiento.

Los humanos no atacan como los animales, ni como los libros.

*

En la calle, en la vida gregaria y automática, el habitante promedio de una ciudad populosa y moderna, social y legal, la aparición del desengaño podrá tomar tiempo. A veces, demasiado. Un tiempo que permitirá sostener una fantasía prepotente sobre la autodefensa. Pero cuando la agresión tiene lugar —cuando alguien es atacado, o resulta lastimado, o lastima al intentar poner en práctica sus técnicas en una situación real, o simplemente se queda inmóvil, frustrado, con un amargo sabor de boca, vacío por entregarse sin resistencia— toma conciencia: nada ha sucedido según lo esperado, y ya no hay vuelta atrás.

*

Dado un evento dañino, asalto, ataques, etc., difícilmente un artista marcial promedio llegue a un desenlace diferente del que podría suponerse en cualquier otro individuo no luchador. Si alguien es amenazado con un arma, simplemente entrega la billetera, el reloj, el teléfono o lo que el agresor pida, y fin de la cuestión.

El resto son implicancias, dolores psíquicos y éticos productos de una sociedad estrábica y prepotente.

*

No hay defensa segura, la muerte es cuestión de nada, y el arrepentimiento, la culpa, obstinadamente duraderos, muy al filo de lo permanente. Golpear el brazo que sostiene un arma es una ruleta rusa. Las ingenuas técnicas que retuercen el brazo del atacante hasta que el caño del presunto revólver queda apuntando hacía el inmóvil agresor, son peores aún que la ruleta rusa, cuatro balas en cinco espacios, dos tiros. La finalidad de entrenar técnicas de palanca, lances, contrataques, ante el individuo que apunta con un arma, que encañona, tiene objetivos diferentes a su aplicación directa (mejorar la destreza, las habilidades, la relación, conocer el cuerpo, etc.) aunque, ocasionalmente calce la llave en la cerradura y puedan funcionar.

*

En la escasa bibliografía fidedigna, en las definiciones teóricas, los alcances de las artes marciales no han sido claramente definidos. Se encuentran vanos gigantes por donde quiera mirarse. Ambigüedades, falta de respaldo, puntos abandonados cándidamente al criterio del lector se encuentran a la orden del día.

Hubo una tendencia a categorizar la utilización o no de las técnicas de defensa, y, por ende, del arte, en base la naturaleza del propósito, su intención y uso efectivo. Pero el buen o mal propósito, la buena o mala utilización, como delimitación de lo que es o no autodefensa, resulta confuso y poco práctico.

Por ejemplo, en la definición aportada por Gichin Funakoshi, uno de los grandes emblemas japoneses, dice que el karate es un arte que apunta a la "autodefensa con mano vacía". Acto seguido, especifica: "*si su aplicación es para un buen propósito, entonces el arte es de gran valor: pero si es mal utilizado, entonces no hay mayor mal o arte más dañino que el karate*"[50]. Buenos propósitos, malas aplicaciones, son conceptos teóricos y éticos demasiado amplios, variables demasiado variables según el contexto social y la época. Por grande que haya sido Funakoshi, esta manera de decir, muy bonita, es

---

[50] En su explicación sobre el significado del Karate, Funakoshi establece que: "*Karate es una técnica que le permite defenderse a sí mismo con sus manos desnudas y puños sin armas*" (Funakoshi, 1973 [1957]) y más adelante aclara: "*Si su aplicación es para un buen propósito, entonces el arte es de gran valor: pero si se utiliza mal, entonces no hay mayor mal o arte más dañino que el karate*". Es claro que lo considerado por un individuo, e incluso por una sociedad, como buen propósito es demasiado amplio y ambiguo, de la misma manera la idea de "mala utilización", resulta oscura e indefinida.

53

insuficiente y solo tiene valor en un mundo ideal; en el plano ordinario, en el terreno cotidiano, resultando para la visión occidental un criterio vago y sin vara de aplicación.

Pero eso no es todo, es mejor no pensar que nuestros propósitos, aunque los creamos buenos, otorgan caprichosas libertades individuales. Es necesario dar un espacio al replanteo de las propias creencias sobre lo bueno. Las peores atrocidades se han amparado en buenas intenciones.

Sumando bruma sobre la definición: no hay que olvidar que "no hagan esto en sus casas" nunca funciona. Es una linda frase, la de Funakoshi, aun con su poder mitológico, de difícil interpretación y aplicación.

Choi, en su enciclopedia, también hace lo que Funakoshi, define al Taekwondo como: "*una versión de combate desarmado diseñado con el propósito de la auto defensa*", y le añade: "*es el uso científico del cuerpo en el método de la autodefensa*" (Choi, 1993 [1983])[51]. Su frase, indudablemente, se toma de ideas y valores típicos de su tiempo, un tiempo en donde la palabra científico hacía furor y la proclama de la autodefensa en un mundo que se abría a la libertad, a la igualdad, se llenaba de panfletos publicitarios de mujeres en pantalones Oxford golpeando genitales masculinos, mujeres que salían a trabajar, sexualmente liberadas. Aunque resulta evidente para un científico que el complejo técnico del taekwondo no tiene mucho que ver con la ciencia, en tanto, no cumple el requisito básico de los métodos científicos —no intentan ser verdades universales, replicables, demostrables, etc.—, esto no suele resultar tan claro para la fantasía del lego (y menos aún para algunos discípulos del tipo creyente fundamentalista).

Aclarar no sobra: que alguien pueda analizar científicamente una patada o un golpe, no convierte al golpe, o al uso de dicho golpe, en científico. Choi no fue un científico, sino un militar con una instrucción intelectual de nivel moderado.

*

---

[51] En el capítulo: definición del Taekwondo, del Volumen I, Choi Hong Hi establece que: Taekwondo es una versión del combate desarmado diseñado con el propósito de la auto defensa (*"Taekwondo is a version of unarmed combat designed for the purpose of self-defense"*), es el uso científico del cuerpo en el método de la defensa personal (*It is the scientific use of the body in the method of self-defense)* (Choi, 1993 [1983]).

Las artes son, más que nada, un juego, un teatro, un ejercicio. Aunque elijamos el juego de la pelea, cuando la vida está en juego – la vida de otros está en juego, o lo que creemos de la vida– no hay lugar para bromas, *laissez faire*, dejar hacer, dejar pasar. Si al resultar atacado un individuo se encuentra descalzo y mojado sobre un piso resbaloso, a mitad de la noche, los años de artista marcial los dejará allá donde la luz y la sombra se hacen uno y, en el mejor de los casos, podrán servirle para mantener cierta calma ubicua, o lograr que el momento pase menos angustiosa y dramáticamente.

No existen los Aquiles, los héroes de película, los Lancelot, en el siglo que nos toca vivir, y quizá tampoco existieron en otros. Copiarlos a la letra no vale la pena ni tiene sentido más allá de los perseguidos por las mitologías y los cuentos.

*

El arte marcial es un engaño para el inconsciente.

*

Los ataques en la vida real no tienen banda de sonido. Llevar a la práctica cualquiera de las tantas acciones que nos han metido en el cerebro a través del cine, la televisión, incluso practicar ciertos códigos del Bushido con un objetivo fáctico, sería de una temeridad meridiana. Si alguien se encuentra en el extremo opuesto de la sala, de la parcela, de la vereda, debe olvidarse de llegar al agresor que sostiene a un pequeño niño en sus brazos y le apunta con descaro, debe olvidarse de las patadas voladoras, de usar los muebles y los utensilios de cocina como armas perfectas, de volver todo a su favor.

*

El arte es también un engaño, aunque sea genuino, hermoso, nutritivo.

La gente se engaña una y otra vez, los oficiales de guerra se engañan, los excombatientes se engañan. Todo esto de las artes marciales trata de otra cosa, entrenamiento, entretenimiento, puesta en escena más o menos focalizada, más o menos dirigida, prácticamente inútil a los fines de la defensa física en una ciudad real, en un mundo legal, en la sociedad del orden.

Si alguien vive un ataque, si lo ve, si lo experimenta, sus posibilidades no son muy diferentes que las de cualquier otra persona. Esa es la ventaja, la visión. Y contar con ello acarrea décadas de aprendizaje, y permite reconocer algo más del panorama.

*

La peor parte del intento de probar las artes marciales en situaciones reales, si alguien cree fervientemente en su capacidad de enfrentar, defender, golpear, es que, una vez acaecida la ocasión, una vez que ha sido vencido, robado, maltratado por el ataque sorpresa, el golpe sin motivos a la salida de una fiesta, etc., la impotencia sucedánea se volverá feroz. El sentimiento de impotencia no tendrá consuelo. Luego de haber creído por años, ciegamente, en la eficacia de los medios propios como defensa, en el cuerpo como sistema, la voluntad y la claridad mental como volantes de una posibilidad heroica, probablemente, el practicante niegue el arte en su conjunto, niegue la calidad y la verdad de su formación, tomando la parte por el todo, negando lo que del arte es saludable y verdadero.

La impotencia sucedánea al fracaso, al momento de impotencia, hiere más que el arma cargada del mercenario. Aunque esa potencia nunca haya sido real. Aunque nunca hayan existido promesas escritas, dolerá. Real es saber desde siempre la escasa probabilidad de eficacia que tienen las acciones marciales técnicas y tácticas, ante una entidad que no pierde nada si mata, si lastima, si hiere.

*

Las justas, los duelos, viven en la historia. En el contexto social actual si alguien mata o lastima será detenido, sancionado, castigado, aunque tenga alguna clase de razón, o toda la razón. No somos guerreros en brillantes o coloridas armaduras, no sacaremos una espada y cortaremos al medio a nadie, no defenderemos el honor a capa y espada, ni siquiera contamos con la libertad de agarrarnos a trompadas tranquilos con otro que desee lo mismo. Ni siquiera cuando toca vivir periodos de guerra se puede andar porque sí, desarmando gente, quebrando huesos.

Las artes marciales sirven para muchas cosas, pero no nos libran de todo mal. Reconocer las limitaciones, tanto propias como de los sistemas, las posibilidades reales de hacer, previene el acto estúpido y temerario. Reconocer las propias cartas encamina las ilusiones, destaca los contornos de la desilusión. No hay fórmulas secretas ni perfectas.

EL CONTEXTO TIENE LA COSTUMBRE DE NO COINCIDIR CON SU IDEAL

No habrá día ideal. Los agresores no suelen llevar en alto una pancarta con la definición adecuada: hombre malo, perverso, vándalo, alienado que la sociedad en su conjunto ha considerado merecedor de castigo, condenado al ostracismo, segregado. Sin anticiparlo, cuando llegue el momento, las manos no estarán libres ni los músculos tibios y elongados; el subte, el colectivo, el tren, estará lleno, el suelo patinoso, la casa desordenada y a oscuras; los hijos de por medio, los amantes de por medio; las armas oxidadas y sin filo, o guardadas en la lejanía cerrada de algún cajón. Los reos, los adversarios, los delincuentes quizá sean capaces de aguantar como paredones de tanta adrenalina en sangre, de tanta droga atrancada en los gruesos vasos del hígado, de tanta nada que perder. O quizá simplemente se trate de un adolescente enfermo con una pistola. Y no habrá nadie aplaudiendo cuando un golpe lo derribe, ni festejando el destrozo, o la paliza, o el hecho altruista de hacerse a un lado.

No hay día perfecto. Como no hay normalidad ni salud ni momento justo.

La vida no procrastina. Esperar el momento justo para cualquier cosa es la llave segura para no iniciar ninguna. Porque el estado ideal no sucede jamás, los perfectos paisajes diseñados por nuestros pensamientos, en nuestros balanceados contextos recortados, generalizados —incluso salud, normalidad, curso natural— no existen.

Solo se trata de la más o menos justa (o injusta) adecuación a lo posible.

*

Homeostasis, normalidad, estado, condiciones, no suelen ser palabras que se comprendan como ideas de uso, sino como realidades. Sustantivos. El árbol y la palabra árbol. Significantes de un significado concreto. Y no ayudan, o ayudan muy poco, a la hora de actuar, por su alta pátina de malentendido.

Homeostasis, del griego *homeo-* ὅμοιος *hómoios*, 'igual', 'similar', y στασιζ, *stásis*, 'posición, estabilidad', es el conjunto de fenómenos de autorregulación, que conducen al mantenimiento de la constancia en la composición y propiedades del medio interno de un organismo.

Normal, es lo usual, lo frecuente, lo que se ajusta a las normas, lo que se refugia bajo el centro de la campana[52]. Estado físico, condición física, todos tenemos uno. Aunque no se separe de la media más de un desvío estándar. O dos.

Tendemos a reestablecer equilibrios, según la teoría de Cannon, equilibrios que no existen como línea marcada. Tendemos a compararnos con una normalidad que nadie llena. Pero la lucha es ya.

*

Está el que se acerca al dojang, y mira la clase desde afuera. Y ante la pregunta dice: volveré cuando me recupere del esguince. Y meses después: volveré cuando me ponga en forma. Pero nunca está en forma. Porque la forma óptima para enfrentar la lucha es en el dojang, con lo que se tenga, y no otra. Si no se tienen pies, es entonces la lucha en ausencia de pies. En la edad que toque, en el cuerpo que toque. Después, rinden exámenes en los que se excusan, por esguinces, hernias, duelos, edades. Ese camino es un estanque cubierto de moho.

*

Anticipar la dificultad de una actividad, o estimarse sin recursos para afrontarla, pueden terminar en procrastinación, *pro* (adelante) *crastinus* (que pertenece al mañana), algo así como "dejar para mañana". La dilación puede actuar como una defensa contra algunas condiciones, como el miedo al fracaso, la ansiedad por el fracaso y el miedo a la culpa[53].

---

[52] Normal, como concepto estadístico, se refiere a una distribución de probabilidad de una variable continua.

[53] "La procrastinación es un hábito problemático automático que consta de posponer una actividad importante y oportuna hasta otro momento... Esta condición humana común implica una percepción negativa sobre una actividad anticipada, siempre implica una necesidad de divergir sustituyendo algo menos relevante, y prácticamente siempre va acompañada de un pensamiento de postergación, como, por ejemplo: "Lo haré más tarde cuando me sienta listo". Más que un simple acto de

*

La lucha se da en el terreno que uno pisa todos los días, no en las nubes de las condiciones ideales. Vale para otros campos. No hay que esperar alcanzar un adecuado estado físico para comenzar un aprendizaje, un deporte, un libro. No hay que esperar la comprobación del aprendizaje obtenido, para largarse a hacer, para escribir, para componer.

En cualquier terreno, una vez tomada la decisión, es obligatorio actuar.

*

No hay que esperar la adquisición probada de un conocimiento o habilidad como quien completa un formulario, una serie de requisitos, porque no hay día de lo aprendido. La circunvolución es la regla. La blandura. La irreverencia. Lo inesperado.

Con fiebre, con kilos demás, con sueño o fiebre, vendrá el ataque, o el robo, o se encontrará en la calle la oportunidad de hacer algo bueno, o se dejará pasar, con brazos cargados en hora pico, con un recién nacido en brazos, ebrio, o mientras alguien se entrega a la tarea del sexo doméstico. Nunca alguien se encuentra en su perfecto estado físico y psíquico para competir, para rendir un examen, para iniciarse en artes marciales, para enseñar. Y sí, lo está.

*

No hay situaciones ideales. La generalidad ha sido puesta al servicio de la facilitación del aprendizaje. Las excusas son herramientas de quien no pretende llegar al corazón de lo buscado. Al corazón de las artes marciales.

¿Quién es el que habla cuando mide aquello que no se dedica a medir? A veces hay una consulta interna, con el propio yo —y aparece la pregunta ¿estamos en condiciones de entrenar, de competir, de rendir, de hacer, de intentar aplicar nuevos recursos

---

evitación, la dilación implica un proceso de percepciones y pensamientos interconectados (el componente cognitivo), emociones y sensaciones (el componente emotivo) y acciones (el componente conductual)...La dilación es un hábito de igualdad de oportunidades que interfiere con la productividad de las personas de todos los niveles económicos, profesiones, edades u otras categorías demográficas...La dilación puede ser un síntoma, una defensa, un hábito problemático o una combinación de estas condiciones generales" (Knaus, 2010).

en un combate, de escribir una novela— cuando ya se ha instalado la resistencia a enfrentarlo.

*

El artista siempre tiene algo por entrenar, no importa cuán limitado esté. Y pocas cosas generan tanta deserción como las molestias parciales. Rodillas doloridas, esguinces de primer y segundo grado. Las lesiones graves suelen traer consigo el afán de sobreponerse, como algunas tragedias, sin embargo, son las leves como un manto gris que pesa invisible sobre el cuerpo y modifica con lentitud los hábitos, vuelve pesado el cuerpo, deja para mañana, y utiliza la búsqueda del estado ideal como excusa.

No hay razón para no entrenar si el cuerpo presenta un esguince de tobillo, una fractura de húmero, un dolor de espaldas, menstrual, cefálico. Las artes marciales siempre tienen algo que dar y un desafío que superar.

*

Y lo peor de las excusas no es la mera demora sino en el desgaste vacuo de la vida. Una vida siempre finita. La malversación del escaso fondo de tiempo es el verdadero cuchillo que nos clavaremos un día.

*

No es conveniente dejar para mañana la acción, para cuando se crea estar en condiciones, sino buscar lo ideal como se busca una estrella, como se busca un límite matemático, siempre tendiendo a, pero con la conciencia plena de que no es posible llegar al número redondo y justo, al conocimiento total, a la perfección física y psíquica, a la perfección técnica. Se busca buscando.

Hay que usar la búsqueda para prolongar y agigantar el bendito número interno.

*

No procrastines. No te engañes. Lo que quieras iniciar, inícialo ya. Entrenar, competir, enseñar, bajar de peso, estudiar, escribir una novela, son bichos que se alimentan de sí mismos.

CONOCER LOS COLORES
DEL MIEDO PARA HALLAR
EL CUERPO ENTRE LA
SOMBRA

Como en una pesadilla, en donde el soñador esgrime la pregunta: ¿es real? ¿estoy soñando? La lucha requiere una primera gran interpretación acertada, diferenciar el grueso del panorama de lo alterado, separar la paja del trigo. Percibir señales de peligro, hallarse frente situaciones estresantes, sentir miedo, ansiedad, ser presa de un ataque de pánico, de un trastorno de pánico, son todos bichos de naturaleza diferente, aunque ligeramente emparentados. Así como es diferente una situación estresante en particular y una generalización de situación.

El león que enviste en un sueño y el león real producen visceralmente una respuesta idéntica, hecha de sangre redistribuida, de reflejos, de contracciones, reconocible como miedo. Será miedo real, aunque uno de los dos leones no lo sea. La emoción miedo es la misma, no el contexto. Gran error sería reaccionar de la misma manera. Gran error, meter todo en la misma bolsa y reaccionar como la lombriz a la sola señal de la luz.

No se cuenta con los mismos recursos un minuto y al siguiente, en un sitio o en otro. La lucha requiere fineza para descubrir estas diferencias, leer con tino las propias entrañas para reconocer lo sustancial, el mensaje, y contrastarlo con la realidad del instante.

*

La lucha presenta un cuerpo frente a otro cuerpo, el cuerpo del otro, un cuerpo al que no le conocemos intenciones, fuerza, capacidades, y del cual no podemos fehacientemente inferir una puesta escénica emocional. Ante el rival nos suceden las percepciones, habrá estresores y habrá respuestas, más o menos adecuadas, emocionales, físicas y psíquicas. Leer esos elementos será un recurso invaluable. Interpretar la coherencia y el fondo es una herramienta necesaria para despejar la incógnita. Cuanto más realista sea la valoración de los recursos y los estímulos, más adecuada será la respuesta. Como dice Jonathan López-Vera en su *Historia de los Samuráis*: *"si tuviéramos que elegir una virtud de estos primeros guerreros, esta no sería el honor, sería el pragmatismo"*[54].

*

Para sumar recursos a la lucha es menester comprender la naturaleza del miedo. Las fuentes, las interpretaciones, los usos. Para algunos científicos, el miedo es una emoción básica, primaria[55] y cumple una función como cualquier otra, como la del corazón o las tripas.

Etimológicamente, la palabra miedo proviene del latín *metus*[56] y se define como "la perturbación angustiosa del ánimo por un riesgo o daño real o imaginario", "recelo o aprensión que alguien tiene de que le suceda algo contrario a lo que desea". Esta palabra es exclusiva del castellano y del domino gallegoportugués (*medo*). Las demás lenguas romances para expresar esta noción de miedo recurren a la voz latina *pavor* (de donde el italiano *paura*, el francés *peur*, o el catalán *por*, que curiosamente son todas voces femeninas).

*

---

[54] En *Historia de los Samuráis* (López-Vera, 2016) se aporta valiosa información sobre la realidad histórica de los samuráis y el contexto de aparición de los fenómenos relacionados con el Bushido.

[55] Los partidarios de la existencia de emociones básicas (que en principio comprendían la alegría, ira, miedo, asco, sorpresa, tristeza, aunque luego se ampliaron), como Ekman, Tomkins, Izard, Plutchik, Levenson y Panksepp, comparten algunas suposiciones fundamentales derivadas de un enfoque darwinista evolutivo. Proponen que las emociones básicas tienen las siguientes características: 1) señales universales distintivas (por ejemplo, expresiones faciales); 2) antecedentes universales y distintos (por ejemplo, la visión de una serpiente en el pasto); 3) correlatos fisiológicos característicos; 4) son inducidos por un procesamiento automático (es decir, no consciente o involuntario); 5) emergen temprano en la ontogenia; 6) están presentes en otros primates no humanos; 7) tienen inicio rápido; 8) son de corta duración; 9) no son controlados voluntariamente; (0) están asociados con pensamientos, recuerdos e imágenes distintivos, así como también con 11) experiencia subjetiva distintiva (Celeghin, A., Diano, M., Bagnis, A.,Viola, M. & Tamietto, M., 2017).

[56] Extraído de (Corominas, J., Pascual J. A., 1980).

También es provechoso comprender la noción de estrés, una palabra que se utilizó primero en el campo de la física y luego migró con éxito a otros campos, como los animales que hallan de pronto tierra sin depredadores naturales y la superpueblan. Estrés, *stress*, del latín *stringere* 'apretar', es para la física, la presión que ejerce un objeto sobre otro[57]. El duro e irrigado hueso toma su forma, arma sus trabéculas, sus líneas de fuerza, en función de las presiones recibidas. Sin presiones sería un bodoque amorfo de calcio y minerales. En psicología, y por analogía, se llama estresor a un estímulo que actúa sobre un sujeto[58]. Destáquese: estímulo. Ni bueno ni malo en sí mismo. Aunque puedan considerarlo positivo o negativo. Físico, psicológico, ambiental.

Una relación, una sociedad conyugal: el estrés es la respuesta al estresor[59]. Y el estresor puede ser cualquier cosa, y sin ellos no habría vida[60].

*

Según la teoría de Lazarus y Folkman ante un estímulo cualquiera se produce una primera valoración cognitiva que lo califica como: irrelevante, daño, amenaza o desafío; y esta valoración va de la mano con las estrategias que se cuente, lo que forma parte de la segunda valoración cognitiva del estímulo[61]. Si se cuenta con

---

[57] Estrés mecánico, stress, tensión o esfuerzo mecánico se define como la fuerza por unidad de área en un objeto o materia (Miralles Marrero, 1998).
[58] Un estresor o agente desencadenante es un elemento que atenta contra la homeostasis del organismo (Bulacio, 2011). El estresor en sí no es algo que por sí mismo deba ser evitado. La carencia de estrés implicaría la muerte. Aunque, actualmente se utilice la palabra estrés, cuando este sea excesivo. Otras teorías definen estresor como un proceso interaccional, una relación particular entre la persona y la situación que se produce cuando la persona valora que las demandas exceden sus recursos de ajuste y hacen que peligre su bienestar.
[59] Definición de estrés: respuesta fisiológica inespecífica normal, destinada a mantener la homeostasis (Bulacio, 2011).
[60] El estrés no es algo que por sí mismo deba ser evitado, la carencia de estrés significaría la muerte (Bulacio, 2011).
[61] La teoría de Lazarus y Folkman, basada en la interacción, maximiza la relación entre los factores psicológicos que median entre los estímulos (estresores) y las respuestas de estrés (Bulacio, 2011). La teoría se basa en el concepto de evaluación. La evaluación cognitiva se entiende como un proceso universal, mediante el cual las personas valoran constantemente la significación de lo que está ocurriendo. Existen tres tipos de evaluación:

estrategias, un desafío se toma como tal y no desencadena respuesta de estrés, pero si considera que no se cuenta con estrategias, toda la catarata se despliega.

Lo relevante no es la naturaleza en sí del estresor sino la reacción ante la situación estresante, que va desde la respuesta adecuada, adaptativa, a la conducta de ira, ansiedad, depresión, etc.

*

Lo relevante en la lucha no es tampoco la aparición o no del miedo, del estrés, sino lo que se hace con ambos. Lo que el luchador cree que es capaz de hacer con ellos, el nombre que les pone, el lugar que les da.

*

El miedo puede resultar inadecuado al estresor, quizá desproporcionado, engendrar ataques innecesarios, visiones de fantasmas, sobredimensión de realidades, conductas reactivas inconvenientes. Pero no debe ser subestimado, menospreciado. Freud da el ejemplo del león, o el tigre, lo mismo da. Generan la misma respuesta en los sueños repletos de selvas y en la selva. La situación puede no ser real, pero el miedo sí lo es[62].

Frente al miedo generalizado, desatado, los estímulos llegan sin orden ni concierto. Y el miedo es como un animal que se autoalimenta exponencial, porque lo que uno teme no sucede jamás, sucede lo inesperado[63].

El miedo aislado, separado de su significado, de la situación que lo podría volver adecuado como reacción del organismo, funciona

---

evaluación primaria, que se produce ante el encuentro con algún tipo de demanda externa o interna. Puede ser amenaza, daño, desafío o beneficio. La evaluación secundaria se refiere a la valoración de los propios recursos para afrontar la situación. Los recursos de afrontamiento incluyen: las propias habilidades, el apoyo social y los recursos materiales. Y la reevaluación, que implica procesos de retroalimentación que acontecen a medida que se desarrolla la interacción entre individuo y demanda (Bulacio, 2011).

[62] Freud en *La interpretación de los sueños*, cita un pasaje de los *Studien über das Bewusstsein* de Strieker, 1879, que dice: «*El sueño no consiste pura y exclusivamente en engaños; por ejemplo, si en sueños tenemos miedo de ladrones, estos son por cierto imaginarios, pero el miedo es real*». (Freud, Obras Completas. La interpretación de los sueños, 1953 [1900]).

[63] Dado que es imposible prever, todo lo que sucede es lo imposible (Weiszäcker, 2005).

como fuente de daño en todas direcciones, una piñata llena de excremento que se tensa a cada segundo, un poco más.

*

Pero por algo sigue sucediéndonos el miedo. En el contexto adecuado, puede resultar muy útil. Dice Lorenz: "*a veces, las luchas nacen con el valor que presta la desesperación*"[64].

*

El crecimiento genuino del artista, del luchador, se da entre polos. No hay aprendizaje en los extremos, cuando hay persistencia de eventos considerados amenazas frente a los que el individuo se encuentra vulnerable, o frente a eventos no dotados de significado. El aprendizaje sucede en la franja de estrés saludable. Eventos estresantes desafiantes.

La lucha se aprende en un delgado equilibrio. Entrenándose para evaluar eventos con grados de dificultad progresivos, que aumentan conforme se incrementan las capacidades, destrezas técnicas y tácticas personales. Como un par de engranajes conectados, la interpretación de una señal y sus consecuentes reacciones dependerán en gran medida de la construcción, reconocimiento y valoración de los propios recursos.

*

Pero domeñar una emoción no es tarea fácil y no se trata de tapar con tierra. Evaluar en forma realista estrategias y recursos propios, tampoco. Frente al miedo pueden generarse profecías desalentadoras. El miedo se dispersa como un virus. Convence. Su persistencia actúa como un desgaste inconducente. Creer que todo estrés es malo, es más de lo mismo.

Generar respuestas de estrés en forma constante porque sí, sin brindar herramientas adecuadas o tiempo de restitución no tiene más sentido que agotar al sujeto, someterlo a un estado de debilidad ingobernable[65].

---

[64] Lorenz propone tres categorías de comportamiento combativo animal (Lorenz, Sobre la agresión: el pretendido mal, 1963 [1971]), una de ellas es la reacción crítica.

[65] La indefensión aprendida, o impotencia aprendida, es considerada como la incapacidad de escapar del shock inducido por eventos aversivos incontrolables. Fue descubierta en 1967 por Seligman y Maier (Seligman, M. E. & Maier, S. F., 2016) quienes teorizaron que los animales aprendían que los resultados eran independientes de sus respuestas, que nada de lo que hacían importaba, y que este aprendizaje socavaba el intento de

escapar.

EL QUE NO TIENE NADA
QUE PERDER, NO PIERDE
NADA

Los retos más peligrosos, para bien o para mal, se libran contra quienes creen, o sienten, o piensan, no tener nada que perder. Los acorralados, los que no ven salida. Los ya vaciados de recursos, sin armas.

En cualquier ámbito, la lucha temible no es el cabeza a cabeza con el más fuerte, el experto, el más grande. El encuentro más difícil es aquel en el cual se enfrenta al sujeto que, voluntaria o involuntariamente, se ha unificado en una sola y única intención.

*

Ante el arrinconamiento, la imposibilidad de escape, la falta de camino, el animal, el hombre, arremete, patea, lanza puñetazos. Ya fue dicho: ante el desconocimiento y la desorientación, el animal que nos vive, tira con la fuerza renovada nacida de su desesperación[66]. Todos los acorralados dejamos, en algún punto, involuntariamente, el mando al animal interior.

*

Sucedió por la tarde en un estadio sin tiempo. Ambos luchadores muy cerca de un límite lateral del cuadrilátero. El árbitro dio la orden de detención, pero uno de ellos se hizo el boludo, saliendo del área y en ese segundo eterno entre la orden y la quietud, lanza un puño a la cara a su rival inglés. Su cuerpo parece ir a otro lado, se agacha, mira a un costado, corre su propio tren y ha olvidado el puño lejos. Y no le importa. Ha olvidado la línea, el límite autorregulado de la potencia deportiva. Como una revuelta que

---

[66] En sus estudios sobre etología, Lorenz, habla de la reacción crítica (Lorenz, Sobre la agresión: el pretendido mal, 1963 [1971]), refiriéndose a la pelea desesperada en que el combatiente echa el resto, porque ni tiene escapatoria ni puede esperar gracia, lo que se entiende vulgarmente como: "luchar como un gato panza arriba". Esta forma de lucha, la más violenta de todas, está motivada por el miedo. Puede decirse que, como el rival está demasiado cerca, el animal no se atreve a darle la espalda, y entonces pelea, con el valor que le presta la desesperación.

pasa, el rival queda. El golpeador saca el guante como si nada. No hay más que uno tirado en la arena. La pelea se detiene

*

Al sentir en carne viva la inferioridad, –técnica o estratégica, en fuerza, en velocidad, o sobre cualquier otra cualidad que pueda comprenderse con una mirada empequeñecida–, al sentirse desamparado o sin salida, frente al rival, el espacio entre ambos, el líquido de ese *rivus*, se vuelve caldo de cultivo para lo desconocido, lo funesto o salvador, lo descontrolado, eso de lo que uno no jamás se creería capaz, niveles de fuerza y astucia superlativos o infraesperados, ira, cólera, la pura emoción, aquello que empuja[67].

*

Y no se trata solo de estar con el cuerpo físico entre la espada y la pared, el sentimiento de superioridad, el rechazo, sentirse ignorado, excluido social, da un resultado parecido. También despierta a las fieras envenenadas[68].

---

[67] De acuerdo con el Diccionario de la Real Academia Española, un "rival" es la persona que compite con otra pugnando por superarla o por obtener una misma cosa. La "rivalidad", en cambio, es la enemistad producida por esa contienda. El Diccionario Etimológico de Corominas señala que la palabra deriva de "río" y se refiere, en sus orígenes, a una actitud de disputa por la posesión del agua en el morador de un predio contiguo a un río con respecto al que mora en la otra ribera (Chiozza L. , Obras completas. ¿Por qué nos equivocamos? Lo malpensado que emocionalmente nos conforma y otros textos, 2009). Según Byung Chul Han, el rival apunta, etimológicamente, al uso del agua del río (*rivus*), pero este no ansía el agua porque otros también la deseen. Los actos violentos surgen en la lucha por cosas cuyo valor no responde al deseo mimético, sino a un valor intrínseco. Se trata de cosas que satisfacen las necesidades primarias (Han B. C., Topología de la Violencia, 2016).

[68] El ostracismo, ser ignorado o excluido, y el rechazo, ser rechazado después de la aceptación inicial o anticipada tienen poderosas consecuencias a nivel neuropsicológico, emocional y cognitivo (Williams, 2007). Algunos estudios proponen que las diferencias individuales en las reacciones agresivas al ostracismo se basan en mecanismos emocionales, cognitivos o de motivación que pueden regular el comportamiento agresivo (Rajchert, J., Konopka, K., Huesmann, L.R., 2014). La mayoría de las teorías de agresión contemporáneas definen un conjunto de mecanismos subyacentes a través de los cuales las variables de personalidad influyen en el comportamiento agresivo. En sus estudios exploran el concepto de preparación para la agresión y demuestran que la

*

Era el Campeonato Mundial Abierto de Taekwondo, en Miami, corría el año 2002 cuando sucedió lo de la mandíbula fracturada. Los ingleses presentaron un equipo parejo, estable, fuerte, experimentado. Los argentinos, como suele suceder, no eran más que un rejunte momentáneo y caprichoso que recargaba toda responsabilidad sobre las espaldas del gran Juan José Sunini. En peso liviano tenían a un chico flaco de torso largo, con el pelo cortado a lo rolinga, mañero, oportunista y bien porteño. Despedía un ligero destello maradoniano. Sin poseer un cuerpo bien dotado para su deporte, parecía contar con recursos propios, muchos ligados al engaño. Ir hacia un lugar y cambiar de dirección con soltura y rapidez, quitar la vista del blanco, agacharse, inducir con el cuerpo. Tenía actitud de gallito. A los directivos argentinos les provocaba orgullo su insolencia. Y algo de envidia. A poco de iniciada su pelea, el inglés dominaba claramente usando el planteo clásico de su clan, basado en huevos, continuidad y una rodilla muy alta que no cesa en sus disparos. Al falso Jagger, a pesar de tener un tiempo excelente, la contra no le alcanzaba. Intentaba cruzarlo por debajo con patadas semicirculares ascendentes, pero el inglés terminaba llevándoselo puesto. Una y otra vez. Ninguno estaba dispuesto a cambiar su plan. El estadio gritaba cuando el cruce era feroz. Faltaba poco para terminar. No era negocio. Se veía venir el resultado. No era efectivo ni vistoso, no le alcanzaba para ganar.

*

Las cosas, sin importar que se aprovechen para un fin u otro, son. Los entes son[69], para bien o para mal. El tiempo no importa. El

---

disposición principalmente impulsiva emocional resulta en una agresión desplazada. Por otro lado, la influencia de la disposición cognitiva habitual en el vínculo ostracismo-agresión probablemente requiera condiciones situacionales más específicas en las que se permite o incluso se exige una respuesta agresiva, como la participación del objetivo de agresión en el incidente del ostracismo. Al iluminar el papel de las tendencias emocionales -impulsoras para el agresor como moderador del ostracismo en un contexto de conducta agresiva, sus estudios indican que, para evitar eficazmente los resultados sociales del ostracismo, deberíamos prestar más atención al autocontrol y afectar los procesos de regulación (Rajchert, J., Konopka, K., Huesmann, L.R., 2014).

[69] Se llama *ente* a todo aquello que *es*. A lo que hace que los entes sean se lo llama ser. Los principios válidos para todos los entes son, el principio de identidad, de contradicción, de tercero excluido, y de razón suficiente

69

juicio basado en la percepción individual genera el sentimiento[70]. La ira, la inadecuación, la prepotencia, avalan el arranque fuera de lugar. Ante la pelea del gato panza arriba, del aprisionado, del focalizado en el punto único de la supervivencia, más vale emparejarse o abandonar.

El proverbio oriental dice: "*cuando el arquero dispara gratuitamente, tiene con él toda su habilidad. Cuando dispara esperando ganar una hebilla de bronce, ya está algo nervioso. Cuando dispara para ganar la medalla de oro, se vuelve loco pensando en el premio y pierde la mitad de su habilidad, pues ya no ve un blanco, sino dos*[71].

Es necesario soltar los juicios y la autocrítica en el momento de la lucha, desasirse del peso y del sopesar, de la visualización del

---

(Carpio, 1997 [1974]).

[70] Según Damasio, los sentimientos son tan cognitivos como cualquier otra imagen perceptual, y dependen del procesamiento cerebro-cortical. Los sentimientos nos proporcionan la cognición de nuestro estado visceral musculoesquelético a medida que es afectado por mecanismos preorganizados y por las estructuras cognitivas que hemos desarrollado bajo su influjo (Damasio, El Error de Descartes. La razón de las emociones, 2010). El contenido esencial de los sentimientos es la cartografía de un estado corporal determinado. En esencia un sentimiento es una idea. Los sentimientos no son una percepción pasiva, hay una implicación dinámica del cuerpo, y una variación dinámica subsiguiente de la percepción (Damasio, En busca de Spinoza, 2006 [2003]).

[71] Anthony De Mello diferencia dos tipos de deseos o de dependencias: el deseo de cuyo cumplimiento depende la propia felicidad y el deseo de cuyo cumplimiento no depende. El primero es una esclavitud, una cárcel, pues se hace depender de su cumplimiento, o no, la felicidad o el sufrimiento. El segundo deja abierta otra alternativa: si se cumple me alegro y, si no, busco otras compensaciones. Pero existe una tercera opción, hay otra manera de vivir los deseos: como estímulos para la sorpresa, como un juego en el que lo que más importa no es ganar o perder, sino jugar. Hay un proverbio oriental que dice: "Cuando el arquero dispara gratuitamente, tiene con él toda su habilidad." Cuando dispara esperando ganar una hebilla de bronce, ya está algo nervioso. Cuando dispara para ganar una medalla de oro, se vuelve loco pensando en el premio y pierde la mitad de su habilidad, pues ya no ve un blanco, sino dos. Su habilidad no ha cambiado pero el premio lo divide, pues el deseo de ganar le quita la alegría y el disfrute de disparar. Quedan apegadas allí, en su habilidad, las energías que necesitaría libres para disparar (Mello, 2008).

futuro, dejar las experiencias pasadas en el baúl de la inconciencia profunda. Hacer a un lado la necesidad de vencer, de cuidar, e incluso de sobrevivir, y el mero hecho de pensar siquiera.

Esto vale para escribir un libro, para enseñar, para interpretar una obra musical. Pendientes de la crítica, de la opinión de un padre, de un melómano, se avanza a media máquina. Pendiente del resultado se escriben solo mierdas que el conjunto de moscas persigue con insistencia.

*

El desasimiento en la lucha puede ser voluntario o no, aprendido u obligado por el apremio del punto final. Es un punto parecido al de la meditación, en tanto se debe estar solo donde se está y en lo que se está.

*

La condición del que no tiene nada que perder, sitúa al luchador frente a dos panoramas: o se reconoce la diferencia —que al otro nada le importa y a uno sí— y se lucha a pesar de esa diferencia, con la desventaja consecuente; o se hacen a un lado los apegos y se lucha con un mayor potencial a pesar de la posibilidad de pérdida completa.

Se enfrenta como si no hubiera nada que perder o no se enfrenta.

Si se decide enfrentar, la única forma de hacerlo de igual a igual es dejando de lado, mientras dure la contienda, todo lo demás. Entregarse a la lucha, pero no a expensas de la sola programación, como el ratón en el esquinero. El arsenal genético es potestad de todos, pero el luchador entrenado, tiene a su disposición una gota más de información en el fondo oscuro. Una herramienta más de autorregulación.

*

Un ligero gesto de satisfacción recorrió el nervio facial del argentino en el momento del golpe, del sonido a hueso que silenció al estadio más allá de ese espacio entre la orden, la ejecución y el margen de la ley. Al sonido de la ruptura siguió el sonido del cuerpo en la caída. "¡Tomá!", pareció decir en ese micro-instante el falso Jagger, "por las Malvinas, por Mataderos carajo, por las Invasiones Inglesas".

El combate se detuvo en forma definitiva. El inglés no pudo volver a su país en el tiempo esperado. Obligado a alimentarse a través de un agujero. Cedió uno de sus dientes para que el sorbete ingresara en su boca cosida, para que su mandíbula permaneciera inmóvil.

No hubo arrepentimiento en el luchador argentino. No pidió disculpas. Tampoco alguien las pidió, maestro, compañeros, nada diluye mejor el combustible que los festejos, la copa de la victoria llena de alcohol[72].

*

En un combate deportivo, en un torneo de barrio, una clase, en la calle, cuando un experto se cruza con un novato, el novato puede utilizar la situación para aprender, destacarse o, incluso dar el batacazo, destronar, ganarse el asombro generalizado, pero también puede, ante la impotencia y la desesperación, si considera que tiene ya todo perdido, tirar a quebrar, tirar más allá de lo acordado, más allá de las reglas, de la costumbre, más allá de lo que puede controlar. Perdido por perdido. Si uno no suelta, el otro tiene todas las de ganar. El experto, el desafiado, el campeón, tiene prestigio, o experiencia, o títulos, supuestas ventajas que han de mantenerse y pesan. Entonces, o no enfrenta, o deberá sentarlo de culo en el piso sin titubeos.

*

Cuando ataca un ebrio[73], un flaco pasado de merca[74], un ladrón de poca monta, convencido de no tener nada que perder, o no teniéndolo, o ni siquiera sopesando pros y contras, eufóricos, confusos, enfrentan con ventaja soberbia. El enajenado, el que está al borde, siente el dolor bajo una manta gruesa. No tiene fin. El

---

[72] El luchador argentino también había participado en el Campeonato Panamericano ITF en Calgary, Regina, Canadá, frente al Gral. Choi Hong Hi. Evento en el cual timó a varios de sus compañeros solicitando dinero para cubrir un supuesto evento inesperado. Su acto deshonesto no generó ningún tipo de censura por parte de los directivos en ninguno de los dos casos mencionados, y el competidor fue presentado junto al resto del equipo en la tapa de la revista principal de artes marciales del momento.

[73] La intoxicación alcohólica aguda produce grado variable de estimulación del Sistema Nervioso (regocijo, excitación, desinhibición, locuacidad, agresividad, irritabilidad, descoordinación), pero si es intensa, puede seguirse de una fase depresiva (somnolencia, estupor) que puede conducir a coma y, en casos severos, a muerte por depresión cardio-respiratoria (Martínez Martínez, A. & Rábano Gutiérrez, A., 2002).

[74] En estudios sobre los efectos de la cocaína en humanos y agresión, se halló que los sujetos que habían consumido dosis alta de cocaína reaccionaron de manera más agresiva que los sujetos que recibieron placebo independientemente del nivel de provocación (Licata, A., Taylor, S., Berman, M. & Cranston, J., 1993).

adicto puede tomar decisiones impredecibles, ver lo que no existe, escuchar palabras no dichas[75]. El luchador no puede imaginar siquiera el abanico de posibilidades. Ni debe intentar imaginarlo.

*

El inexperto puede romper de gusto, por pura ignorancia, por descontrol, no está en condiciones de considerar las consecuencias de sus conductas, de medir su propia fuerza y virulencia. El alumno que no ama el arte puede actuar sin consideración.

Quien teme perder tampoco puede actuar como debería. El profesor que teme perder a sus alumnos –además de partir del error fundamental de creer que le pertenecen y que es necesario que el vínculo perdure a toda costa, como los esposos, como los amantes– actuará menos sabiamente.

Nada se posee, pero si alguien cree poseer algo, ojo cuando se enfrente con quien cree no poseer nada. Con quien no responde más que a un solo imperativo.

---

[75] "Se han descrito en los consumidores de cocaína alteraciones de la percepción, alteraciones de la capacidad crítica y discriminativa (decisiones erróneas), seudoalucinaciones táctiles ("bichos" de cocaína en la piel, arena deslizándose debajo de la piel, etc.), auditivas (de sentimientos de autorreferencia con contenidos de crítica y de reproche que le llevan a situaciones de temor incontrolable) y visuales (copos de nieve brillantes o coloreadas que son muy apreciadas por los consumidores), conducta estereotipada, bruxismo y movimientos compulsivos" (Lizasoain, I.; Moro, M.A. & Lorenzo, P., 2002). También "ansiedad a medida que desaparecen los efectos euforizantes, confusión, irritabilidad, euforia, alucinaciones visuales y táctiles (como se han descrito anteriormente), alteraciones de la percepción, reacciones paranoides y convulsiones tónico-clónicas (Lizasoain, I.; Moro, M.A. & Lorenzo, P., 2002).

CUANDO NO SEPAS QUÉ
HACER, NO HAGAS NADA

En la lucha, si no se sabe qué tirar, es mejor no tirar. Si uno se descubre, en medio del combate, en un ejercicio de combate, en plena hecatombe, eligiendo entre dos técnicas, dos golpes, dos patadas, dos opciones, o tres, o más, es mejor no lanzarse. Si se piensa que hay necesidad de pensar, sopesar, dirimir, es mejor estarse quieto, hacerse a un lado. La interrogación en la lucha indica que la oportunidad se ha perdido. La interrogación consciente indica que es demasiado tarde. Se está errando el camino.

El arte de luchar, en el tiempo que dura la lucha, es literalmente un arte sin tiempo y sin juicio. No es espacio para devanarse los sesos, para resolver dilemas[76].

*

No se trata de patear o tirar puñetazos porque sí, de gusto, moverse por las dudas, en exceso, para llenar el hueco. Eso es solo patear o tirar puñetazos o moverse, y si entra, entra, en esa maraña no hay espacio para el arte. Eso de llenar espacios es un desgaste absurdo. El arte del combate no trata de meter una patada de pura suerte, no invoca ni se entrega al azar, al revoleo en el aire que, si cae, cae, en el hueco apostado, en el blanco débil. El azar, la fortuna, la suerte no necesitan entrenamiento, práctica, dedicación ni aprendizaje. Lo azaroso no pertenece a la búsqueda, al *do, al tao*. No se dejará de agradecer si llega, pero no es objeto del camino. Lo meramente racional, tampoco.

*

---

[76] Un lema es el representante cogitativo de un afecto. Puede ser utilizado en la atemperación de los afectos. Cuando esto se logra, las emociones se descargan mediante palabras y acciones moderadas o adecuadas. Si, por el contrario, el conflicto afectivo perdura, el sujeto se encuentra ante un dilema. El dilema, en tanto, implica la coexistencia de lemas contrapuestos (Real Academia Española, 2014), representa y expresa, así, la persistencia del conflicto (Chiozza L. , Obras Completas. Tomo XI. Afectos y afecciones 2 , 2009).

El dominio del arte no proviene de un don, de un genio natural. Como afirmaba Bruce Lee, en las artes marciales todo lo que se aprende es destreza adquirida: *"El proceso artístico es la realidad y la realidad es verdad[77]"*.

*

Las acciones en artes marciales suceden desde un inconsciente corporal. Cualquier acto que requiera ser pensado se vuelve demasiado lento para la lucha, para el cruce temporal de perfiles satinados.

La razón es para el tiempo pretérito, para el plan, para guiar la voluntad de hacer y elegir los métodos. Para sostener el acto de esculpir los campos y las fibras, las uniones, y podar lo inútil.

El momento presente de la lucha no utiliza sistemas de decisión lentos y conscientes. En el espacio de la contienda, el cuerpo que lucha tiene su propia voluntad y actúa con un saber profundo, más allá de la cabeza, del pensamiento hipotético deductivo.

*

Los movimientos atinados, justos, económicos llegarán a su tiempo. Un tiempo que se medirá en años y centenares de clases. Mientras tanto, es menester, no dejarse librado al azar. Enfocarse en cada repetición con el cuidado de un obsesivo.

Lleva el tiempo de una boda de madera, de hierro, de estaño, convertir una idea en un acto técnico sin dudas ni dilaciones, formar engramas[78], delinear automatismos protectores bien anclados.

*

---

[77] En los preliminares del *Tao del Jeet Kune Do*, Bruce Lee analiza la idea del arte (Lee, El Tao del Jeet Kune Do, 1975/2014).

[78] Un engrama representa la organización neurológica de un patrón preprogramado de actividad muscular. La única forma mediante la cual se pueden desarrollar engramas automáticos es por la repetición voluntaria de la actuación exacta hasta que se constituya el engrama. Se requieren aproximadamente 20.000 a 30.000 repeticiones de la ejecución exacta de un patrón de actividad para ser para que se constituya un engrama. Las unidades que componen una actividad coordinada deben ser ejecutadas con precisión varios millones de veces antes de que se alcance el nivel máximo de desempeño. Se estima que se requieren 1000 repeticiones diarias de un engrama durante tres años para acercarse al millón de repeticiones. Si sólo se efectúan 100 repeticiones cada día se necesitarán 30 años para acumular un millón de repeticiones (Kottke & Lehmann, 1994).

En la lucha, cuando el artista se encuentra ante la necesidad de pensar qué hacer, es mejor no hacer. El juicio es la fuente de la atemperación de los afectos, y los afectos son necesarios para luchar, tal y como se presentan[79].

En la lucha no se piensa lógicamente en nada. Hay un dejar hacer al cuerpo, y si el cuerpo no hace, solo se requiere entrenar más, o más adecuadamente. El cuerpo ya va a hacer lo que tenga que hacer, como si fuera ajeno.

El arte de la lucha consiste en dejar hacer al cuerpo disciplinado, Bruce Lee *dixit*[80].

*

No hay que hacer por hacer, ni en la lucha, ni en una clase, ni en un poema. Al entrenar, no se deberían tirar patadas por montones sin un objetivo claro, sin atenta corrección[81]. La suma de las desgracias no puede resultar en algo positivo. La suma de movimientos mal hechos no da como resultado movimientos bien hechos. Lo mismo da para tocar el piano, escribir una novela, un poema, o practicar artes marciales. Vale más una decena de repeticiones conscientes y bien realizadas que centenares de actos impulsivos llenos de imperfecciones, los cuales solo reclaman la lógica unívoca del esfuerzo-resultado, escondiendo la responsabilidad tras la excusa de haber cumplido, algo así como un autoimpuesto horario laboral que nos premiará con un sueldo a fin de mes sin detenerse demasiado en los detalles.

No todo lo escrito vale la pena, ni toda secuencia de sonidos es música, ni toda patada que llega al blanco crea una lucha con sentido.

*

---

[79] Tanto los usos del lenguaje como algunas concepciones científicas confirman esta conclusión, ya que coinciden en considerar al cerebro y a la cabeza como la "sede" de la función de pensar, de la inteligencia y también de la atemperación de los afectos (Chiozza L. , Obras Completas. Tomo XI. Afectos y afecciones 2 , 2009).

[80] *"Deja que los miembros del cuerpo se desenvuelvan de acuerdo con la disciplina a la que se han sometido"* (Lee, El Tao del Jeet Kune Do, 1975/2014).

[81] Se requiere un tiempo más prolongado para olvidar un patrón incorrecto y establecer uno correcto que el que se necesita para la constitución de un patrón correcto cuando no existe un engrama a que interfiera (Kottke & Lehmann, 1994).

Los detalles y la búsqueda de la perfección son parte del carácter de las artes marciales. Es prioritario no hablar al pedo, no moverse al pedo, no entrenar sin objetivos claros ni métodos adecuados.

CUANDO NO SEPAS QUÉ
DECIR, NO DIGAS NADA

El producto importado desde continentes lejanos, a granel y sin control; los emigrantes jóvenes y pobres colonizando tierras; la difusión audiovisual del cine y la televisión; la desconocida filosofía oriental en la que toda cosa rara puede concebirse, dieron alimento a mucho charlatán. Profesores que salían de la nada estropearon gente a lo pavote, les sacaron dinero y deformaron, o formaron prematuramente, una noción popular desnutrida sobre lo que son y no las artes marciales.

Dejaron que se untaran de palabras sin sentido. Pero la enseñanza de las artes marciales es, en gran medida, silenciosa. Su práctica, salvo un escaso número de voces y órdenes, acuerdos de tiempos y ejercicios, números y vocablos aislados que identifican técnicas o combinaciones, salvo el profundo y diafragmático *kiap*, *kiai*, las voces meditativas, transcurre en ausencia de lenguaje verbal.

*

Chong Soe Lee, un coreano alto y talentoso, enseñó su habilidoso taekwondo balbuceando apenas unas pocas palabras en español: *alumno, pierna, levanta*. hanna, dul, set, *repite*. Mostrando su destreza, su temple de luchador, dio forma a dos grandes, —los primeros argentinos que compitieron en un Mundial WTF–, Carlos Ramón Verdún y Pedro Francisco Florindo. Lee los envió solos a tierra extranjera confiado en su instrucción silenciosa. Florindo obtuvo un diploma en reconocimiento a su desempeño como el competidor más técnico del campeonato. Lee no necesitó mucho más que su ser en movimiento para señalarles un camino.

*

El combate se libra tras el único sonido de la sangre. Una sangre que corre y abre las ventanas de la sensibilidad somática. Sangre que abre el polimorfo tacto, el más enredado de los sentidos[82].

---

[82] La sensibilidad somática puede clasificarse en tres tipos fisiológicos: 1) las *sensibilidades somáticas mecanorreceptoras*, formadas por las sensaciones táctiles y posicionales cuyo estimulo depende del desplazamiento mecánico de algún tejido del organismo; 2) las *sensibilidades termorreceptoras*, que detectan el calor y el frío; y 3) la *sensibilidad al dolor*, que se activa con cualquier factor que dañe los tejidos. La *sensación táctil* abarca las sensaciones de tacto, presión, vibración y cosquilleo, y la *posicional*, las

Abre las vías del olfato, del gusto. Se nutre de lo profundo e impera sobre la razón lógico formal.

El combate se da en un campo más allá de las palabras.

*

La enseñanza de las artes marciales tradicionales se basa en el "haz lo que yo hago". Así de simple se produce el modelamiento del artista[83]. Un espejo enmarcado en neuronas. Imagen. Sin explicaciones, discusiones ni contraargumentos. El procesamiento léxico volcaría la práctica a una primacía del proceso intelectual, de la razón que sopesa, privándola de la necesaria y silenciosa dedicación al grabado de los mecanismos inconscientes[84].

En la enseñanza, en realidad, debería haber solo unas pocas órdenes, muy claras.

*

El discurso no es el terreno de aquel que utiliza el cuerpo para enseñar y aprender, la palabra y el cuerpo generan mensajes; mensajes que pueden ser contradictorios o sobresolicitar al sistema[85].

---

sensaciones de posición estática y velocidad de movimiento (Guyton, Arthur C. & Hall, John E., 2016).

[83] Haz lo que yo hago… El modelamiento se ha utilizado durante mucho tiempo para enseñar baile, deportes y oficios, así como habilidades en cocina, química y soldadura (Woolfolk, 2010). Este modelo de aprendizaje se encuentra estudiado en la teoría cognoscitiva social de Albert Bandura, el cual es un sistema dinámico que explica la adaptación, el aprendizaje y la motivación de los seres humanos. El aprendizaje por observación es un elemento fundamental de la teoría cognoscitiva social.

[84] Según Chiozza, existen dos clases de representaciones, la representación que se parece a lo representado, como una fotografía o una copia, y la representación que llamamos representante, porque alude a lo representado, pero no se le parece. La representación tiende a "expresar" mediante la reactualización de un afecto. El representante tiende a "simbolizar" mediante la rememoración de una idea (Chiozza L. , Mano y Palabra en el abordaje terapeutico. Anexo Gráfico, 2017). En la práctica de las artes marciales, las palabras, salvo las claramente primeras de una explicación técnica, nos alejan de la intención de lograr automatismos corporales. "Así como: el cirujano procura abstraerse de una participación emocional en la vida del enfermo que puede hacer vacilar la mano que empuña el instrumento, y la psicoanalista procura reducir al mínimo de un apretón de manos el contacto físico con su paciente" (Chiozza L. , Mano y Palabra en el abordaje terapeutico. Anexo Gráfico, 2017). El profesor de artes marciales intenta obstruir lo menos posible el acto de volver inconscientes y mecánicas las técnicas.

La lucha es demasiado emocional para sobrecargarla, tergiversarla, o confundirla, con palabras.

*

El profesor y el alumno de artes marciales hablarán solo cuando sea absolutamente necesario. Pero si, no obstante sucede, el alumno pregunta, ante la duda, mejor es callar.

Por convicción ético-filosófica llevada al extremo: *"De lo que no puedes hablar, debes callar"*[86]; porque la pregunta de los labios suele nacer de la inmadurez artística y ya llegará el tiempo de la comprensión.

La palabra no es imprescindible; porque la palabra en la lucha obstruye más de lo que aclara. Ante la duda, creyendo saber o no, mejor no decir. Quedarse en el molde. No es necesario llenar el espacio auditivo. Hablar por hablar. No hay que llenar espacios de ninguna clase con recursos vanos. Poner versos en un poema para que parezca un poema. Agregar adornos a una obra musical. Mejor llamarse a silencio. El arte, como los chistes, deben prescindir de explicaciones para abrirse paso.

*

---

[85] Tanto la palabra como el cuerpo generan mensajes, comunicación. En su conferencia *Mano y palabra en el abordaje terapéutico* (2008), dictada en la Facultad de Medicina de la Universidad de Buenos Aires, Luis Chiozza explica que el ejercicio en un campo —sea el de la palabra o el del cuerpo— produce efectos en los otros. Los mensajes simultáneos provenientes de campos diferentes pueden sobrecargar al sistema receptor, o resultar contradictorios, o incluso puede ser ignorado por su fuente. Estas son algunas de las razones por las que, por ejemplo, el cirujano procura abstraerse de una participación emocional en la vida del enfermo que puede hacer vacilar la mano que empuña el instrumento; o los psicoanalistas clásicos procuran reducir al mínimo de un apretón de manos el contacto físico con su paciente (Chiozza L. , Mano y Palabra en el abordaje terapeutico. Anexo Gráfico, 2017).

[86] *Tractatus logico-philosophicus.* De lo que no se puede hablar, mejor es callarse (Wittgestein, 1921). En su Introducción, escrita por Bertrand Russell en 1922, explica que este libro trata de problemas de filosofía y muestra, al menos así lo creo, que la formulación de estos problemas descansa en la falta de comprensión de la lógica de nuestro lenguaje. Todo el significado del libro puede resumirse en cierto modo en lo siguiente: Todo aquello que puede ser dicho, puede decirse con claridad: y de lo que no se puede hablar, mejor es callarse.

Profesores, instructores, gente que divulga la gloria de las artes marciales, ante la falta de conocimiento, de soluciones, o de información, –esto es un imperativo– nada de andar poniendo cara de maestro sabelotodo. Nada de andar cubriéndose con la pavorosa imagen del maestro oriental que calla esperando que el alumno encuentre la respuesta. Hay que callar sin más. O decir no lo sé. No es útil sacrificar la humildad con gestos de soberbia con el triste fin de ocultar el hecho de no tener respuestas adecuadas acerca de la cuestión.

*

Era un examen para cinturones negros no muy concurrido, en una sala, al fondo de una cancha de futbol, en un club de la zona sur del Gran Buenos Aires. Un postulante a un grado muy avanzado de cinturón negro influido por las tesinas universitarias (y también probablemente por su falta de destreza física y antecedentes en la enseñanza y difusión de las artes marciales) presenta un pequeño trabajo de investigación.

No cuestiono la falta de respeto que implicó que el examinado llegara media hora después de lo pactado a su examen, sino que llamara al escrito *trabajo de investigación*. Eso ya sería un acto de condescendencia basado solo en su mera buena intención de realizarlo. El texto admitía haber utilizado un único recurso bibliográfico. Era más un resumen de libro con observaciones que otra cosa.

Al concluir las pruebas de desempeño físico-técnico, uno de los maestros encargados de la evaluación del postulante se puso de pie, apoyando sus regordetas manos sobre la mesa. Se enderezó, limpió su garganta pegajosa con una ligera tos e inició con felicitaciones su devolución oral.

"Joseph Campbell... me interesó mucho que lo citaras. Yo lo conocí hace años...", dijo sin que se le moviera un pelo. Ni a él ni a otros.

A la vista de cualquier persona ligeramente informada quedaba el hecho de que Campbell llevaba ya mucho tiempo muerto –34 años para ser más preciso– así que, de haber sucedido el encuentro, el maestro debía tener unos 20 o 25 años (y esto en caso de haberlo conocido en el año de su desaparición). Además, era menester suponer que el citado autor debía haber visitado Argentina, ya que la contraparte no había pisado tierra extranjera a esa edad. En su resonante frase: *Yo lo conocí hace años...* el gran maestro estaba sacándole todo el jugo posible a las acepciones del verbo conocer, y dejando en *offside* al resto de su equipo.

*

Los instructores suelen iniciarse muy temprano en la tarea de enseñar. Maestros y grandes maestros reciben, y exigen, demasiado pronto –y/o solo por el grado– un desproporcionado trato deferencial. Asimetría de estrellas. Luego, cada uno, en su nivel, avanza inexorablemente tapando huecos sapienciales con polvoriento relleno, sacando a la luz ideas a medias conocidas, a medias vivenciadas que se prestan al descaro.

Y no hay peor certeza que la de aquel que sabe *un poco* de algo.

Mejor es cuidar la voz y la actitud corporal, el mensaje de fondo. Nada de hacer creer que se calla por sabiduría. De copiar las formas y no el contenido. Si no se sabe qué decir, si no se sabe claramente y sin ambages, mejor es no decir nada, no dejar el aire lleno de dobles mensajes. No aparentar que se tiene algo muy inteligente y profundo oculto cuando se está vacío o confuso. El doble mensaje vuelve loco, engaña, trastorna[87]. Es horrenda y penosa manipulación.

*

---

[87] Bateson, en el marco de sus estudios sobre la esquizofrenia, describe una situación llamada el "doble vínculo" y de las condiciones necesarias para ella, una situación en la cual una persona, haga lo que haga, "no puede ganar". Su hipótesis sugiere que alguien apresado por el doble vínculo puede desarrollar síntomas esquizofrénicos (Bateson, 1972 [1998]). Para que este tipo de vínculo se genere, debe haber un mandato primario negativo y un mandato secundario que está en conflicto con el primero en un nivel más abstracto, y que, al igual que el primero, está reforzado por castigos o señales que anuncian un peligro para la supervivencia, a lo cual se suma un mandato negativo terciario que prohíbe a la víctima escapar del campo. La hipótesis de Bateson sugiere que se producirá un colapso en la capacidad del individuo para discriminar entre Tipos Lógicos cada vez que se presenta una situación de doble vínculo. Esto también ocurre en las relaciones normales. Cuando una persona se encuentra atrapada en una situación de doble vínculo, responderá defensivamente de una manera similar al esquizofrénico. Un individuo tomará literalmente un enunciado metafórico cuando se encuentra en una situación en la que tiene que responder de alguna manera, en la que se enfrenta con mensajes contradictorios y cuando es incapaz de comentar las contradicciones (Bateson, 1972 [1998]).

En mis primeros inicios, cuando me encontraba aprendiendo *Jung Gun*, el hyong que corresponde al cinturón azul de taekwondo, le pregunté a mi entonces admirado y respetado profesor por el nombre de una de las posiciones básicas que aparecía por vez primera en aquel hermoso y simétrico patrón. El profesor me contestó desde lo alto, acomodando su enrulado y joven cabello que se llamaba *"Quintero, posición Quintero.* Repitió el gesto, como quien toma una pala, la clava en la tierra y se apoya a descansar en el breve y horizontal mango de madera. No contento con eso agregó: *"el que la inventó estaba ese día en una quinta"*.

Quizá para un adulto resultaba evidente, caía de maduro, que se trataba de una broma. O no. No importa. Yo era muy chica, sumamente ingenua, y durante mucho tiempo creí a pie juntillas que su palabra era la palabra de un semidios.

Pobre de mí, no solo ignoré por muchos años el nombre de aquella postura, sino que repetí sin saberlo, infinidad de veces, esa palabra que un instructor inmaduro largó al viento sin ningún reparo.
*

Según Bourdieu: *"Cualquier intercambio lingüístico conlleva la virtualidad de un acto de poder, tanto más cuanto involucra agentes que ocupan posiciones asimétricas en la distribución del capital pertinente"* (Bordieau, P. & Wacquant, L. , 1995).
*

El discurso mismo es, en su estructura fundamental autoritario. Y especialmente, en el caso del maestro de artes marciales, más que nada conviene escuchar a Montalbetti: *"el saber del maestro no es un conjunto de conocimientos es un lugar es una posición, más precisamente el saber del maestro es una o-posición, porque se trata de un lugar que se define en virtud de establecer una distancia respecto de otro lugar"*[88].

---

[88] En el artículo *Embrutecimiento*, que forma parte del libro *Cualquier hombre es una isla* (Montalbetti, 2014), analiza algunas ideas de Jacques Ranciere. Allí expone el sistema pedagógico prevalente, basado en establecer una distancia entre alguien que sabe (que denominaremos el maestro) y alguien que no sabe (que denominaremos alumno). Habla de la posición de ambos respecto del conocimiento, "lo que el alumno nunca sabrá es qué es lo que no sabe"; "lo primero que se le enseña al alumno es que no sabe" y va dirigido a salir de su lógica perversa basada en la asimetría y la existencia de dos inteligencias diferentes. "esta emancipación comienza con la constatación de que no hay 2 inteligencias la del que sabe y del que

No son pocos los practicantes que han participado en una cena, un encuentro posterior al entrenamiento, una charla de vestuario, en donde historias absurdas se repiten sin sentido, historias nacidas de bromas, de mentiras, de exageraciones. Los límites de la creatividad irresponsable llegaron a explicar el porqué de la supremacía coreana en el arte del taekwondo basándose en lo que llamaban: una característica genética de la raza coreana: *la posesión de una vértebra más en su columna vertebral*. Nadie aclaraba si era cervical, dorsal, lumbar o sacro coccígea, nadie era capaz de desconfiar de su profesor y abrir un manual de anatomía para chequear simplemente que se trataba de una brutalidad.

*

Si se tiene cierta idea, pero no las palabras adecuadas para definirla, es mejor no hablar. El respeto que buscan y exigen los artistas marciales inicia en ese silencio.

Respeto, *respectus*, literalmente: mirar hacia atrás, mirar de nuevo[89]. Siempre es preferible un silencio que permita continuar con la búsqueda de respuestas que el intento de un acierto azaroso, un resumen prolapsado, un artificio refractario.

*

Algunos seres humanos, alguna tribu de algún lugar, alguna vez, ante un ser herido, se dedicaban a curar la lanza que lo había lastimado, dejando al afectado en paz. Era un método lo suficientemente inteligente, al menos, para eliminar el riesgo provocado por aquellos que toquetean sin sentido apresurando el camino del daño, la infección, la profundización del tajo. El instructor buscará evitar, como aquellos seres de otros sitios, el contacto con la carne abierta, echar encima de la piel nueva emplastos, cubrir con telas y cabestrillos innecesarios. Buscará no cargar el oído con falsedades, con obstrucciones al aprendizaje significativo.

---

no sabe si no que ambas son del tipo del mismo tipo no hay 2 tipos de inteligencia separadas por un ismo. los seres humanos aprenden todas las cosas de la misma manera observando y comparando una cosa con otra, observando y comparando un signo con otro descubriendo contrastes".

[89]Respeto, según María Moliner (2007), proviene del latín *respectus*. Consideración acompañada a veces de sumisión, con que se trata a alguien. *Respectus*, significa mirada atrás, atención intensa. Y se forma a partir de *re*, hacia atrás, de nuevo, y *spicere*, mirar, contemplar, observar (Moliner, 2007).

*

No hablar por hablar es el primer paso para la escucha. Eso: escuchar. Escuchar las preguntas. Escuchar con el cuerpo y en el cuerpo. Los interrogantes se esconden de forma pudorosa en la intimidad de los hombres.

*

Yo respetaba a mi profesor, al descubrir que sus argumentos carecían de fundamento, al comprender que él era capaz de decir cualquier cosa con tal de no quedar como el ignorante que era, se diluyó su prestigio en mí como agua sucia y corrió con el río Quequén Grande, hacía el mar, caudaloso, sin vuelta atrás.

Creí en los maestros que decían que los coreanos pateaban mejor porque tenían una vértebra más, y luego, cuando entré a estudiar en la universidad, busqué en los tratados de anatomía, y no hubo otro fin que el de la confianza, mi confianza sobre sus palabras que comenzó a extenderse, adelante y atrás, a lo ancho, en cada explicación que los maestros dieron, en cada argumento sostenido por ellos, tanto para las cosas ciertas como las inciertas.

La acción del hombre que dijo *conocer a Joseph Campbell* me produjo no ya una reacción visceral que tiende a desnudar la injusticia –ante la utilización de la ignorancia general para sostener apenas algo más que una choza de prestigio y respeto marcial–, sino desasosiego, un cansancio profundo.

LA INGRATA RELACIÓN ENTRE TIEMPO DE PRÁCTICA Y RESULTADOS

El asta de occidente se encuentra orientada casi exclusivamente a las metas. El *telos*, el fin. La meta cuantificable. En el caso de la lucha deportiva será su resultado. Un número de puntos, una palabra que determine al ganador. Pero el resultado depende de una conjunción de factores personales e impersonales, de la decisión de jueces humanos, de la lluvia, del calor, de la luz o de su falta, del humor del día, de la altura de la ciudad.

Los resultados suelen tener muy poco control interno[90]. Los resultados dependen tanto de uno mismo como del tráfico, del viento, de la proximidad al estadio. Se ve fácil cuando el protagonista es el que la caga, pero no lo que aporta cuando es funcional al sistema.

Y, no contentos con ese tránsito enfocado por las anteojeras de caballo retobado, ese ir hacia el resultado como por un tubo, se pretende además alcanzar los resultados buscados en un tiempo despiadadamente corto. O en un tiempo declarado por todos como *promedio*.

---

[90] Bernard Weiner desarrolló una *teoría de la atribución* en donde explica las vinculaciones emocionales y motivacionales del éxito y el fracaso. Propone tres dimensiones para explicar las atribuciones que hacen las personas: *localización* (locus de control), *estabilidad* y *capacidad de control*. Existen dos clases de localización, la primera es la localización interna que explica las causas de los acontecimientos que se interpretan como causas internas, como, por ejemplo: "Usted ha estudiado poco para este examen y por eso lo ha reprobado". La segunda es la localización externa, donde las causas de los hechos se interpretan en función de sucesos externos a nosotros, como, por ejemplo: "No ha aprobado el examen porque no ha tenido suerte o porque se lo han puesto difícil". La segunda dimensión es la *estabilidad*, esta hace referencia a factores estables e inestables. Los factores estables no pueden cambiar de sujeto ya que no dependen de él. La tercera dimensión es la *capacidad de control*, la cual tiene la capacidad de cambiar las causas que producen determinados acontecimientos, existen factores controlables y factores incontrolables. Entonces las causas del éxito o el fracaso podrán considerarse controlables o no, internas o externas, o estables o inestables.

Esto parece lógico en tanto se ha restado valor al placer de andar por andar, al placer del *flâneur,* del hacedor. Parece lógico, porque la orientación exclusiva a las metas ha borrado toda la importancia del camino[91].

*

Da lo mismo si se trata de un combate deportivo, o si se espera un desempeño exitoso ante una agresión callejera, o un número elevado de alumnos en una clase. Es necesario aceptarlo desde el principio: la relación entre las horas que se dediquen al entrenamiento y la duración de la pelea, del enfrentamiento, de la puesta a prueba, desde la lógica formal, inversión/resultados, es disparatada.

Se espera durante años, décadas, el momento de la acción, el momento del cara a cara, del testeo, de la agresión, de la oportunidad de la defensa. Y cuando llega, en menos de lo que tardan en abrirse y cerrarse las puertas de un vagón de subterráneo, el relincho del caballo en el eco del campo, la antigua oración infantil del padrenuestro a los pies de la cama, todo ha terminado.

*

El deportista, aunque corre, a diferencia del resto, con la ventaja de conocer el día, la fecha de la cruzada, su ventaja pronto pierde importancia ante las variables aleatorias que intervienen en la contienda: humor de los jueces, ambiente imprevisible, ante la - siempre lista y próxima- infección de muelas, bacteria intestinal, descompostura.

La naturaleza de juego de exclusión en las contiendas deportivas es despiadada. De cientos solo uno gana. Gana hoy, y mañana, quién sabe. En la próxima edición, del mismo juego, otra vez, entre cientos quedará uno. Y el que gana una, debe ganar dos. Y no hay dos sin tres.

Pero, a pesar de las típicas ideas intuitivas sobre la conjunción de eventos, se vuelve cada vez más difícil[92]. Y el pasado pisado. Y

---

[91] La orientación exclusiva a una meta hace que el espacio intermedio no tenga ninguna importancia, lo reduce a un pasillo sin valor propio (Han B. C., El aroma del tiempo. Un ensayo filosófico sobre el arte de demorarse, 2015).

[92] Los psicólogos Amon Tversky y Daniel Kahneman estudiaron ampliamente los heurísticos y sesgos de pensamiento. Entre los heurísticos de representatividad, postularon el error de la falacia de conjunción, una falacia lógica, que consiste en asumir que una situación

siempre alguna vez toca perder. O, lo que es peor, hay nocaut, hay robo, hay vencidos de mala manera, habrá un oponente que primerea y punto. Habrá días malos y cólicos intestinales, habrá rodillas que se rompen. Habrá casos en que ni siquiera llegará a tenerse conciencia de la pérdida. Habrá un despertar tardío con las manos vacías. Entonces, vendrá la pregunta.

*

No hay equidad ni justicia que relacionen esfuerzo, tiempo y resultados, no hay espacio para slogans publicitarios en las artes. No hay libro escrito que justifique la inversión realizada.

*

Al que lucha por deporte pronto le tocará volver a casa, y encontrarse ante la pregunta del vecino, del padre, del amigo. ¿Cómo fue? ¿Cómo salió? Y puede que no sepa qué contestar, o termine mintiendo, o sintiéndose un boludo. ¿Qué decir que pueda comprenderse desde afuera, desde la extranjería del sedentario?

Enumerar los actos preliminares para reafirmar su importancia: entrenó como un loco, juntó dinero, dejó su vida corriente, trabajo, pareja, amigos, horas y días, y meses, y años, viajó, cruzó el océano, subió a un avión, como quizá nadie antes en su familia lo había hecho, tomó un tren, un ómnibus, entró a un hotel, que distaba mucho de ser óptimo, se dirigió a la sala de pesaje cagado hasta las patas, por si no daba, y ese sólo detalle hubiera bastado para que lo descalificaran, pero se cagó de hambre, quedó en ropa interior sobre la balanza, tomó aire como si esa mínima elevación pudiera ayudarlo, dio el peso, y sin entender un carajo los idiomas que le hablaban, esperó el momento, concentrado en el hotel, y no se fue de joda, como otros, los del montón, los que vuelven habiendo conocido las ciudades y sus brillos porque no esperan más que un papel mediocre, no conoció las ciudades ni la noche, hizo todo lo necesario para rendir mejor, luego despertó en la oscuridad cerrada, el sol cortándolo en dos, porque otro huso horario le pesaba, y el solo hecho de entrar en calor, de ponerse en movimiento, lo hacía sentir cansado, estar de pie, ahí, lo hacía sentir cansado, y al llegar el

---

específica es más probable que la situación general. Como concepto estadístico, la probabilidad de que dos eventos independientes ocurran juntos es siempre menor a la probabilidad de que cada uno ocurra por separado, P (A+B) = P A. P B, sin embargo, en general juzgamos que dos eventos son más probables porque las agrupamos en una categoría mental.

momento, al atravesar la puerta, los árbitros, el estadio, la gente, lo desconocido, lo diferente, sostenía la consigna del golpe. No entendió qué mierda gritó su rival durante la contienda, si debía interpretarlo como puteada o miedo, al principio tiró algunos golpes, esperó el momento indicado, esperó, midiendo su tiempo con un reloj asíncrono y biológico, y cuando quiso acordar todo terminó, tan rápido y tan lento como nunca, más instantáneo que rápido, y no levantaron su mano.

No, no puede enumerar sus esfuerzos. Entrenó un año, dos, juntó la guita para sostenerse, y nada, no levantaron su mano, no hubo podio ni medalla. ¿Qué responder ante la pregunta por el resultado? Las voces piden una conclusión, un resumen, resultados. Y las conclusiones siempre son numéricas, concretas, esquemas binarios, ternarios, cuaternarios.

¿Perdiste? Sí, perdí. ¿O ganaste? Si. No. Lo mismo da. Porque tan rápido pasa para uno u otro, y los resultados no son más que convenciones, palabras. Solo un resabio de marcialidad podrá encontrar conclusiones válidas, darle sentido al conjunto. O debería ser capaz de dárselo. Aunque hubiese perdido el campeonato, su puesto en el ranking o en la selección nacional.

*

Carlos Verdún se enteró cuatro horas antes de embarcar que tenía un pasaje para ir al *Campeonato Mundial de Taekwondo WTF* de 1975. No hablaba inglés. Su compañero, Pedro Florindo, chapoteaba alguna que otra palabra. Nunca habían volado y no los acompañaba su profesor. No sabían cómo sería el torneo, no conocían el reglamento, y no era que no supieran algún que otro detalle, no tenían la más pálida idea. Los torneos en sí eran cosa bastante nueva, de hecho, apenas habían sucedido en dos ocasiones, y este sería el tercer torneo de cualquier clase que disputaban. Y ahí estaban, sentados en las tribunas mirando los combates sin entender mucho lo que pasaba, cuando Florindo le dijo: *me parece que te están llamando para luchar*. Y Verdún se levantó y luchó. Fueron los dos primeros competidores argentinos en tomar parte de un mundial WTF. La primera aparición del país, aunque la mayoría de los practicantes y profesores de taekwondo en Argentina lo ignore, o quiera seguir ignorándolo.

*

Las artes marciales son dos de dos: o el resultado de la lucha, en sí mismo, no es su finalidad, o la preparación es el propósito. Es mejor no hacer cálculos en términos de inversión y ganancia. Puede ser que se utilicen orientaciones parciales, se busque algo delante, más allá, estrellas en el cielo nocturno, constelaciones, cinturones, destrezas, competencias, pero la meta no tiene valor en sí, caminar es el objetivo.

La palabra *mārga*, en indio, camino (al igual que el coreano y el japonés *do*), proviene de la raíz *mrg* o *mārg*, que significa propiamente buscar, investigar, cazar, perseguir, anhelar, preguntar, pedir, solicitar, siempre en el sentido de búsqueda[93].

Camino, del latín *cammĭnus*, es la sucesión de lugares por donde se pasa para ir a cierto otro sitio determinado. Enlaza un lugar con otro. Y es, al tiempo, otro lugar.

Camino, camino blanco sobre la verde gramilla, nublado cielo a lo lejos y el aire, ceniza fría.

Las artes marciales se orientan según una filosofía otra, distinta de la occidental que privilegia los términos medio-fin. En las artes marciales prima el interés y el beneficio, pero no en términos económicos. La transformación es lo que importa[94].

*

Mejor es no esperar una relación costo-beneficio, horas de entrenamiento-resultado. Disfrutar el trayecto, y no perder "la prolífica semántica del camino"[95].

*

---

[93] La palabra *mārga*, ´camino, villa´, que proviene de la raíz *MRG* o *mārg* (que significa propiamente ´buscar, investigar, cazar, perseguir, anhelar, preguntar, pedir, solicitar´, siempre en el sentido de búsqueda), no sugiere que se trata de un fin de realizar, una meta conseguir, un blanco a apuntar, un camino a recorrer, una senda a descubrir, y no de una solución aplicar, una medicina a tomar, una fórmula a adoptar (Pannikkar, 2005).

[94] François Jullien, en su *Conferencia sobre la eficacia* (Jullien, Conferencia sobre la eficacia, 2005), explica que el modelo europeo de pensamiento de la modelización ha conducido a considerar la eficacia en términos de medio-fin. Según esta idea, lo esencial de la exigencia estratégica será que, una vez que la forma modelizada se establece como objetivo, se busca el medio más económico a nuestro alcance para llegar al fin al que apuntamos. La China antigua no ha desarrollado ninguna de estas ideas. No piensan en objetivo ni finalización, sino en el interés y el beneficio.

[95] Byung Chul Han se refiere a "*la prolífica semántica del camino*" en su libro *El aroma del tiempo* (Han B. C., El aroma del tiempo. Un ensayo filosófico sobre el arte de demorarse, 2015).

La creencia cinematográfica entrenamiento-resultado se ha ido metiendo como mugre bajo las uñas del inconsciente occidental actual. La reconfiguración total individual en planes de reclutamiento de cinco semanas, al estilo *An Officer and a Gentleman, Best of the Best, No Retreat, No Surrender* (Reto al destino, Lo mejor de lo mejor, Retroceder nunca, rendirse jamás) no pueden más que resultar ficciones. Los entrenamientos temporarios impulsados por orgullo o venganza duran y sirven para lo que sirven los entusiasmos fútiles, pasajeros, con suerte alcanzan a durar lo que dura la vida de los juegos de video, las canciones de moda, o un par de zapatillas.

Es necesario redireccionar esta creencia para modificar los sentimientos relacionados con ella, los sentimientos de impotencia e inutilidad devenidos de estas supuestas faltas fragmentarias de éxito.

El artista puede modificar la creencia y puede modificar los sentimientos, que son tan cognitivos como cualquier otra imagen perceptual[96].

*

Si alguna clase de buen resultado parece llegar, bien, pero si no, es mejor no encontrarse lleno de resentimiento, auto reprochándose: tanto entrenar para esto, tanto entrenar y ahora pierdo, tanto entrenar y me roban, tanto entrenar y este tipo me golpea, saquea mi casa, le falta el respeto a mi pareja, aquel rinde y yo no. Es necesario dejar de lado el ansia imperativa de llegar a un sitio específico, a una meta, dejar de lado la predicción e imposición de tiempos y objetivos a alcanzar.

*

"Aquel que olvida completamente adonde lleva la ruta llega sin fin a la luz original"[97].

El entrenamiento es condición necesaria pero no suficiente. No hay una lógica de justicia que equipare tiempo y cualidades, tiempo y suerte, tiempo de entrenamiento y resultados deportivos, entrenamiento y evitación de robos, insultos, saqueos.

En aprender a demorarse está el corazón del arte.

---

[96] *"Los sentimientos son tan cognitivos como cualquier otra imagen perceptual, y tan dependientes del procesamiento en la corteza cerebral como cualquier otra imagen"* (Damasio, El Error de Descartes. La razón de las emociones, 2010).
[97] En el libro *Morir por pensar* de Pascal Quignard. Pág. 27. (Quignard, 2015).

Si alguien entrena será porque encuentra algo en el presente, en el esfuerzo físico, en transpirar, en golpear. Se entrena porque los músculos llaman y los puños se cierran y las alas de la nariz se abren como perras en celo ante la idea y el movimiento.

Hay que reconocerlo, al artista le gusta ese abismo, esa ruleta casi rusa. Ese tránsito con los ojos un poco más abiertos que ayer.

CONCEPTOS GENERALES SOBRE EL ARTE DE COMBATIR

SIN INTELIGENCIA NO TIENE SENTIDO LUCHAR

Para luchar por luchar, por pelear hasta sangrar o salivar el denso espumarajo, mejor no invertir la vida en el *dojo*, en el *dojang*, en el anillo de arcilla y arena, en ese espacio ritual de la iluminación. No invertir la vida, ni unos años, ni un minuto. Para ser golpeado o golpear a ojos cerrados, mejor no dar un solo paso, no inclinar la columna lumbar y moral.

Para ser bastardeado en función de obtener un conocimiento misterioso de misterioso origen, mejor no transitar por caminos tan fatigosos y demandantes.

Para actuar sin la imbricación solidificada de la fe y el conocimiento, sin el autocondicionamiento, es preferible el reposo y la entrega total a las fuerzas de la fortuna. Desde el principio, sin desperdicios ni esperanzas frustradas, no desgastarse en transitar la vía del arte.

*

Sun Tzu comandaba el ejército de Wu en la batalla de Boju. Sus rivales se contaban por miles. Los superaban en número tan groseramente que enfrentarlos sería como ver caer las hojas de un gran liquidámbar sobre el pasto al inicio de la temporada fría. Un movimiento imparable. Pero el maestro y comandante Sun distrajo, debilitó, engañó, y suya fue la gloria. Sun Wu había nacido durante el período de las Primaveras y Otoños de China rondando el año 722 a. C. Fue general, estratega y llegó a servir al rey Helü de Wu. Su escrito *El Arte de la Guerra* fue el tratado militar más leído durante el periodo de los Reinos Combatientes, y pasó a la historia como Sun Tzu, maestro Sun, el gran modelo de inteligencia marcial.

*

Muchos han sido los intentos por establecer los límites y alcances de las artes marciales, comenzando por la búsqueda de una definición adecuada. Casi todas estas tentativas, como no podía ser de otra manera, cayeron en la parcialidad, el desamparo y las limitaciones propias de sus particulares tiempos y espacios, se ahumaron con el tufo del aire filosófico de fondo, de las políticas, las cosmovisiones, la cultura y demás variables interculturales específicas[98]. Esto volvió muy difícil el darle forma a una definición clara y abarcativa. Como ya dijeron otros, no desperdiciemos tinta. Cada definición girará irremediablemente sobre su propio y singular ombligo. Lo práctico será entender que, más allá de las particularidades de cada arte y estilo, en casi todos los tiempos y espacios, en algo han coincidido. Concuerdan, se unen corazón a corazón, al definirlas por exclusión, por la negativa, diciendo lo que las artes marciales no pueden ser: si en un arte marcial su conjunto técnico es empleado al azar o idiosincráticamente no puede ser considerado como tal[99].

*

Sun Tzu no dejaba nada en manos de los dioses, del azar, de fantasmas y espíritus, o sujeto a la verificación mediante cálculos astrológicos, sino que prohibía expresamente el recurso de la adivinación. Para él, no se puede esperar ni suponer ninguna intervención exterior a la lógica interna de los acontecimientos[100].

---

[98] En la introducción de la *Enciclopedia de las artes marciales*, el editor, Thomas A. Green (2001), refiriéndose a la multiplicidad de definiciones existentes sobre artes marciales, aclara que su único argumento para no intentar una nueva definición, consiste en que: "estas definiciones están inevitablemente centradas en el tiempo, el lugar, la filosofía, la política, la cosmovisión, la cultura popular y otras variables interculturales" [that these definitions are inevitably focused by time, place, philosophy, politics, worldview, popular culture, and other cross-cultural variables] (Green, 2001).

[99] Según Green: *"Las artes marciales se consideran sistemas que combinan los componentes físicos del combate con la estrategia, la filosofía, la tradición u otras características que los distinguen de la reacción física pura (en otras palabras, una técnica, armada o desarmada, empleada al azar o idiosincrásica no sería considerado un arte marcial)"* (Green, 2001).

[100] François Jullien (2005), al analizar la presencia del azar en la filosofía europea respecto de la China, propone que la visión europea contradice la racionalidad: los dioses, el azar, la suerte, toman parte. Desde la antigüedad se tenía la precaución de consultar adivinos antes de la batalla. Incluso en el billete de dólar existe la entrega a Dios. Sun Tzu dice justamente lo opuesto: que en la guerra la victoria no se desvía, porque la victoria es siempre la resultante del potencial de situación. Lo que sucede a cada instante es necesariamente la consecuencia de la relación de fuerzas implicada. Pag 38/39. (Jullien, Conferencia sobre la eficacia, 2005). Dice Sun Tzu: *"la razón por la que el gobernante con visión de futuro y su comandante superior conquistan al enemigo en cada movimiento y logran éxitos mucho más allá del*

Donde prima el azar, la acción ciega, donde los golpes se libran a la buena de Dios, donde hay accidente, espera del milagro, de una bendición, donde se cierran los ojos en espera del disparo de una ruleta rusa, no hay lugar para la tónica flexibilidad del arte. Sin el uso hábil de la inteligencia, sin estrategia, sin ordenamiento, las artes marciales no serían más que una forma de sadomasoquismo consensuado. Sin poner en juego lo propio de la inteligencia, insistir en el enfrentamiento sería inútil. Sin la belleza de la acción lúcida, la aparente lentitud de la justeza que da el dominio y el conocimiento, mencionada por Miyamoto Musashi en *El Libro de los Cinco Anillos*[101], más vale dedicarse a grescas callejeras tal y como vienen. O no dedicarse a ellas en absoluto.

*

El arte marcial requiere poner mucho más que cuerpo. Y del cuerpo, no solo los miembros esclavos, mecánicos, sino el cuerpo que piensa. El cuerpo pensante, en el sentido más amplio que pueda comprenderse la palabra[102], sopesar, razonar, meditar, y en todas sus variantes: lógica, intuitiva, etc. Cada movimiento de la mano en cada una de sus obras se mantiene, se gesta en un elemento del pensar[103].

*

Inteligencia, etimológicamente, se refiere a ´escoger entre´ (*interlegere*). Y se elige de numerosas maneras. Por eso, el concepto inteligencia puede presentarse como un espeso pantano de palabras y definiciones enmarañadas y no muy claras (inteligencia fluida, cristalizada, inteligencia emocional, espacial, verbal, musical, cinético corporal, espacial, lógico-matemática, emocional, procedimental, etc.). Nociones que intentamos calzar con nuestra idea intuitiva de inteligencia. Pero mejor será esquivar la especificidad y quedarse provisoriamente con la generalidad, la idea simple, abarcativa y suficiente, entendiendo la inteligencia como la

---

alcance de la multitud común, es el conocimiento previo… Tal conocimiento previo no se puede obtener de fantasmas y espíritus, educado en comparación con eventos pasados, o verificado por cálculos astrológicos. Debe provenir de personas que conozcan la situación del enemigo (Tzu, Sun & Ames, R. T., 1993).

[101] "*Cuando domináis un arte una ciencia, vuestra acción no parece rápida*" (Musashi, 1643 (1996)).

[102] Pensar, etimológicamente, duplicado semiculto de pesar, (´sopesar mentalmente´, ´meditar´) (Corominas, J., Pascual J. A., 1980).

[103] Tomado de Heidegger, (Heidegger, ¿Qué significa pensar?, 2012).

capacidad mental general para razonar, resolver problemas y aprender[104]. Inteligencia como habilidad necesaria para resolver problemas o elaborar productos que son de importancia en un contexto cultural o una comunidad determinada. O más simple todavía, entender por inteligencia a aquello que se usa cuando no se sabe qué hacer[105]. O bien, así como los chinos no hablan de inteligencia en sí, sino, más bien, de *Ji*, ´evaluar´, hacer a un lado lo que se sabe sobre ella y refundarla.

*

Actuar con inteligencia, elegir *entre*, es esencial en cualquier contienda, es esencial para la guerra: de eso dependen los ejércitos en cada uno de sus movimientos, de eso dependen los movimientos del individuo que quiere mantenerse a flote, nadar hacia la costa, sobrevivir[106]. Porque la lucha es una gran madeja de problemas a resolver. Problemas cinéticos, espaciales, morales,

---

[104] Existen múltiples definiciones y aproximaciones acerca de lo que se entiende por inteligencia: "La inteligencia se puede definir como una capacidad mental general para razonar, resolver problemas y aprender. E integra funciones cognitivas como percepción, atención, memoria, lenguaje o planificación" (Colom, R., Karama, S. & Haier R.J., 2010). La inteligencia es la capacidad para aprender de la experiencia y adaptarse a los ambientes, configurándolos y seleccionándolos. La inteligencia se mide con pruebas convencionales estandarizadas (con puntajes brutos) que varían a lo largo de la vida y también a través de las generaciones (Sternberg, 2012).
Ha habido muchas y diversas teorías de la inteligencia: las teorías psicométricas, las cuales conceptualizan la inteligencia en términos de una especie de "mapa" de la mente. Tales teorías especifican las estructuras subyacentes fundamentales para la inteligencia, basados en análisis de las diferencias individuales en el rendimiento de los sujetos en las pruebas psicométricas. la teoría de sistemas, que intenta caracterizar el sistema de estructuras y mecanismos de la mente que comprenden la inteligencia. Una tercera clase de teoría es la teoría basada en la biología, que intenta explicar la inteligencia en términos basados en mecanismos cerebrales (Sternberg, 2012).
[105] "What you use when you don't know what to do" (Jensen, 1998).
[106] La inteligencia es esencial en la guerra: de eso dependen los ejércitos en cada uno de sus movimientos. Idealmente, la inteligencia efectiva proporciona un claro discernimiento de la situación del enemigo y una ocultación total de la propia: si podemos hacer que el enemigo muestre su posición (*hsing*) mientras se le oculta la nuestra, estaremos con toda su fuerza donde está dividido. (Tzu, Sun & Ames, R. T., 1993).

problemas prácticos, de supervivencia, problemas de niveles de control y tonos, problemas de relación. Y el artista pone en juego un gran fardo de soluciones que solo podrían ser parcialmente explicados por la particular fusión y el recorte de varias de las inteligencias definidas por la ciencia actual. La lucha es mucho más que manejo del espacio, de estrategias, de motricidad, de manejo de tiempo.

El luchar, tan arcaico, tan necesario, probablemente ponga en juego una clase de inteligencia particular aún no descripta metodológicamente. Una inteligencia que exalta una capacidad particular y valorada por el conjunto de los artistas marciales.

Quizá, generando el consenso apropiado, se podría hablar científicamente de una inteligencia que, podríamos llegar a denominar *inteligencia marcial*[107]. Espero que pronto los psicólogos lleguen a dar forma a dicho constructo.

*

Algunos ya se han iniciado en esta búsqueda de comprensión y sugieren la existencia de un conocimiento inherente a la dialéctica de combate, denominado "saber luchar", de carácter fundamentalmente procedimental y genérico[108].

---

[107] Siguiendo a Howard Gardner, el autor de la teoría de las inteligencias múltiples podría considerarse que: desde el momento en que se valora una capacidad en una cultura, puede considerarse una inteligencia (Gardner, 1993 [2003]). En Mobbs & cols. proponen una inteligencia de supervivencia , de ahí a conceptualizar una *inteligencia marcial*, probablemente haya menos camino. Quizá esta tenga que ver con una capacidad de leer realizar una rápida y eficaz evaluación de situación, de leer y utilizar eficazmente las emociones, de disciplinar el cuerpo y hacer que responda a las consignas de la lucha, tener facilidad para leer la distancia, el tiempo, etc.

[108] Para Avelar-Rosa & cols. (2015) distintos trabajos sugieren la existencia de un conocimiento inherente a la dialéctica de combate, independientemente de su contexto específico de aplicación. Este conocimiento, denominado "saber luchar", tendría un carácter fundamentalmente procedimental y genérico, y se manifestaría en la acción luctatoria a través de la llamada "intención táctica". Para Avelar y Figueiredo (2009, p. 46) este concepto debe entenderse como *"aquella capacidad que permite al deportista solucionar las diversas situaciones que suceden durante un combate, independientemente de los modelos técnicos de ejecución que caracterizan las diferentes modalidades y cuyo reconocimiento institucional impone determinadas reglas"*. Asimismo, el concepto de "intención táctica", a

101

*

Decir que la lucha requiere capacidades que pueden englobarse dentro de un campo particular de la inteligencia, no le hace perder su capacidad de funcionar, además, como fuente de placer. En la pelea se genera un mundo de sensaciones en el propio cuerpo, que invaden el dominio de la excitación y pueden provocar estados afectivos, de placer, sentimentales. Y hay goce incluso en el propio dolor. Y al tocar a otros. Hay sadismo en el apoderamiento[109]. Y la inteligencia convertida en acto proporciona placer, por su sola puesta en marcha eficaz. El éxito de los actos inteligentes se retroalimenta como un superconductor ideal[110]. Y por varios caminos, generan refuerzos positivos[111].

---

diferencia de la acción táctica individual entendida exclusivamente como la toma de decisiones en función del contexto, implica la noción de pensamiento o conciencia táctica (que establece la pertinencia y adecuación de las decisiones que se toman)" (Avelar-Rosa, Bruno et al., 2015).

[109] Freud, en un determinado momento de su trabajo, considera al sadismo como el ejercicio de la pulsión de apoderamiento, *bernächtigungstrieb* (a veces traducido también como pulsión de sometimiento, o instinto de posesión). En *Tres Ensayos sobre la Teoría Sexual*, Freud invoca por primera vez tal pulsión: el origen de la crueldad infantil se atribuye a una pulsión de apoderamiento que en su origen no tendría como fin el sufrimiento del otro, sino que simplemente no lo tendría en cuenta. (Laplanche, Jean & Pontalis, Jean-Bertrand , 1996).

[110] Hendrick, al profundizar sobre el *instinct to master*, pulsión de apoderamiento y aprendizaje, agrega que comporta un placer específico, el placer de realizar una función con éxito, hay un placer primario en la utilización eficaz del sistema nervioso central para la realización de funciones integradas del yo, que permite al individuo controlar o modificar su ambiente (Laplanche, Jean & Pontalis, Jean-Bertrand , 1996). Estudios más actuales, y desde perspectivas cognitivas conductuales, agregan que no sólo se busca el placer, sino que se busca proteger estos estados. "En particular, después de lograr un rendimiento exitoso, los individuos pueden percibir complacidos sus experiencias agradables como gratificantes, porque prolongan sus emociones positivas consecuentes al éxito. De hecho, los estudios sugieren que los individuos suelen esforzarse por proteger sus estados emocionales positivos y han demostrado que en estados de ánimo positivos los individuos prefieren participar en actividades agradables más que en estados de ánimo neutros" (Schall, M., Goetz, T., Martiny, S., & Maymon, R., 2015).

[111] Sentir alegría y satisfacción al participar en actividades sociales o

102

*

La práctica de las artes marciales genera sublimación y uso efectivo. No suceden sin control superior, cortical frontal, racional. Sin domesticación, sin mecanismos inhibitorios, sus técnicas no serían más que sangrientas y blancas formas de supervivencia, cuchillos que se pasan de una mano a otra, sin explicación. Monos con navajas. Luchar permite gozar tanto de lo animal, de las fantasías, así como también del uso exitoso de las funciones cognitivas superiores. Luchar es mucho más que tirar golpes, recibirlos, o desviarlos, requiere el despliegue colorido de una inteligencia multitentacular y específica que elijo llamar: *inteligencia marcial*.

---

realizar una tarea es un proceso importante que promueve el refuerzo positivo, asegurando que los eventos que son vitales para la supervivencia y el éxito reproductivo se repitan (Der-Avakian, A., Barnes, S. A., Markou, A. & Pizzagalli, D. A., 2016).

EL ARTE DE LA LUCHA REQUIERE COMPRENDER LA NATURALEZA DEL MOVIMIENTO

La intención y el tiempo de la acción determinan la realización de una técnica. La interpretación de una técnica.

Acción, acto, del latín *actus, -us*, es un sustantivo de efecto verbal derivado del supino *actum* del verbo *agere*, ′llevar a cabo, mover adelante′. Implica que hay un antes y un después. Un tiempo en donde se decide, se forma el propósito sobre lo que se llevará a cabo, hay un tiempo aquí y ahora de la acción en curso, y un tiempo inmediatamente futuro que dará materia a la interpretación de lo ocurrido, que podrá calificar las consecuencias, poner nombre a los efectos.

*

Sor Juana Inés de la Cruz, en aquel convento del México de la Nueva España que la guardaría hasta su muerte, fue muy didáctica sobre el tema: no es el arma, sino la mano que empuña. Ella usó la analogía para referirse a las palabras, sus versos exactos fueron: *el discurso es un acero que sirve por ambos cabos, de dar muerte por la punta, por el pomo, de resguardo*[112].

No es el arma, la herramienta, la técnica, el objeto determinante de las consecuencias. El movimiento del cuerpo, siendo uno y libre, se programa para optimizarse, se sistematiza un recorrido, se lo entrena y ese recorrido, esa forma de ser del movimiento, se afina, se vuelve presta, cómoda, ligera, intenta remedar un ideal llamado técnica. Pero ese movimiento no es un *en sí* y *para sí,* dotado de cualidades e intenciones propias. El movimiento técnico es una herramienta, un arma, ni mala ni buena. La mano íntima empuña la mano que pega.

*

El movimiento, a los fines prácticos, se organiza por una finalidad, pero un mismo movimiento puede responder a múltiples finalidades. El movimiento pendular de los cilios, lo mismo sirven a

---

[112] Sor Juana Inés de la Cruz, versos del poema: Finjamos que soy feliz.

la célula para avanzar, para expulsar, defenderse o sentir. El movimiento es el mismo, es uno, parecido al de un trigal azotado por el viento. Cada cilio es una flexible hoja azotada por el viento. La mano se cierra en forma de puño, *seiken, ap joomuk, kwon*. La mano cerrada en forma de puño se mueve desde el cinturón hacia adelante, se propulsa como la bala de un cañón, afirmándose, anclando su movimiento en una posición larga, el hombro se flexiona, el codo se extiende. Desde fuera los conocedores interpretan a partir de estas imágenes visuales el movimiento en su conjunto y lo llaman: *chundan chirugui, oi-tzuki, jab, directo*. Como consecuencia de dicho movimiento conjunto, el puño puede romper una costilla, anticiparse a cualquier ataque y fracturar, o frenar el hombro del rival cuando este inicia su golpe, puede detener un ataque en ciernes. Puede desplazar la madera que ocluye el camino. Puede abrir una puerta. Puede destrabar un cajón. El movimiento es el mismo. La intención, la finalidad, las consecuencias, no. Un movimiento es solo eso. Movimiento.

Las técnicas, en sí mismas, no son ataques o defensas o asombrosas posiciones cinematográficas. Los movimientos son lo que son. Ataque, defensa, desvío, la cualidad supuesta, la cualidad final, nace de la intención. *Intentio, intentionis*, del propósito, el pensamiento de llevar a cabo una cosa o de una interpretación externa basada en las consecuencias.

*

Los manuales de artes marciales cuyo fin, como todo manual, es que en ellos se compendie —o sea, se realice una breve y sumaria exposición de lo más sustancial de una materia, ya expuesta latamente— suelen organizar sus técnicas en grandes grupos, como defensivas y de ataque, de pie y de mano[113], etc. Este nombrar,

---

[113] En la *Enciclopedia de Taekwondo* de Choi Hong Hi, las técnicas de mano son divididas en técnicas de ataque, *gong gyokgi*, y técnicas de defensa, *bang eau gi*, y técnicas de mano desde el suelo, *noowo son gisool*. Y en forma análoga, con técnicas de pies, técnicas de ataque, técnicas de defensa, y técnicas desde el suelo (Choi, 1993 [1983]). Gichin Funakoshi, las divide en técnicas de mano de ataque, bloqueos, y técnicas de pie (Funakoshi, 1973 [1957]). Mas Oyama describe primero las manos y brazos como armas, los pies como armas, y luego las defensas, *uke* (Oyama, 1978). Dan Inosanto en su libro sobre artes marciales filipinas, (Inosanto, 1980) agrupa movimientos de golpes, defensas básicas, palancas y desarmes. Quien rompe con estas categorías es Bruce Lee, e inicia agrupando

agrupar, llevado a cabo durante el periodo de sistematización de las artes marciales, responde a una lógica occidental de categorización. Donde las categorías se constituyen analíticamente por una identidad formal y esencial, donde muchas cosas o acciones se pueden reducir a una característica idéntica esencial o función definitoria.

Esta forma (categorías, esencia, etc.) es propia del pensamiento occidental[114]. En el mundo chino las categorías están constituidas no por esencias sino por analogía. "Una cosa está asociada con otra en virtud de las relaciones contrastantes y jerárquicas que la diferencian de otras cosas...". Cuando el primer sentido de categoría, definido por esencias abstractas, tiende a ser descriptivo: lo que "es", la "categoría" china más reciente suele ser prescriptiva y normativa, lo que "debería ser" para tener éxito[115].

---

herramientas, más allá de su uso particular (patadas, puñetazos, etc.) (Lee, El Tao del Jeet Kune Do, 1975/2014), y al momento de hablar sobre el ataque, lo hace en términos generales, sin hacer recaer la importancia sobre la herramienta sino sobre el sentido general de la acción.

[114] En la visión dominante del mundo occidental, sobre la forma en que se clasifican las cosas. "las categorías estaban constituidas analíticamente por una identidad formal y esencial asumida" (Tzu, Sun & Ames, R. T., 1993). Por ejemplo: todos los seres humanos que califican para la categoría "seres humanos" se definen como tener una psique o alma esencial. Las muchas cosas o acciones diversas se pueden reducir a una característica idéntica esencial o función definitoria.

[115] "En la visión dominante del mundo chino, las "categorías" (lei) están constituidas no por "esencias", sino por analogía. Una cosa está asociada con otra en virtud de las relaciones contrastantes y jerárquicas que la diferencian de otras cosas. Este ser humano en particular evoca una asociación con otras criaturas similares en contraste con otras cosas menos similares y, por lo tanto, reúne a su alrededor una colección de detalles análogos como categoría general. "Esto" evoca "eso"; uno evoca muchos. La coherencia en este mundo, entonces, no es tan analítica o formalmente abstracta. Más bien tiende a ser sintético y constitutivo: el patrón de continuidades que conducen de un fenómeno particular a una asociación con otros. Es una coherencia "concreta" que comienza con la consecuencia total de lo particular en sí mismo, y continúa a través de la categoría que evoca. Si íbamos a comparar estos dos sentidos de "categorización", en lugar de "martillo, cincel, destornillador, sierra" se define como "herramienta" por el asumiendo una función idéntica formal y abstracta, es más probable que tengamos una categoría china que incluye "martillo, clavo, tabla, libra, ampolla, vendaje, casa, cal", una categoría de

*

La categorización de un movimiento técnico como defensa o ataque es un medio para facilitar la comprensión del arte, para su efectiva sistematización y divulgación, para favorecer y posibilitar la enseñanza básica, trazar un mapa del campo, permitir el paso de la antorcha entre generaciones y culturas. Pero el mapa no es el territorio. Al movimiento ideal propuesto en los libros de cabecera lo llamamos *técnica*. Pero en la vida palpable no existe. Esos movimientos ideales no existen.

Los movimientos ideales, son resultado de procesos sociotécnicos[116], de una sistematización, de una mente que los pensó, o muchas mentes, y los redefinió. El movimiento ideal es información abstracta, un plano conveniente a una finalidad general. Existe el movimiento efectivo, la bajada a la realidad, la versión de carne y hueso, la actividad singular[117], trabajo de un individuo singular y variable, en un contexto singular y variable. Esa es la técnica bajada a tierra. Un movimiento. Y como toda acción aislada, sin adjetivo, más allá del objetivo, pluripotencial. Con el cuerpo, todo. Con la

---

"construcción de una casa" constituida por una percepción interdependencia de factores en el proceso de completar con éxito un proyecto determinado. Cuando el primer sentido de categoría, definido por esencias abstractas, tiende a ser descriptivo: lo que "es", la "categoría" china más reciente suele ser prescriptiva y normativa, lo que "debería ser" para tener éxito" (Tzu, Sun & Ames, R. T., 1993).

[116] Según el paradigma socio-constructivista, lo técnico es inseparable de lo social. Todo objeto o dispositivo es el resultado de un proceso sociotécnico, donde "humanos" se apoyan sobre "no-humanos" para construir una visión del mundo material (objetos y/o sistemas técnicos) o "simbólica" (procedimientos, reglas, etc.) (Baurdin, 2012).

[117] En psicología del trabajo se investiga profundamente el concepto actividad. Aunque suele ser verse como algo vago e impreciso, en la traducción del destacado profesor Dr. Mario Poy, del artículo de Pascal Beguin, se aclara que: "cuando se habla de actividad, se pone el acento en la persona, en su calidad de actor humano… La actividad es siempre singular, dado que caracteriza el trabajo de individuos singulares y variables (singularidades que van desde las dimensiones fisiológicas -por ejemplo, la fatiga-, hasta los aspectos culturales), efectuado en contextos singulares y variables (en sus dimensiones materiales, organizacionales o sociales)… La actividad tiene finalidad, es decir que tiende hacia un objeto para alcanzar un fin" (Beguin, 2006).

posibilidad de movimiento, la grandiosidad de todas las artes y trabajos, los efectos en las obras.

*

No hay técnicas buenas o malas, no hay movimientos de ataque, no hay armas malignas. Immanuel Kant inicia la fundamentación de *La metafísica de las costumbres*, con una propuesta radical en su tiempo: *"no hay nada en el mundo ni fuera del mundo que, metafísicamente hablando, sea bueno salvo la buena voluntad"*. Y lo que Kant salva, también podría ponerse en la balanza. Y quizá arrojarse al pozo del aljibe.

*

La acción y su interpretación, como en una limpia fórmula matemática, dependerán del tiempo. Estarán en relación con él. Porque 1) Si el movimiento llega antes que el oponente reaccione, se mueva, no dando siquiera un instante a su reacción, e impacta en su cuerpo de lleno, visto desde afuera, tal y como lo captaría una cámara, nadie dudaría en llamarlo ataque. 2) Si el mismo movimiento del luchador, un recorrido calcado, potencia calcada, frena el cuerpo del oponente que se ha lanzado feroz contra él y lo desvía, lo llamarían defensivo. 3) Si el mismo movimiento, calcado, sale de su cuerpo luchador luego de esquivar un golpe que fácilmente lo habría alcanzado estando quieto, y llega al oponente cuando este ha perdido la oportunidad y el equilibrio, sería un perfecto ejemplo de contraataque. Nada es distinto en el movimiento que ha sido igualmente ejecutado, solo el tiempo determina los cambios en el contexto, muestra lo variable. Porque mientras el tiempo pasa, las cosas pasan. Y se manifiesta la intención, generando consecuencias diferentes que se interpretan también de manera distinta.

*

El ancho del recorte en la escena determina el nombre que le ponemos a las cosas, a las técnicas, a esos artificios, guías, y mapas que usamos.

Así, el momento del acto determina el encuadre, y la pronta interpretación de la acción. La comprensión de estas cascadas de tiempos ínfimos resulta piedra clave. Para el ruso Iliá Románovich Prigozhin –ganador del Nobel por sus teorías sobre estructuras disipativas– existen muchos tipos de tiempos: el tiempo astronómico, el tiempo de la dinámica, el tiempo químico interno, el tiempo biológico interno, que es la inscripción del código

genético que prosigue a lo largo de miles de millones de años de la
vida misma, el tiempo musical, etc. Es convención humana contar
groseramente el tiempo a partir de un acontecimiento, por ejemplo,
el nacimiento de Cristo, que es un corte arbitrario como cualquier
otro. Estos cortes nos hacen creer que ataque y defensa son hechos
aislados, pero es el ojo el que lo vuelve aislable. La lucha sucede en
el tiempo, y el tiempo es un continuo que no se detiene.

*

Los movimientos del cuerpo no son ni buenos, ni malos, ni
efectivos, ni defectuosos, sino cuando son enjuiciados en forma
postrera, y se incluyen las supuestas intenciones, el tiempo y las
condiciones del contexto.

EL ARTE DE LA LUCHA APROVECHA SABIAMENTE LOS RECURSOS

El practicante pasa años intentando pegar más fuerte, más duro, más alto, más rápido, más lindo, buscando cada día acercarse a la perfección. Consignas casi olímpicas en un campo no deportivo. Consignas de un mundo griego, europeo, occidental, aplicadas ciegamente a una creación distante[118].

La diferencia es profunda y se ubica en otro holón, más allá.

Es necesario adecuarse a la idea de adecuación. Dice Sun Tzu: *"Ganar cien victorias en cien batallas no es la más alta excelencia; la máxima excelencia es someter al ejército enemigo sin luchar en absoluto"*.

*

Al inicio del aprendizaje todo parece aditivo, escalar un muro vertical asiéndose de las junturas, de las delgadas grietas. Engrosar fibras. Preparar el cuerpo para la obediencia, sumar a la capacidad proteica de hacer. Pero tras una, dos, o tres décadas de práctica regular, la constancia habrá permitido una progresiva decantación y las prioridades se habrán transformado. Se llegará al corazón del arte de hacer lo justo, lo adecuado, que podría ser nada.

No se concibe un atisbo de prodigalidad. El arte marcial no hace lo que el deporte. Luchar consiste en la delicada tarea de vivir plenamente con el esfuerzo justo y el máximo sentido.

*

Según el tamiz de interpretación occidental, en los comienzos la mira estará puesta en la efectividad, o sea, en que el practicante pueda en sentido más simple del verbo *poder* —realizar, ejecutar, llevar a cabo aquello que se propone. Luego, intentará remedar al ideal, avanzará en un camino de pulido, de reducción de energías, reducción del gasto energético buscando la eficiencia. Según Bruce Lee es necesario: *"Conservar la energía utilizando la mínima cantidad para conseguir un resultado determinado; eliminar los movimientos y contracciones*

---

[118] François Jullien analiza la idea de eficacia comparando las filosofías orientales y occidentales. Un claro análisis que permite entender las diferencias fundamentales entre ambos mundos respecto de sus posiciones y formas de actuar tanto en la guerra como en cualquier situación de conflicto.

musculares innecesarios que fatigan sin aportar ningún propósito útil". En tercer lugar, entrará el tiempo en la ecuación, para llegar a la eficacia.

*

Madurar como artista es la vida vivida en constante enriquecimiento y complejización, volviendo el espacio un mundo de detalles y sutilezas, de dominio sobre el tiempo y las interpretaciones, de búsqueda de un mejor uso de los recursos energéticos, de un hacer lo que hay que hacer en forma eficaz[119]. Esto constituye el manejo básico de las herramientas técnicas.

*

En la dulce y oscura madurez se deja de lado el derroche. En esa revolución de primacías una patada puede llegar a realizarse con miles de variantes, incluso dentro de los patrones avanzados (forma, *hyong*, *kata*, *pattern*), sin movimientos accesorios ni exageraciones. Hay adecuación constante a lo ordinario y a lo extraordinario. En la negra madurez todo se reduce y se amplía como amalgamado.

*

---

[119] Los conceptos *efectividad, eficiencia* y *eficacia*, en muchas ocasiones se usan en forma indistinta, pero en contextos de estudio específicos, no es adecuado hacerlo. En economía de la salud se define: 1) Eficacia como la relación objetivos/resultados bajo condiciones ideales. 2) Efectividad como la relación objetivo/resultado bajo condiciones reales. 3) Eficiencia es la relación recursos/resultados bajo condiciones reales (Suárez, 2000). En ciencias cognitivas se denomina *eficacia en el rendimiento*, al producto conductual manifiesto resultante de los procesos cognitivos y *eficiencia en el procesamiento*, es decir, la proporción de recursos cognitivos invertidos para lograr un determinado rendimiento (Gutiérrez Calvo, M., Ramos, P. & Eysenck, M. W., 1993). En biomecánica, encontramos que la eficacia, se refiere a la comparación entre la ejecución que realiza el deportista objeto de evaluación respecto a los parámetros teóricos que caracterizan el modelo técnico deportivo (patrón ideal de movimiento específico de una disciplina deportiva que permite alcanzar el máximo rendimiento" (Izquierdo, 2008). Eficiencia, tanto en inglés (*efficiency*) como en castellano, se relaciona con el uso económico de la energía metabólica al realizar la tarea o ejecución determinada, *"the economical use of metabolic energy"* (Bartlett, 2007). Podemos generalizar, para facilitar el entendimiento práctico, que, efectivo es aquello que se realiza, que es eficiente cuando se realiza con el menor consumo energético posible, y eficaz cuando todo lo anterior se realiza en el menor tiempo posible.

Obtener el cinturón negro es el primer paso, los ojos que comienzan a abrirse en el principiante, el púber que ingresa a un mundo de relación entre dos, principio de la salida de la pura individualidad corporal. Su prehistoria marcial como cinturón de color ha consistido en el primitivo manejo de nociones básicas, la gramática y la sintaxis de un lenguaje que permite comunicarse, más o menos efectivamente, con el otro que lucha. Luego, hablar en sí, es otro tema. Hablar con significado, con riqueza, con belleza y precisión, se hallará mil pasos por delante.

*

En el sutil manejo de los detalles comienza a manifestarse la belleza del arte, o lo que de arte tiene el manejo de una relación entre personas, entre uno mismo y su cuerpo, entre uno mismo y sus posibilidades de metamorfosis, adaptación y expresión.

EL ARTE EDUCA LA ATENCIÓN PARA DESCUBRIR LOS BORDES SOMBREADOS DE UNA SITUACIÓN

Los profesores piden a sus alumnos atención. En las clases, en los torneos, los entrenadores cuando dirigen un combate, cuando los detienen con silencios castrenses formados en sus largas líneas, firmes, de pie, iniciando un examen, los maestros de escuela, profesores, directores técnicos, incluso ante el dengue o el CO-VID19, las epidemias, los brotes, los médicos, los estados, los organismos internacionales, más que solicitar, exigen atención. *Presta atención. Atiende.* Demandas lanzadas con la misma insolencia e ignorancia con que suele pedirse amor o disculpas. Solicitudes lanzadas a boca de jarro, pasando la posta al receptor, sin conciencia del esfuerzo y de la naturaleza de aquello que realmente se pide. La mayor parte de las veces, ni mensajero ni receptor saben de qué están hablando.

*

Si se pretende enseñar, instruir, alertar, cuidar, es conveniente saber qué se pide cuando se pide atención. Si la demanda no tiene en cuenta al demandado, al contexto, a las posibilidades de ser de lo requerido, se volverá absurda. Para solicitar, pedir, llamar, exigir atención, o lo que sea, es básico saber de qué se trata, qué requiere, tener cierta noción acerca de cómo funciona. No es una llave que se lleve en un bolsillo.

*

Entender la atención como si se tratase de una lámpara, una linterna, mecánica y siempre cargada, cuyo foco puede dirigirse a voluntad hacia un objeto, iluminándolo cálidamente, destacándolo del resto, aunque no sea totalmente inútil para comprender el aprendizaje de la lucha, es una metáfora limitada. La atención[120] es

---

[120] *Atención* en el lenguaje cotidiano implica percepción selectiva y dirigida, interés por una fuente particular de estimulación y esfuerzo, o

un proceso que ha adquirido la categoría de función cerebral superior y es base y sinergia en muchos otros procesos cognitivos (ya que se halla íntimamente relacionada con la memoria y el control del procesamiento de la información[121]).

*

Pero a la atención no le basta con funcionar orgánicamente bien. Es necesario haber conocido previamente algo para poder verlo,

---

concentración sobre una tarea (Estévez-González, A., García-Sánchez, C. & Junqué, C., 1997). Podría decirse, también en sentido vulgar, que su tarea es evaluar los estímulos ambientales y darles prioridad a aquellos estímulos que considere más relevantes. La necesidad de este proceso es debida a que el individuo es 'bombardeado' durante la vigilia por señales sensoriales provenientes del exterior e interior del organismo, y que la cantidad de información entrante excede la capacidad del sistema nervioso para procesarla en paralelo, de manera tal que el mecanismo atencional regula y focaliza el organismo, seleccionando y organizando la percepción, y permitiendo que un estímulo pueda dar lugar a un 'impacto'; es decir, que pueda desarrollar un proceso neural electroquímico. Esta actividad del mecanismo neuronal, la atención, no se ciñe únicamente a regular la entrada de información, sino que también estaría implicada en el procesamiento mismo de la información (Estévez-González, A., García-Sánchez, C. & Junqué, C., 1997). Para facilitar la comprensión se clasifica la atención según diversos parámetros: según el mecanismo, en atención selectiva, sostenida, y esta última en focalizada y dividida (Rebollo, M. A. & Montiel, S., 2006), y según la intervención de la voluntad, como atención voluntaria e involuntaria.

[121] La atención, uno de los últimos complejos procesos cerebrales en adquirir la categoría de función cerebral superior y base de muchos otros procesos cognitivos. Se considera actualmente como un conjunto de redes de áreas neurales que llevan a cabo operaciones específicas de procesamiento de información. De estas redes, cabe destacar dos: la red atencional anterior, localizada anatómicamente en áreas frontales del cerebro y relacionada fundamentalmente con la detección/selección de objetivos; y la red atencional posterior, vinculada con la orientación visuoespacial de la atención y constituida anatómicamente por áreas del tálamo, los colículos superiores y la corteza parietal posterior. Así, la atención puede definirse como un mecanismo central de control del procesamiento de información, que actúa de acuerdo con los objetivos del organismo activando e inhibiendo procesos, y que puede orientarse hacia los sentidos, las estructuras de conocimiento en memoria y los sistemas de respuesta (Idiazabal-Alecha, M. A., Sebastian-Guerrero, M. V., Navascues-Sanagustin, M. A.., Arcos-Sanchez, C., Arana-Aritmendiz, M. V., Ruiz-Lopez, C., Iso-Perez, J. M., 2018).

para prestarle alguna clase de atención, tanto se trate de objetos, situaciones, técnicas, estados emocionales, sintaxis, principios morales, infecciones letales. En la acción de atender hay direccionalidad selectiva de la percepción hacia una fuente. Ergo, para arrancar desde el vamos, resultará un acto absurdo pedir que se preste atención a algo si no se sabe reconocer la fuente, o sea reconocer ese algo.

No se puede ver si no se sabe qué ver. Literalmente, no se ve lo que se desconoce. No se ve sino lo que ya existe en la mente. Todorov lo ilustra usando la imagen de los nativos de América y las carabelas de Colón. Estos seres humanos, con su capacidad de ver intacta, con cerebros y cuerpos sanos, de pie frente al mar no pudieron ver como se acercaban la Santa María, la Pinta y la Niña[122].

*

El material íntimo se ha interpretado alternativamente y a lo largo de siglos entre dos polos, pero no: ni somos una tabula rasa, ni lo tenemos todo preseteado[123]. Un arcaico informe en la sangre, las

---

[122] Los nativos de América, dice Tzvetan Todorov, no vieron las carabelas. Aquello, de prima, les pareció formas rituales. Se sabe que para reconocer una imagen se necesita traerla desde la memoria del ayer ya concebida. En tanto nada previo había en la mente de los nativos, estaban ahora absortos frente a las naves hispanas (Barros Blanco, 2011). Dice Chiozza en *Cuerpo, afecto y lenguaje*, el hecho físico más escueto es un acontecimiento que solo puede ser notado, registrado o conocido, cuando es narrado o presenciado. Aun en el caso de ser presenciado contiene una historia. Historia es aquel aquello que le otorga sentido, que lo hace inteligible y, por lo tanto, perceptible. Aquello que permanece privado de sentido es imperceptible (Chiozza L. , Cuerpo, afecto y lenguaje, 1998).

[123] Según Ferrater Mora: Se ha descrito a menudo el espíritu, la mente, etc. como si fuera una "tabla rasa", es decir, como si fuese una pieza, una superficie, una plancha, una tablilla para escribir (tabula) completamente plana, lisa, desembarazada (rasa). Según esta descripción, el espíritu, la mente, etc. no posee al principio ninguna noción, ninguna idea; nociones e ideas son adquiridas por el espíritu, la mente, etc. a medida que la realidad —la "realidad exterior"— va "escribiendo" o "inscribiendo" sus "impresiones" o "signos" en la tabla." Los que se oponen a la idea del intelecto como tabla rasa admiten que el intelecto posee nociones o ideas innatas, pero esta concepción adopta también diversas formas". En la filosofía antigua se suele contraponer Aristóteles a Platón como ejemplos de contraposición entre una concepción del intelecto como tabla rasa y una concepción innatista. En la época moderna la idea del intelecto, espíritu, mente, etc. como tabla rasa fue difundida sobre todo por Locke.

espirales de las dobles cadenas se funden con el acervo aprendido. El mecanismo requiere la tormenta y el terreno, el movimiento y el silbido.

*

En la lucha, como en todo, hay que saber qué buscar y dónde. En el leve movimiento del mar, a kilómetros de distancia, un aparato diseñado por Lord Kelvin hace dos siglos puede predecir un maremoto, la altura de las olas por venir. Una serie de pequeños pistones traducen lo casi inaparente. Lord Kelvin pudo hacerlo porque logró comprender la naturaleza de las olas, su origen. En la lucha, hay que saber qué evaluar y sobre lo que se tiene que evaluar. Saber qué, cómo y cuándo.

*

La atención puesta en todo agota, es inútil, ineficaz, imposible. Habría demasiado pajonal en el campo si nos dispusiéramos a percibirlo todo. La inhibición es el camino. El buen criterio para la selección.

*

No es provechoso para la lucha el acúmulo excesivo de información al estilo vieja guía telefónica. Cuando hay tanto dato sin sentido, no se sabe qué hacer ni qué esperar. Y, mientras tanto, el sistema se atiborra, se satura. La carga cognoscitiva intrínseca se junta con la extraña[124]. La operación fundamental de la atención es

---

Leibniz, entre otros autores modernos, se opuso a dicha concepción. Kant planteó la cuestión del conocimiento destacando el problema de su validez más bien que el de su origen, por lo que era posible, en términos kantianos, admitir que la mente es genéticamente una tabla rasa, pero que no lo es en otros órdenes distintos del puramente genético-psicológico (Ferrater Mora, 1964).

[124] La carga cognoscitiva es un concepto que se refiere a la cantidad de recursos mentales, principalmente de la memoria de trabajo, que se necesitan para desempeñar una tarea específica. Existen tres tipos de carga cognoscitiva. Una es inevitable, otra se interpone y la última es valiosa. La *carga cognoscitiva intrínseca* es inevitable y se define como la cantidad de procesamiento cognoscitivo necesario para entender el material. La cantidad depende del número de elementos que se deben tomar en cuenta y de qué tan complicadas son las interacciones entre los elementos. La carga cognoscitiva intrínseca se llama así porque es intrínseca a la tarea, es decir, no se puede eliminar. Sin embargo, una buena instrucción ayuda a manejar la carga intrínseca. La *carga cognoscitiva extraña* es la capacidad cognoscitiva que se utiliza para manejar los problemas que no están

el tamizado, la ciega en los campos para llegar a la particularidad. Como diría William James, *implica la retirada de algunas cosas con el fin de tratar eficazmente con otras*[125].

La atención tiene una capacidad limitada.

*

La lucha clava sus pies en la atención, en lo gris de la corteza, en los tálamos redondos, en las redes más complejas[126].

Pero prestar atención no es clavar los ojos en un sitio determinado como un autómata. La atención en la lucha se educa.

Es menester aprender específicamente a qué estar atento y cómo. Porque cuando se sabe qué percibir, las señales son claras y el esfuerzo poco. Y el tiempo parece dilatarse. Es una plácida dilatación.

La atención en la lucha conviene cuando es liviana, móvil, como en los psicoanalistas: flotante[127]. Anti-caprichosamente saltatoria. Debería jugar como Schrödinger, estar viva en sus innumerables posibilidades latentes, dejando libre su propia actividad

relacionados con la tarea de aprendizaje, como tratar de lograr que su compañero de cuarto (o cónyuge, hijos, socios) deje de interrumpirlo, o lidiar con una conferencia desorganizada o un libro de texto mal escrito. La carga cognoscitiva valiosa es pertinente porque está directamente relacionada (es afín) con un aprendizaje de alta calidad. La *carga cognoscitiva pertinente* proviene del procesamiento profundo de información relevante, lo que implica la organización e integración del material con los conocimientos previos y la comprensión de nuevos conocimientos (Woolfolk, 2010).

[125] En el original: *It implies withdrawal from some things in order to deal effectively with others...* (William James, 1890) (Nobre, A. & Kastner, S., 2014).

[126] El estudio de la atención durante la realización de diversas tareas mentales cobra mayor importancia cuando se analiza durante el desempeño de tareas propias del personal militar, de la salud, industrial, etc., y en todos los casos en los que se quiera evitar la disminución de la vigilancia en la realización de una tarea y mejorar el rendimiento en ella (Idiazabal-Alecha, M. A., Sebastian-Guerrero, M. V., Navascues-Sanagustin, M. A.., Arcos-Sanchez, C., Arana-Aritmendiz, M. V., Ruiz-Lopez, C., Iso-Perez, J. M., 2018).

[127] La atención flotante, o parejamente flotante, se refiere, según Freud, a la manera como el analista debe escuchar al analizado: no debe, a priori, conceder un privilegio a ningún elemento del discurso de éste, lo cual implica que el analista deje funcionar lo más libremente posible su propia actividad inconsciente y suspenda las motivaciones que habitualmente dirigen la atención (Laplanche, Jean & Pontalis, Jean-Bertrand , 1996).

inconsciente, sin fijarse especialmente a nada, hasta que el punto del colapso de onda se vuelva inevitable. El gato estará vivo y muerto al mismo tiempo. Las posibilidades abiertas.

El rival nos habrá atacado y su ataque aún se encontrará en ciernes.

*

Un viejo modelo de atención, aunque discutido, todavía útil, es el modelo de Kahneman de 1973, que relaciona la atención y el esfuerzo. Donde se propone que la capacidad de atención varía de acuerdo a: 1) el tipo de tarea: tareas que comprenden gran esfuerzo mental demandan gran parte de la capacidad total de la atención → mayor esfuerzo mental mayor necesidad de atención; 2) el nivel de destreza o habilidad: la adquisición de destrezas en una tarea con la práctica reduce la demanda atencional → a mayor destreza más atención disponible para otras tareas; 3) la motivación y el estado de conciencia, o despertar aumenta la capacidad, para asignación de la atención[128].

*

La atención es una forma de intuición educada.

Una educación que, para ser efectiva, es menester dejar en segundo plano[129] y someterla al olvido.

La frescura de la atención depende del olvido[130].

---

[128] Según algunos estudios, el eslabón débil en el argumento de Kahneman es que el término "esfuerzo" no está suficientemente definido (Bruya, B. & Tang, Y.Y. , 2018).

[129] Dice Woolfolk: "Por ejemplo, cuando yo estaba aprendiendo a conducir un automóvil, no era capaz de escuchar la radio y conducir al mismo tiempo. Después de cierta práctica, pude hacerlo, pero tenía que apagar el radio cuando el tráfico era pesado. Después de años de práctica, soy capaz de planear una clase, escuchar la radio y conversar mientras conduzco, lo cual es posible porque muchos procesos que inicialmente requieren de atención y concentración se vuelven automáticos con la práctica. En realidad, la automatización probablemente sea cuestión de grado; no actuamos de manera completamente automática, sino de forma más o menos automática en nuestro desempeño, dependiendo de la práctica que hayamos adquirido, de la situación, y de si estamos enfocando nuestra atención de manera intencional y dirigiendo nuestro propio procesamiento cognoscitivo. Por ejemplo, incluso los conductores experimentados estarían muy atentos y enfocados durante una tormenta de nieve" (Woolfolk, 2010).

[130] Conforme se acumulan nuevos pensamientos, se pierde la información antigua de la memoria de trabajo. La información también llega a perderse

Pasado un cruce, la patada que fue, el golpe recibido, hay que guardar solo lo necesario, y que la lucha siga como en el instante primero y la información adicional extraída y retenida deberá ser solo la que al luchador le resulte útil.

*

Por otra parte, todo lo que vale en uno vale para los demás. Una vez comprendido el propio proceso atencional se vuelve relativamente más simple intuir y manejar el proceso atencional del oponente.

Él oponente también es un cuerpo biológico que interpreta con el material seleccionado. Allí donde ha fijado su atención, se puede colgar la carnada.

Dice Lee: "Las estrategias de distraer la atención (engaños y fintas) son estratagemas deportivas para dirigir la atención del contrario y hacerlo vacilar antes de que pueda estar seguro de su serie para actuar". Esto se amplía incluso hasta llegar a prever según lo que un profesor, una escuela, un estilo, o un arte marcial ha metido en la cabeza del luchador como importante.

*

Lo importante no es verlo todo sino dejar caer el refucilo de la atención, más allá del cortejo fisiológico del miedo, de las dilaciones del razonamiento, en los lugares clave, en el momento justo.

---

con el paso del tiempo por decaimiento. En realidad, el olvido es muy útil. Si la gente no olvidara, rápidamente sobrecargaría su memoria de trabajo y cesaría el aprendizaje (Woolfolk, 2010).

ENCAUZAR SUAVEMENTE LA MIRADA PARA ESTAR EN EL PRESENTE DE LA LUCHA

Año 1983, en un pueblo de la provincia de Buenos Aires estancado en los brillos de una *Belle Epoque,* en un lugar que apenas había rozado el cielo del turismo comenzó a decaer, vacío de sangre, un sitio bordeado por la constancia de lo que crece poco y a expensas de consumirse a sí mismo, un ayudante de mecánico se convirtió en instructor. Un instructor sin maestro. Uno de los tantos golpes que la dictadura militar había dado sobre el país persiguiendo a quien fuere, implantó sin intención el taekwondo en la ciudad. Este verdadero pionero casual del arte, J. R. había escapado con éxito de las búsquedas y cuando la tormenta amainó, se fue como vino, dejando tras de sí un pequeño hato de cinturones negros. Así, sus estudiantes se convirtieron de la noche a la mañana en profesores. Este que cuento, el joven que ayudaba en un taller mecánico diseminó junto al arte marcial toda la estupidez posible. Afectado por el fenómeno cinematográfico Bruce Lee (fenómeno que honraba colgando afiches de sus películas en el gimnasio, copiando gestos, poses, forma de vestir), enseñaba a sus alumnos que cuando él luchaba (cosa que, en condiciones de igualdad, hacía poco y nada) fijaba la vista a la altura del cuello del rival, entre el cuello y el pecho. Si miraba a los ojos, los ojos lo engañaban, y si miraba a la cabeza, se movía demasiado rápido. El hombre era de aquellos que exponen su manera de hacer las cosas como sinónimo de verdad. Una verdad general que, debido a su egocentrismo generoso, merecía ser enseñada. Palabra santa.

*

Hay un apartado: *el enfoque de los ojos en las demás escuelas,* en *El libro de los Cinco Anillos,* donde dice: "*hay quienes fijan sus ojos en el sable del adversario, y hay también quienes los fijan en sus manos; existen también quienes fijan los ojos en el rostro del adversario, y los hay también quienes los fijan en sus pies, etc. Cuando intentáis fijar los ojos en algún punto particular, existe una sensación de distracción, Y esto se convierte en lo que se conocen las artes marciales como una desgracia*".

*

Mirar no es solo ver. *Ver* procede, primeramente, del antiguo *veer* (todavía presente en algunas voces compuestas, como proveer). *Veer*, a su vez, tiene origen en el latín *videre*, 'ver'. El verbo *ver* significa 'percibir por los ojos los objetos mediante la acción de la luz', 'poseer el sentido de la vista'; 'percibir algo por el sentido de la vista'.

Mirar, por su parte, tiene un origen muy diferente. Procede del latín *mirari*, 'admirarse'[131]. Mirar, es 'fijar la vista en un objeto, aplicando juntamente la atención'. 'aplicar a algo el sentido de la vista, para verlo'.

El mirar va más allá del ver. El mirar necesita más que el ojo sano, más que la luz sobre las cosas.

*

La mirada y la atención se imbrican[132].

*

Otros idiomas poseen también verbos distintos para los fenómenos relacionados con la percepción visual. En francés, *voir* y *regarder* significan ambos «percibir por los ojos», pero guardan entre sí una diferencia fundamental. El verbo *voir* expresa un acto de percepción pasivo. La percepción se hace del entorno en general y sin prestar atención, como acto automático e involuntario del sentido de la vista. El verbo *regarder* requiere una intención o voluntad por parte de la persona que efectúa la acción. El sujeto percibe personas, cosas o el paisaje que le rodea de forma activa, prestando atención a lo que ve. También se usa en imperativo para atraer la atención de una persona sobre algo que el sujeto le quiere mostrar.

*

El fundador del Aikido decía: *"No mires simplemente a los ojos del adversario, porque absorberán tu mente. No mires sólo al sable del adversario,*

---

[131] Por una explicación más abarcativa, dirigirse al trabajo de José Moreno de Alba, *Minucias del Lenguaje*. (Moreno de Alba, 1992).

[132] Hay pruebas considerables de que el procesamiento visual humano es flexible y selectivo. Una de las principales fuentes de flexibilidad en el procesamiento es la atención. En ausencia de atención, incluso los cambios a gran escala en el mundo visual son difíciles de detectar (Davis & Buskist, 2008).

porque te robará el ki. *No mires sólo al adversario, porque su* ki *te controlará. El entrenamiento del arte marcial es el entrenamiento de tu poder magnético interior para absorber al otro tal como es. Por eso lo único que debes hacer es sólo estar ahí"*[133].

*

Hay técnicas que suelen tener especial éxito, en donde la única particularidad es el ángulo por donde se aproximan al rival. La patada en gancho que ahora se utiliza tanto en karate, *ura mawashi geri,* la noqueadora patada descendente de taekwondo, *neryo chagui.* El campo visual normal de un ser humano se extiende a 50° en la zona superior, 60° en la zona nasal, 70° en la inferior y 90° en la zona temporal[134]. O sea, el ojo del luchador ve más hacia abajo que hacia arriba. Algunas técnicas simplemente recorren caminos más difíciles de ver.

*

El sistema visual, los órganos de los ojos, herramientas parciales, tienen sus puntos ciegos, escotomas naturales. Hay momentos de ceguera consciente en la formación de imágenes, hay dificultades intrínsecas en la flexibilidad de la acomodación, distintos grados de habilidad para reconocer las distancias[135]. Todo puede ser usado

---

[133] Este pasaje fue tomado de charlas registradas en algunas ocasiones por los discípulos del Fundador, Morihei Ueshiba que aparecen en *El Espíritu del Aikido* (Ueshiba, 1984).

[134] Campo visual es la percepción global que nace de la estimulación de toda la retina en un momento determinado, o también la cantidad de espacio que se es capaz de percibir con un ojo manteniendo la fijación en un punto (Begoña, M. & Martín, C., 2015).

[135] Las habilidades visuales son: 1) Agudeza visual estático: Habilidad de discriminar un objeto en condiciones de reposo del sujeto y del objeto. 2) Agudeza visual dinámico: Habilidad de detectar y reconocer objetos en movimiento por parte de un observador en reposo, objetos estáticos por un observador en movimiento, u objetos en movimiento por un observador que también se desplaza. 3) movimientos oculares: de seguimiento, de fijación, sacádicos. 4) Visión periférica: Habilidad de reconocer estímulos visuales en las distintas áreas del campo visual alrededor de un objeto sobre el que se fija la atención. 5) Flexibilidad acomodativa: Habilidad de cambiar rápidamente el enfoque de objetos situados a distintas distancias. 6) Flexibilidad de fusión: Habilidad de coordinar ambos ojos conjunta y óptimamente de uno a otro objeto de interés. 7) Estereopsis: Habilidad de discriminar adecuadamente las distancias (Fortó, J. Quevedo, L. & Massafret, M., 1999).

por el buen luchador, tanto para ser más eficaz como para identificar la vulnerabilidad del oponente.

*

El ser humano puede ver en otro ser humano lo que el animal no puede ver en otro animal. La evolución anatómica del ojo humano no se reduce a su capacidad de ver, sino también a la de "ser visto". La esclerótica asume una función más: permite reconocer la dirección de la mirada[136]. Esta doble capacidad perceptiva, para establecer contacto ocular y para seguir la dirección de la mirada, tiene valor social, regula la interacción, coordinación y comunicación. Permite la atribución de estados mentales a los demás. El luchador depende más de estas capacidades que de otras aparentemente más llamativas, y le permiten predecir, intuir sabiamente.

*

El tipo que miraba el cuello no tenía la madurez para intuir que la mirada podía darle mucha información. Podía permitirle inferir

---

[136] "En el curso de la evolución humana se produjo un cambio relevante para entender esta dimensión del ser visto: la aparición de la esclera o esclerótica blanca de gran superficie relativa en torno al iris. La esclera, cuya función básica consiste en dar consistencia al globo ocular y protegerlo de agentes patógenos, adquiere una nueva funcionalidad: permite reconocer la dirección de la mirada. El contraste de color entre iris y esclera, al estar situados en el plano frontal de la cara y ocupar una mayor superficie relativa, ofrecen información sobre la dirección de la mirada a los individuos que ven ese ojo, potenciales interactuantes. El interés de esta señal no se limita a la posición concreta de los ojos, sino a la línea imaginaria que va de éstos a aquello que están mirando, en particular cuando el foco de atención es precisamente quien mira esos ojos, generándose un bucle recíproco" (Yañez, B. & Gomila, A., 2018). Para los autores de este artículo, esta capacidad perceptiva tiene valor social para regular la interacción, coordinación y comunicación. Esta doble capacidad para establecer contacto ocular y para seguir la dirección de la mirada juega un papel importante en el desarrollo posterior, al permitir la atribución de estados mentales a los demás. La interacción social está mediada por la atribución de intenciones, emociones, creencias y esa atribución depende crucialmente de poder detectar y reconocer el foco de atención que se consigue mediante esta alternancia de miradas. Dado que la cognición social está mediada por claves sociopercptivas, la dirección de la mirada es quizá una de las más importantes porque permite inferir qué piensan los demás (Yañez, B. & Gomila, A., 2018).

aquello que piensan los demás. Aquello que piensa el rival. No se le ocurría que, sin enfrentar esos posibles engaños, sin entrar en esos ojos que lo enjuiciaban, nunca llegaría a pasar del ver al mirar, a dar el paso que podía llevarlo a vencer. Muchísimo menos, podía ponerse en los zapatos ajenos y, por reflexión, saber lo que el rival veía en él.

En realidad, en aquel pueblo chico no necesitaba tanto. El interés por su propio ser se hallaba por encima de cualquier otro. En una ocasión, por esas casualidades de la vida, llegó a la final en un torneo más o menos importante en Buenos Aires. Debía enfrentarse a un enorme espécimen de peleador, un tipo de ojos saltones y vidriosos famoso por matar perros con sus puños, enterrándoles una sola y única trompada en la cabeza, un tipo conocido en todos lados como el Negro Azpiri. Como eran del mismo club, Azpiri cedió el primer puesto sin disputar la contienda. Cuando regresaron al pueblo, el vanidoso no tardó en pasar la noticia al diario local, quienes publicaron una foto a página completa poniendo en el pico de la gloria al gran campeón. El gesto amistoso pasaba a ser un representante directo, por carácter transitivo y generalizante, de su poder sobre Azpiri y sobre quien fuera del pueblo. Poder que no volvería a cuestionarse dada su discreta y constante evasión de oportunidades. La fama ganada le alcanzó para sostener sus teorías naturales sobre el combatir, haciendo caso omiso a las derrotas que sufría en pequeños torneos zonales con rivales de pobre desempeño antes de abandonar prematuramente aquella mínima carrera deportiva.

Mirar al cuello, esa es la clave, repetía a sus discípulos desde un ego zepelinesco. Un ego que nunca le permitió detenerse a pensar que era fácil engañarlo debido a sus carencias, que leer al otro, que esperar el engaño, que dominar la mirada, era parte de la gracia marcial.

*

Es cierto, mirar a los ojos sin la suficiente seguridad y experticia puede ser un arma de doble filo. Pero se trata de hacerlo o luchar a ciegas. La evitación de la mirada del rival impide, al mismo tiempo, ver, ergo impide mirar.

El niño tapa sus ojos ante el miedo, en la oscuridad el animal los abre. La mirada es soberana. En los ojos están los planes y el dictador que ejecuta. La mirada rescata y responde a lo más profundo y oscuro. El rostro mirado dice la verdad y miente. Puede jugar a decir la verdad. Y puede jugar a convencer de que miente[137]. Dominarlo es un arte invaluable, dominar el engaño en la lucha, es invaluable, como dirían los chinos[138].

*

En el campo de la psicología, se entiende que los movimientos oculares forman parte de un lenguaje paraverbal y se asocian a procesos específicos. Cuando se mira a los ojos, se ve el rostro. Se perciben microexpresiones. O más que nada, se intuyen, se captan inconscientemente.

En la periferia de los ojos, se ve el color que, incluso en ausencia de cualquier activación muscular facial, trasluce la emoción[139].

*

El ayudante de mecánico devenido prematuramente profesor asumía que todo aquello que se pone frente a competidor, alumno, peleador callejero, desbocado, flaco en un boliche, se convierte en una masa indivisa y desvitalizada ante la cual se responde mecánicamente apenas poner en tensión los músculos, apenas varía un instante la posición.

Esa era su lucha, una respuesta animal al bulto en una ciudad bordeada por la pobreza, fruto de la desidia, era una acción mecánica reactiva. Así era su vida y aún continúa siéndolo: menesterosa.

*

---

[137] Según Paul Ekman, el rostro puede constituir una fuente de información valiosa porque es capaz de mentir y decir la verdad, y a menudo hace ambas cosas al mismo tiempo. El rostro suele contener un doble mensaje: por un lado, lo que el individuo quiere mostrar; por el otro, lo que quiere ocultar (Ekman, 2009).

[138] El engaño es percibido por los chinos como invaluable en el arte de la guerra, aunque ningún pensador militar occidental estima el engaño (Allen, 2015). Al decir vulgar, en el amor y en la guerra todo vale, se puede interpretar la referencia a las faltas de ética permitidas en estos casos, excepciones que hacen a la regla, a la ley.

[139] Las personas decodifican con éxito la emoción usando estas características de color, incluso en ausencia de cualquier activación muscular facial. También demostramos que esta señal de color es independiente de la proporcionada por los movimientos de los músculos faciales. Estos resultados apoyan un modelo revisado de la producción y la percepción de las expresiones faciales de la emoción donde el color facial es un mecanismo eficaz para transmitir visualmente y descifrar la emoción (Benitez-Quiroz, C. F., Srinivasan, R. & Martinez, A. M., 2018).

Se asocia la mirada con la vida, con la astucia. Los ojos visten y desvisten. Marcan la muerte mejor que cualquier electrocardiograma. Pedro Florindo, el zorro, el gran luchador, tenía mirada de *sanpaku*. O sabía crearla. Sabía que su imagen provocaba un miedo visceral y arcaico. O al menos, lo provocaba en el imaginario popular[140]. Apenas adoptaba la posición de lucha inclinaba apenas la frente hacia adelante y mostraba las negras esferas de sus ojos rodeadas por el blanco esclerótico. Eran temibles ojos a veces contrastados con ligeros derrames internos y rojos.

Mostraba los tres blancos, los tres vacíos en los ojos, eran para él un artilugio válido para la lucha.

*

Y los ojos van adónde fueron, y buscan cuando la mente busca. Visión y memoria se enroscan, se muerden las colas en un continuo inconsciente[141]. El movimiento ocular se asocia con eventos psíquicamente relevantes, con la memoria de trabajo y otras funciones cognitivas[142].

Tanto el tiempo como la distribución de los movimientos oculares indican si un estímulo está codificado en la memoria[143].

*

---

[140] "Hay algunas facultades de medicina que enseñan a los médicos a buscar la respuesta *sanpaku*, donde los blancos se muestran en tres lados del iris como un indicador de violencia potencial. El término *sanpaku* es una palabra japonesa que se refiere a una condición en la que la persona entra en una rabia homicida (Fulfer, 2001).

[141] La visión y la memoria están estrechamente vinculadas, de modo que el comportamiento particular del movimiento ocular ayuda al rendimiento de la memoria. Los movimientos oculares son fundamentales para formar recuerdos, y los movimientos oculares durante el reconocimiento apoyan el juicio de la veracidad de la memoria (Damiano, C. & Walther Dirk, 2019).

[142] El artículo *El papel de la memoria para la búsqueda visual en escenas* explica que muchas actividades diarias implican buscar algo y la facilidad con la que se realizan estas búsquedas a menudo permite olvidar que la búsqueda representa interacciones complejas entre la atención visual y la memoria (Le-Hoa, M. & Wolfe, J. M., 2015).

[143] Se ha observado un efecto general de que las personas hacen fijaciones de menor duración cuando ven imágenes novedosas en comparación con imágenes repetidas (Meistera, M. L. R. & Buffaloa, E. A., 2016).

Otro comportamiento visual asociado con la memoria es la recreación, en la cual los movimientos oculares espontáneos durante las imágenes mentales reflejan de cerca el contenido y las relaciones espaciales de la imagen original[144].

No es necesario conocer estos detalles, sí que pueden ayudar a entender ciertas asociaciones e intuiciones naturalizadas del luchador experimentado.

*

En kendo le llaman *Enzan no Metsuke*. Implica mirar a los ojos del oponente con *una mirada hacia la montaña lejana*, tomando no solo el rostro del oponente sino también todo su cuerpo. Los novatos fijan sus ojos principalmente en el *shinai* (espada) del oponente, solo el *shihan* puede siempre mirar a los ojos del oponente. El *shihan* y los expertos fijan su "pivote visual" en los ojos del oponente en silencio, incluso cuando el oponente intenta atacar con el shinai. Los novatos, sin embargo, mueven los ojos hacia arriba y hacia abajo en función de la influencia de los movimientos de sus oponentes[145].

---

[144] Por ejemplo, recordar el contenido visual como si se estuviera viendo actualmente mientras se mira una pantalla en blanco (Meistera, M. L. R. & Buffaloa, E. A., 2016).

[145] Un estudio de Kato (2020) sobre el *"Enzan no Metsuke,"* tuvo como objetivo analizar las estrategias de búsqueda visual utilizadas por los luchadores expertos de Kendo a través de prácticas de combate para discutir qué es *"Enzan no Metsuke"* en condiciones experimentales, pero naturales (in situ). Sus resultados indicaron diferencias en las estrategias de búsqueda visual entre *Shihan* (maestro de kendo) expertos y novatos. El *Shihan* y los expertos se obsesionaron con los ojos o la región de la cabeza de su oponente la mayor parte del tiempo y adoptaron una estrategia de búsqueda visual que implicaba menos fijaciones de mayor duración. Por el contrario, los novatos fijan sus ojos principalmente en el Shinai (espada) del oponente. Solo el *Shihan* siempre miraba a los ojos del oponente, incluso durante las sesiones de preparación, ataque y defensa. El *shihan* y los expertos fijaron su "pivote visual" en los ojos del oponente en silencio, incluso cuando el oponente intentó atacar con el Shinai. Los novatos, sin embargo, movían los ojos hacia arriba y hacia abajo en función de la influencia de los movimientos de sus oponentes. Como indican estos resultados, los novatos intentaron buscar información detallada sobre su oponente y procesaron información visual dependiendo de su visión focal, mientras que el *shihan* y los expertos absorbieron información no de los ojos de su oponente sino de todo su cuerpo utilizando su visión periférica;

*

Es necesario haber aplastado los propios monstruos antes de enfrentar. En los ojos está la marca de la traición, del amor, del miedo. Antes de la traición, el amor, el miedo, el mapa. Como los animales que ven en la noche, con el ojo blanco bajo las pupilas negras es el luchador, el temido *sanpaku*. Aún el hombre más débil entre todos los hombres sabe encontrar los ojos del enemigo. Quien elude los ojos, no está listo. Aún no está listo para arrancar la lucha de raíz, para hacerla posible.

---

esto significa que el *shihan* y los expertos pudieron ver una oportunidad u oportunidad y reaccionar instantáneamente usando "*Enzan no Metsuke*" (Kato, 2020).

131

LA SUSTANCIA DEL SONIDO QUE UNE Y SEPARA A LOS LUCHADORES

El perro levanta las orejas. La competencia vocal –rugidos, gritos, risas, chasquidos– es parte de la competencia sexual animal. Habla de la capacidad de lucha.

La respiración –rápida, ligera, superficial, profunda, súbitamente cortada– es una cadena de signos. El paso fuerte, el paso liviano, el raspón del pie contra el suelo, la ausencia de sonido es información útil para quien lucha.

El artista experto es capaz de interpretar lo aparentemente ininterpretable, predecir localizaciones, llegadas, anticipar la potencia de un golpe, la intención del oponente[146].

En el combate, un panorama arcaico sonoro se amplifica. La oreja siente la caricia de la rosada hoja del cerezo al recostarse sobre la gramilla.

*

Hace años el dobok, el karategui, se almidonaba. Los artistas buscaban que sonara. Seco, áspero. La potencia era un valor y el corte del aire en cada golpe, en cada patada, sacaba a la luz su virtud. Como una serie pavloviana de reflejos, llave que abre puerta, hombre que hace sonar la campana y sigue el hueso lleno de blando tuétano, se buscaba por cualquier medio el crujido, romper la barrera del sonido como la rompe el extremo de un látigo, rajar la tela en el golpe. El ruido de la tela sobre el cuerpo daba su mensaje de alerta. Era la señal acústica del nivel de agresividad, de potencia. Algunos practicantes incluso trampeaban rozando la tela con sus propios brazos, golpeándola de pasada sobre sí mismos

---

[146] Los resultados del estudio de Hajduâ-Szuècs et cols. (2018) respaldan el hecho de que en los deportes donde los patrones de sonido relevantes son distinguibles, un cuidadoso procesamiento de señal permite la localización de disparos (HajduÂ-SzuÈcs, K., Fenyvesi, N., SteÂger, J. & Vattay, G., 2018).

para ampliar el efecto. Así de importante era ser potente. Y no solo serlo, sino, acústicamente, parecerlo.

*

La lucha tiene su propio mundo de sonidos. Y también se aprenden.

Se aprende a segregar los que resultan relevantes y los que no.

Como lo hace el niño en desarrollo, ya su entorno auditivo natural es complejo, lo enfrenta a una cacofonía de información que varía en contenido, ubicación, identidad de la fuente, frecuencia, intensidad. Su trabajo es tratar de aprender a lidiar con el entorno, organizar la embestida de la estimulación en elementos de información perceptibles, tomar decisiones: qué sonidos "pertenecen" y deben "agruparse", y qué sonidos "no pertenecen" y, por lo tanto, deben "segregarse"[147].

Lo mismo en la lucha, mejor dicho, aún más en la lucha donde la integridad psicofísica está en juego, y puede depender quizá de una leve señal acústica.

Según Bruce Lee las señales auditivas cuando tienen lugar cerca del deportista se contestan más rápidamente que las visuales. Lee incentiva a utilizar lo auditivo con lo visual si es posible. *"Sin embargo, recuerda que enfocando la atención sobre los movimientos generales se*

---

[147] "Los entornos auditivos naturales, como las aulas, los entornos domésticos, las áreas de entretenimiento y otros espacios públicos suelen ser complejos en términos de estimulación sensorial. En el dominio auditivo, el oyente se enfrenta a una cacofonía de información que varía en contenido, ubicación, identidad de la fuente, frecuencia, intensidad y otros; Estas características también suelen ser dinámicas en lugar de estáticas, por lo que es probable que cambien con el tiempo. Es el trabajo del bebé o del niño aprender a lidiar con estos entornos, organizar la embestida de la estimulación en elementos de información perceptibles, para que el niño pueda aprender sobre su entorno, alcanzar la capacidad de lenguaje y dominar numerosas habilidades que dependen sobre comunicación auditiva. En las etapas iniciales de la percepción auditiva, como se describió anteriormente en este capítulo, el sistema auditivo domina la capacidad de detectar y discriminar entre sonidos. Una etapa posterior del análisis requiere que se tomen decisiones con respecto a qué sonidos "pertenecen" y deben "agruparse", y qué sonidos "no pertenecen" y, por lo tanto, deben "segregarse". Este tema no se trata tanto de categorización, sino que en definitiva se trata de la identificación de sonidos y la extracción de significado de las fuentes de sonido" (Litovsky, 2015).

produce una acción más rápida que si enfocásemos sobre señales audibles o visibles". Pero estamos en terreno de las primacías, de las preferencias, de las percepciones más fuertes según el luchador.

*

La lucha transcurre adrede en ausencia de palabra. Solo el altanero ignorante de la lucha habla. Porque el sonido orienta desde el más temprano inicio, en los tempranos meses de gestación, cuando los ojos aun no son más que proyectos y los pies no han tocado tierra, ni cuna, ni piedra[148].

Los gestos orientan. La actitud corporal informa. Si el luchador se deja escuchar, su voz permitirá las inferencias, probablemente adecuadas. Y también, por la voz estimará el luchador el potencial de amenaza de su rival[149].

*

Nadie duda del efecto aterrador que la nube de langostas genera al acercarse, del opaco y grave ruido de la multitud, de las protestas, de los ruidos de los ajenos al combate pero cercanos. No puede dudarse tampoco de la capacidad de aquel deportista, artista, trabajador, rescatista, empleado público, que hace oídos sordos a ellos y, así y todo, persiste exitosamente en su trabajo. La multitud, la hinchada, el abucheo, los aplausos influyen en el árbitro deportivo[150], en el deportista, en el artista.

---

[148] Sloterdijk en *Esferas*, acude a la investigación psico acústica reciente del otorrinolaringólogo y lingüística francés Alfred Tomatis y su escuela, quienes han constatado que debido al desarrollo temprano del oído los niños ya oyen extraordinariamente en el seno materno posiblemente desde el estado embrionario y con seguridad desde la 2ª mitad del embarazo. El oído fetal desarrolla la capacidad de orientarse activamente en torno de ruidos constante y efectivamente invadido, por medio de un arbitraria y vivaz escucha, atenta unas veces y atenta a otras. Revisar. Pag 452 (Sloterdijk, Esferas. Vol I., 1998 [2017]).

[149] Se ha demostrado, por ejemplo, que las personas pueden evaluar con relativa precisión la fuerza física a partir de imágenes del cuerpo y la cara. Además, parece que, según las imágenes faciales, los evaluadores pueden predecir los ganadores de las peleas de artes marciales mixtas (MMA). Las señales del potencial de amenaza no se limitan a la modalidad visual, sino que la evidencia con respecto a los indicadores vocales del potencial de amenaza es bastante mixta. Por un lado, se informó que tanto hombres como mujeres pueden evaluar con precisión la fuerza física de los hombres a partir de la voz, independientemente del lenguaje utilizado (Šebesta, P., Třebický, V., Fialová, J., & Havlíček, J. , 2019).

El artista es consciente de la música del combate, de la gran sinfonía.

En entornos reverberantes, estadios, grandes salas de entrenamiento, pasadizos del subterráneo, hay sonidos que llegan a los oídos del oyente a través de una ruta directa, rápida, y hay reflexiones del sonido: en las superficies cercanas, paredes, techos, máquinas, que llegan a los oídos con retraso y ofrecen su propio conjunto de señales de localización[151].

*

Y como en todo lo que a luchar se refiere, ventajas y desventajas son absolutamente reversibles. Todo recurso, lo mismo que puede distraer, o puede ayudar.

*

Pedro Florindo, cada tanto, desempolvaba un viejo ejercicio: ubicado de pie, detrás del alumno, fuera de su vista, los pies separados un ancho de hombros, hacía sonar uno de ellos contra el suelo. El alumno debe responder pateando con la pierna más cercana a la fuente del sonido. El golpe se ejercitaba de fuerte a débil. Progresivamente, el alumno se volvía capaz de escuchar esos ligerísimos toques en medio de la multitud, de los ruidos, en plena locura competitiva. El ejercicio se extendía luego a la voz. Así, sus alumnos podían distinguirlo entre miles. Sus competidores habían aprendido a escucharlo. Ejercitaba la capacidad de guiarse por el sonido como ejercitaba las piernas, los brazos, los músculos, las técnicas[152]. Su sombra acústica se convertía en un aliado.

---

[150] Myers y Balmer estudiaron el impacto del ruido de la multitud en el oficio en Muay Thai. Sus resultados proporcionan la primera evidencia experimental del impacto del ruido de la multitud en vivo en los funcionarios del deporte. Un modelo estadístico de clasificación cruzada indicó que el ruido de la multitud tuvo un impacto estadísticamente significativo, lo que equivale a poco más de medio punto por combate (en el contexto de cinco combates con el sistema de puntuación "10 puntos debe" compartido con el boxeo profesional) (Myers, T. & Balmer, N., 2012).

[151] El efecto de precedencia: En entornos reverberantes, el sonido llega a los oídos del oyente a través de una ruta directa, que es la ruta más rápida y menos perturbada. Los reflejos del sonido de las superficies cercanas, incluidas las paredes y varios objetos, llegan a los oídos con un retraso de tiempo y ofrecen su propio conjunto de señales de localización (Litovsky, 2015).

[152] Las fuentes de señales acústicas que llegan desde el costado llegarán a

*

El grito del artista marcial –*kiap*, *kiai*– es un elemento de la lucha pero es mucho más. Es la forma de involucrar la respiración y el sonido en el arte, de armonizar tensiones y dar coherencia, completar el movimiento artístico. El grito incrementa de la potencia[153] y la sensación de potencia, el convencimiento de la potencia y, al igual que los gruñidos en el deporte, generan distracción, pueden incluso enmascarar los sonidos de algunos movimientos[154].

*

Un ruido extraño atraviesa el estadio de Maracalagonis, Cerdeña, y llama al silencio general antes de ser descifrado. Es el *Campeonato Mundial de Taekwondo ITF Union* del año 2019. Inmediatamente sigue un grito desesperado. En el área 3 el brazo de un hombre cuelga de su hombro como un objeto muerto, debe sostenerlo con el otro, como si fuera un elemento ajeno. La anfracción es

---

los dos oídos con diferencias en el tiempo de llegada e intensidad. Por ejemplo, un sonido a 90 ° a la derecha producirá una diferencia de ~ 0.7 ms en el tiempo interaural, también conocido como ITD. Esta señal es robusta a bajas frecuencias, típicamente por debajo de 1500 Hz. A altas frecuencias, la cabeza crea una "sombra" acústica, de modo que el oído cercano recibe una intensidad mayor que el oído lejano (Litovsky, 2015).

[153] El estudio de Welch (2012) examinó el efecto de una nueva estrategia de mejora del rendimiento (una técnica simple tomada de las artes marciales conocida como kiap) sobre la fuerza de la empuñadura tanto en artistas marciales novatos como expertos. El análisis de los datos encontró una fuerza de agarre significativamente mayor con el kiap en comparación con ningún kiap tanto para principiantes como para expertos. Además, no hubo diferencias significativas en la efectividad de la técnica entre los principiantes y los expertos, por lo que la experiencia sustancial con el kiap no parece dar lugar a mayores aumentos en la fuerza. Estos resultados indican que el kiap se puede aprender fácilmente y se puede usar de manera efectiva para aumentar la fuerza después de solo un corto período de entrenamiento (Welch, 2012).

[154] La investigación sugiere que el gruñido es generalizado en muchas competencias deportivas, y la evidencia empírica sugiere que puede dar como resultado que uno ejerza más fuerza física. También puede distraer al oponente. Que el gruñido puede distraer fue respaldado por un estudio que demostró haber llevado a un oponente a ser más lento y propenso a errores al ver tiros de tenis. Una explicación alternativa fue que los gruñidos enmascaran el sonido de una pelota al ser golpeada (Sinnett, S., Maglinti, C. & Kingstone, A., 2018).

completa. El hueso largo del brazo, en plena diáfisis, se ha dividido por una línea completa. Fracturado. El húmero partido en forma de espiral. Entre la pierna del pateador y el intento de cortar distancia, el competidor mete el brazo y la trabazón arma su palanca poderosa. Uno de los dos pierde. El que tiene el brazo colgando. Porque después de aquel sonido nada será lo mismo.

*

Está el sonido útil, signo, aviso, y está el otro, el color de la pintura, el fruto del instante. Porque cuando el sonido de un golpe bien hecho llega a su blanco es completo, inunda y se transforma en una sensación física extensa, poderosa, que invade. El que lo probó, lo sabe. Para bien o mal, dependerá del luchador. Más de una vez el que cae resulta el que derriba. Hay sonidos que evidencian el fin, que llegan como un salvavidas. Hay sonidos que muestran el éxtasis, el estado del vínculo que estamos entablando con el otro. Hay sonido en el ataque, y en la víspera del ataque.

LA DISTANCIA COMO ORGANIZADOR EN LAS RESPUESTAS DE COMBATE

Por los pies el cuerpo se sostiene, se aferra, hace palanca, empuja. Los pies hacen contacto con la madre, con la tierra, con lo que sea que funcione como símbolo de atractor principal. Allí donde esté el contacto, el cierre de la cadena biomecánica, estará la cruz, el punto donde las fibras se agarran, la distancia real. No la imaginaria, la simbólica, sino el ancla del luchador, de su *res extensa*.
*

Durante la lucha la distancia entre los cuerpos fluctúa constantemente, es un elemento que ha de mantenerse bajo control, un parámetro en constante reevaluación. Y estos cuerpos que luchan no son moles uniformes, se ensanchan, se achatan, se vuelven esbeltos, manejan su altura, la distribución de su peso. Hay que tener en cuenta las posiciones relativas de los cuerpos, entre los cuerpos, entre sus puntos de apoyo, entre sus herramientas. Hay que aclarar algo de esa brecha que separa, como quien activa alguna clase de seguro en un arma peligrosa. Todo es inútil si no se alcanza el balance. Si se pasa, si queda corto.

Porque la distancia espacial modifica el comportamiento desde lo más profundo, modera las respuestas. La presencia o no de la amenaza determina el tipo de respuesta –si la amenaza es distal la respuesta puede ser disminuir la detección por parte del depredador, si está más cerca, deberá dirimir entre huir o luchar–. El amenazado debe sopesar su conocimiento de rutas de escape, distancia al depredador y margen de seguridad. Todo esto en un instante[155].

---

[155] Según Mobbs & cols. (2015) la distancia espacial a la amenaza puede moderar estas respuestas (comportamientos defensivos Circa-Strike que se caracterizan por estrategias de afrontamiento activas como la huida y las peleas de contacto cercano). Por ejemplo, cuando se coloca una rata en una caja a una gran distancia de un gato, la rata se congelará o huirá si hay una ruta de escape, pero cuando la caja se coloque más cerca del gato, la rata entrará en pánico y mostrará un mensaje activo. huir o luchar. Por lo tanto, el contexto de la amenaza y la distancia a la amenaza son cruciales para obtener estrategias de defensa particulares (Mobbs, D., Hagan, C., Dalgleish, T., Silston, B. & Prévost, C., 2015).

En centro del territorio del luchador está conectado a su agresividad por un resistente elástico. Cuando el depredador se acerca, según Lorenz, al centro del territorio, la agresividad aumenta en progresión geométrica a medida que disminuye la distancia. Su cambio profundo es capaz de compensar las diferencias de fuerza y tamaño, de sacar de su corazón al bicho más malo.[156].

*

El manejo de la distancia, bien entendida, es un gran facilitador de la lucha[157].

Allá donde estén los brazos —¿más adelante, más atrás que los pies, que las rodillas, que el pecho?—, no importará demasiado, o sí, pero sólo a los fines del esquive, de la finta. Allá donde esté la cabeza, la hondonada parietal, la coronilla, no será el hito determinante a los fines de lograr una llegada. De poco provecho en el enfrentamiento es medir fiándose de una esfera que descansa sobre un fulcro. La cabeza es un perro de luneta. En el cuello, el pívot, está la vena que muestra la sumisión. Nada de esto es relevante para ubicar el sitio adecuado, para dominar el espacio, sino entender la conducción de los pies, su resistente descarga, capaz de convertir el espacio en tiempo. Los pies son la marca. La clave. Luego, se verá dónde, cómo, de qué manera se apoyan, las zonas callosas, las deformaciones, las tensiones, pero eso es otro tema. Primero, la distancia, la forma práctica de leerla, de medirla, de hallar la llave práctica para volverla maleable.

*

La conciencia del lugar que ocupan los pies representa un gran ahorro de esfuerzo perceptivo, de atención, de recursos.

---

[156] Al acercarse (el depredador) al centro del territorio, la agresividad aumenta en progresión geométrica a medida que disminuye la distancia. El incremento es tal que compensa todas las diferencias de fuerza y tamaño entre los animales adultos y sexualmente maduros de una especie (Lorenz, Sobre la agresión: el pretendido mal, 1963 [1971]).

[157] Según François Jullien (Jullien, Conferencia sobre la eficacia, 2005), la metis griega, la capacidad de sacar partido de las circunstancias, de ver cómo evoluciona la situación y de explotar lo que en ella es la orientación favorable. Aplicarla consistiría entonces en detectar los factores facilitadores de la situación para dejarse llevar por ellos (Jullien, Conferencia sobre la eficacia, 2005, pág. 21).

Es mejor no jugar al adivino psicológico, al maestro del hechizo. No es necesario mirar al adversario con cara de profeta, esperar que el rayo divino nos caiga con la palabra justa, con la indicación prístina en metros, leguas, codos, sino tomar conciencia de los indicadores fidedignos. Indicador uno: el lugar de los pies.

*

Teniendo en claro la distancia es posible hacer, no hacer o engañar, de ser necesario. Los pies y el resto del cuerpo pueden estar en lugares diferentes. Se puede así parecer un mago mientras se lucha, estafador. Se puede engañar: los luchadores, aunque se les repita una y mil veces, rara vez comprenden, o comprenden muy lentamente.

*

Desde una posición de lucha promedio se pueden detallar, consensuar groseramente, los alcances, propios y del oponente, para facilitar la comprensión. Dar puntos de corte, palabras comunes, estructurar, ayuda a la comunicación y al pensamiento.

Pedro Florindo utilizaba una división fácil para entender los alcances y la distancia desde una posición estándar de lucha agrupándolas, desde la más próxima a la más distante, en cuatro alcances básicos (por supuesto, sin agregar movimientos accesorios, ni giros de cintura): 1) el alcance de mano atrasada, 2) el alcance de la mano adelantada, 3) alcance del pie adelantado, y finalmente, 4) el alcance de pie atrasado (involucrando el movimiento de tobillo y cadera hacia adelante). A partir de estas distancias básicas, se pueden modificar sus alcances dependiendo de la posición relativa de la cadera, el giro de cintura pelviana o escapular, el agregado de pasos, de saltos, etc.

*

La medición de la distancia tomando como referencia la separación de los pies es más fácil para nuestro cerebro que haciéndolo a partir de otras zonas corporales. El resto, la medición de los largos de brazos, de piernas, en donde hay una traducción de lo vertical a lo horizontal, el esfuerzo en la interpretación es mayor, y lleva más tiempo dominarlo[158].

---

[158] Las diferentes vías que controlan los movimientos oculares, tanto voluntarios como reflejos, comprenden estructuras del córtex cerebral, el cerebelo y el tronco encefálico. El control de las sacadas oculares implica diferentes sistemas según si son en el plano horizontal (localizados en la

*
Así nacen algunos engaños clásicos:

1) El luchador, en su posición de combate, adelanta el tórax, su cabeza, sus brazos, puede hacer creer que está cerca, pero no hay que tirar ahí. En realidad, está demasiado lejos. Salvo que se lo deje sin pies, que haya sido el final de una combinación, de una saga, mejor no tirar ahí. Salvo que se lo precipite a caer de boca, no hay que tirar ahí. Salvo que sea evidente que lo ha hecho de puro zonzo ignorante, no tires ahí. O no tires un solo golpe, porque recién a partir del segundo, de un acortamiento relativo de la distancia, existe alguna chance de entrar, de llegar al blanco.

2) Si el oponente está reclinado, tirado para atrás, que no te engañe la distancia relativa entre vuestras cabezas, mantén tu atención en los pies. ¿Están cerca? Sí, más cerca de lo que parece. Una de sus manos ya se habrá colado en tu pecho, en el primer balanceo vertical en torno a su cintura, y si no te apiolás, te la pone. Si está echado hacia atrás no hay que desbocarse, no avanzar como loco, porque se te va a pegar al cuerpo mal, como una sanguijuela, como un parásito viscoso y espiralado, podrá meter cualquier golpe en cualquier lado.

*

Para medir la distancia hay que saber qué mirar y cómo. Cuando se mueve la cabeza de lado a lado, las imágenes de los objetos cercanos se mueven rápidamente por la retina mientras que las imágenes de objetos distantes permanecen prácticamente inmóviles[159].

---

protuberancia) o si son verticales (en el mesencéfalo). Mientras que el mecanismo de las sacadas horizontales es bien conocido, las conexiones y estructuras responsables de las sacadas verticales no están del todo bien definidas en el ser humano (Rubio-Pérez, M. A., Gálvez-Ruiz A. L., Sepúlveda-Gázquez, M., Planellas-Giné, L. & Roquer-González, J., 2011).

[159] La determinación de la distancia entre un objeto y el ojo, llamada percepción de la profundidad, se percibe por tres medios principales: la percepción del tamaño de la imagen de objeto conocido sobre la retina (si se sabe que talla tiene una determinada persona, el cerebro aprende a calcular a que distancia se encuentra); el fenómeno de paralaje en movimiento (si una persona mira a lo lejos con sus ojos completamente quietos no percibe ningún paralaje en movimiento pero cuando mueve su cabeza a un lado o al otro las imágenes de los objetos cercanos se mueven rápidamente por la retina mientras que las imágenes de objetos distantes permanecen en prácticamente inmóviles); y el fenómeno de estereopsia (la

Quizá así medía intuitivamente su distancia Bruce Lee, una vez ubicado en su posición de combate, movía su cabeza de lado a lado con un súbito movimiento, al menos una vez. Una marca de fábrica que muchos podrían considerar un gesto típico sin finalidad pero no lo era.

*

Los elementos deben ajustarse al cuerpo del luchador. Técnica y blanco solo se unen en un punto. Si se puede llegar a él o no, en el tiempo posible de la lucha es la cuestión. Aprender a reconocer la distancia y confiar en ese parámetro asombroso, pueden ahorrar así muchos años de infortunio: donde están los pies está el mojón de la distancia. A su alcance caen como chorlitos, una y otra vez. No hay que buscar en el lugar inadecuado, no ir bajo la lámpara si no es ahí donde se han perdido los objetos.

Con este aprendizaje se guarda en el hígado la primera cosa necesaria, fáctica, simple, para dominar el arte de la lucha. Un día, con suerte, se podrá enfrentar al luchador serio, experto, al real conocedor, y eso ya no será tan fácil, sino otro cantar, el *ristretto* de un dúo privilegiado y peligroso.

Pero habrá tiempo, hay tan pocos que dominan el arte de situarse y situar adecuadamente, que el camino da tiempo para aprender.

*

Volver carne esta idea es ganar mil años. Conocer la distancia permite la lentitud, la tranquilidad, la demora. Y el artista solo puede pararse sobre sus propios pies. Allí donde estén, andará rondando su obra. Lo mismo vale para cualquier caso.

---

estereopsia es debido a que un ojo se encuentra a algo más de 5 centímetros del otro, por lo tanto las imágenes en la retina son distintas entre sí) (Guyton, Arthur C. & Hall, John E., 2016).

EL LUCHADOR AGUARDA EN SU CENTRO Y EN LOS BORDES DE SU SOMBRA

Estabilidad. *Stabilis*, firmemente parado, seguro. Todo movimiento, todo golpe, necesita, un punto de partida estable. Los músculos necesitan puntos fijos para mover los huesos, las articulaciones sobre las que pivotan. El golpe dado por un cuerpo humano, una masa asimétrica y gravitacional, requiere, paradojalmente, un ancla para moverse, para empujar. La masa hecha de huesos del que tira, la masa potente, requiere la tierra que sostiene al hueso, del que tiran las fibras, las capas tensas, y crean movimiento. La *-bilis*, capacidad pasiva de *stare*, estar en pie, lo estable, permite lo activo, lo variable[160].

Pero estable no es duro, fijo, marmóreo.

*

La abstracción mental es el juguete predilecto de la física clásica. Poner ideas en las cosas y luego, hallar una ley general que las prediga. Así, se juega a entender el cuerpo como unidad íntima, se hace de sus millones de corpúsculos, organelas y pesos relativos, una masa única y total, se le supone una concentración mecánica de poder y vulnerabilidad, un punto de estabilidad perfecta, un centro de masa[161]. Su movimiento es el movimiento de un centro móvil. Un punto sobre el cual gira el completo universo individual, un universo que puede incluso cruzar los límites y volverse exterior a sí mismo.

---

[160] Estable: del latín *stabilis*, firmemente parado, seguro, formado por el verbo *stare*, estar de pie, y *-bilis* (-able), que indica posibilidad pasiva.

[161] Centro de masa es la posición promedio de todas las partículas de masa que forman el objeto (Hewitt, 1998). Si consideramos el cuerpo en su totalidad y suponemos que tiene una masa total M, hay un cierto punto dentro del cuerpo, llamado al centro de masa tal que la fuerza externa neta resultante produce una aceleración de este como si toda la masa estuviera concentrada ahí. El centro de masa se llama a veces centro de gravedad (CG), porque en muchos casos la gravedad se puede considerar uniforme (Feynman, Richard P., Leighton, Robert B. & Sands, M., 1998).

Este modelo sirve al luchador, en tanto sepa de su naturaleza de artilugio.

Entonces lee: cuando el rival se aquieta, de pie, erguido, abierto, de cara al horizonte, su punto central se concentra en lo más intestino[162]. Conforme el rival, el propio guerrero, mueve sus miembros su quiasma de fuerzas se traslada: descendiendo cuando se unen los largos huesos en la línea media; alzándose cuando se separan, cuando se abren, las piernas, las columnas; adelantándose cuando se adelantan, atrasándose cuando se atrasan.

Los ojos del luchador pueden ver en su mente cómo ese punto central, invisible, imaginario, conceptual, se modifica ante la variación de la masa corporal, cuando se echa panza, cuando se engrosan los cuádriceps en los muslos[163].

Es imaginario, racionalización útil en la lucha, porque mientras se aprende a estimar la posición del centro de masa, nace la capacidad de calcular intuitivamente, al instante, sin operaciones aritméticas de por medio, su probable estabilidad.

Con esta abstracción poético-científica dada sobre los cuerpos en movimiento y los cuerpos en reposo, se enuncia la ley y a ella parecen sin dudas responden sumisos luchador y oponente. Profecía autocumplida. Los principios fundamentales del equilibrio reinarán[164]. Mientras el centro caiga dentro de los límites de su

---

[162] En un objeto uniforme, el centro de gravedad se encuentra en su punto medio, o sea, su centro geométrico. El CG (centro de gravedad) es su punto de equilibrio. Cuando el objeto es irregular, se puede recurrir al uso de la plomada, cruzando dos o más verticales por el punto de equilibrio. Actualmente se recurren a métodos especiales para determinar la distribución precisa de la masa utilizando modelos computacionales del cuerpo humano y simulaciones cinemáticas y cinéticas adecuadas (Vavalle, N., Thompson, A. B., Hayes, A. R., Moreno, D. P., Stitzel, J. D. & Gayzik, F. S., 2014).

[163] En el cuerpo humano promedio (en posición anatómica) el CG se ubica de 2 a 3 cm debajo del ombligo y a la mitad de la distancia entre el frente y la espalda. El CG de las mujeres se encuentra algo más bajo que el de los hombres, ya que suelen tener la pelvis más ancha y los hombros más estrechos. En los niños, está aproximadamente el 5% más arriba debido a que tienen la cabeza más grande y las piernas más cortas (Hewitt, 1998).

[164] El equilibrio de un cuerpo dependerá de que el CG, centro de gravedad, la línea vertical que pase por el CG, caiga dentro de los márgenes de la base de sustentación del objeto. El equilibrio puede ser

base, habrá estabilidad. Estabilidad estática. Mientras se controle su salida, su retorno, habrá estabilidad dinámica.

*

Hay que tener especial cuidado con esto: el hombre que lucha puede comprenderse como un cuerpo sometido. A las leyes de la mecánica clásica. Pero, al mismo tiempo, manipulador de las leyes en su propio beneficio. Deviene y se sostiene según parámetros ordinarios, simples, antiguos, clásicos. Y en la lucha puede volverlos a su favor.

Ciertamente toda física atañe al luchador porque puede interpretarse sobre todo lo que existe en el mundo material, pero no toda física le resulta al artista marcial bien comprendido, ni útil a los fines prácticos. Por favor, evítense las aplicaciones directas y divagantes de nociones complejas (cuánticas, teorías de cuerdas, nociones propuestas para objetos que se mueven a velocidades cercanas a la de la luz u objetos infinitamente diminutos).

No al delirio, no dar sustento a la fantasía cientificista que muchos llevan en ristre.

Einstein no hizo posible que pueda lanzarse un golpe de puño a la velocidad de la luz, de los muones. Los pies descalzos, los puños, no son capaces de atravesar los huecos subatómicos del rival. Estas teorías *aplicadas* con soltura de cuerpo y saber de lego no sólo denotan ignorancia, sino también falta de seriedad y respeto por el alcance y la profundidad de los distintos campos de estudio e investigación, científicos y marciales, falta el respeto a cada científico, instructor y practicante[165].

---

estable, inestable o neutro, dependiendo de la relación de su CG y los desplazamientos, si al desplazar el objeto el CG desciende, se llamará inestable, si al moverlo, el cg sube, se llamará estable, y si no varía con el desplazamiento, equilibrio neutro (Hewitt, 1998).

[165] Choi Hong Hi aplicó los principios de la física newtoniana a su Teoría de la potencia -traducida en Argentina con poco tino y mucho de *faux ami*, como teoría del poder-, tal y como lo describe en su *Enciclopedia de Taekwondo*, para probar de donde obtiene el poder para "crear los resultados devastadores atribuidos al Taekwondo", para demostrar como la persona puede utilizar su potencial completo "por medio de la aplicación matemática de las técnicas de taekwondo" (Choi, 1993 [1983]). Pero muchos de sus seguidores, no conformes con la utilización de palabras tan en boga, como científico, matemático, física, se apropiaron de la difusión masiva de la fórmula de Einstein para la energía asociada a la masa en reposo, $E= mc^2$, y la tomaron como caballito de batalla. Por

No somos seres de esa clase de luz durante la lucha cuerpo a cuerpo.

*

Somos materia pesable. Y detectar la posición del centro de masa, de gravedad, dominar ese concepto humano creado, permite que las decisiones en la lucha se faciliten.

El luchador sabrá que la estabilidad del rival (y, por ende, la suya propia) dependerá de la altura del centro de gravedad, de cuán erguido esté.

Sabrá que, si es un rival pesado, tenderá a ser más estable[166]. Esto le permitirá predecir cuán rápido puede moverse, cuanto empuje puede resistir.

Posiciones bajas del centro de masa permiten mayor libertad en el uso de miembros superiores, en especial, la trasferencia de fuerza; la estabilidad estará facilitada. El luchador se siente buey, toro. No será volteado así nomás.

Las posiciones altas del centro favorecen el uso de miembros inferiores, la movilidad, permiten un mayor desarrollo de la velocidad. Por estas razones, las artes marciales que favorecen el uso de miembros inferiores como armas tienden a mantener altas las ubicaciones del centro de gravedad (taekwondo, muay thai, etc.). Por el contrario, aquellas que priorizan la utilización de los brazos como armas (karate Shotokan, etc.) se ven favorecidas tanto en potencia final como en arranque por la ubicación baja del centro de gravedad. Aquellas que privilegian los lances (judo, jiujitsu, etc.) tenderán a ubicar sus centros de gravedad por debajo del de los contrincantes durante el ataque.

*

Predecir la estabilidad es predecir la capacidad de continuidad el movimiento. No hay problema en caer al realizar un ataque, un bloqueo, una esquiva, siempre que esta sea una acción última, el último golpe al que el luchador se enfrente.

*

Es habitual que en artes marciales se hable de *ki*, *chi*, *Qi*, centro de energía. A veces, se invoca ese misterioso punto situado una

---

supuesto, con ningún asidero razonable, algunos proponen delirios que ni la mejor literatura de ciencia ficción podría suponer.

[166] La estabilidad de un objeto es inversamente proporcional a la altura de su centro de masa desde su base (Le Veau, 1991). Al aumentar el peso de un objeto aumenta también su estabilidad (Le Veau, 1991).

pulgada por debajo del ombligo, *tanden, myōjō*[167]. Si al luchador le sirve, bienvenida dicha interpretación[168]. Si estos conceptos metafísicos relacionados sirven como un modelo mental útil durante la práctica, bienvenidos sean.

En Aikido, para el maestro Toichi Tohei, el ki es el resultado de la unificación cuerpo-mente. Un cuerpo estable es una mente en calma. Un cuerpo inestable detenta una mente débil. "El nivel de estabilidad del cuerpo es proporcional al grado de estabilidad y calma que alcance la mente". Por eso, las recomendaciones tienden a hacer todo por mantener el punto, "y concentrar la atención en la zona baja del vientre, por debajo del ombligo"[169].

---

[167] Heihō Michi Shirube, *Una guía de artes marciales*, de Shirai Tōru Yoshinori (1781–1843) es uno de los tratados espirituales más famosos sobre el manejo de la espada. En él, Shirai explica los métodos respiratorios secretos taoístas empleados en su estilo de esgrima, el *Nakanishi-ha Ittō-ryū*. Él divulga en términos bastante abstractos cómo el ki debe circular en la parte inferior del abdomen (*tanden*) de acuerdo con las enseñanzas de la deidad taoísta *Tenshin* (Verdad celestial). Estas concepciones del ki y la importancia del *tanden* todavía se consideran consideraciones fundamentales en el kendo moderno (Bennet, 2015).

[168] *Qi*, a menudo traducido como "energía vital", es un concepto central en tai chi y qigong que ha desconcertado a médicos, científicos y personas en Occidente. Hasta la fecha, el *qi* no es falsable por el método científico y, por lo tanto, no puede ser objeto de investigación científica, lo que lleva a muchos a criticarlo como "pseudocientífico"...Los profesionales de la salud integradora deben estar equipados para discutir este concepto de manera inteligente considerando un par de sutiles, aclarar puntos que a menudo faltan en la discusión. Primero, la incapacidad de la ciencia para verificar la existencia del qi no afirma su inexistencia. De hecho, bajo el sistema filosófico del idealismo, no se puede decir que el qi sea menos real que las cosas verificables por la ciencia. De manera similar, bajo la visión instrumental y pragmática de la ciencia, los profesionales de la salud deben tener cuidado de no declarar lo que es metafísicamente real o irreal, sino lo que es útil y no útil. En segundo lugar, aunque el qi puede ser pseudocientífico, sigue siendo útil e indispensable para la práctica correcta del tai chi y el qigong. Los practicantes de tai chi y qigong visualizan y perciben rutinariamente el flujo de qi para guiar sus movimientos, respiración y actividad mental. Como tal, el qi y los conceptos metafísicos relacionados sirven como un modelo mental útil durante la práctica (Bao, 2020).

[169] El cuerpo es un espejo de la mente, de modo que si lo observamos sabremos si la mente está inquieta o en calma, si es estable y está atenta o

*

Al momento de enfrentar, la instantánea percepción de la situación de los pies del rival permitirá inferir no solo la distancia, sino también la situación espacial de su centro de gravedad, la amplitud de su base de sustentación, anticipar los movimientos que podrían realizarse con mayor facilidad y aquellos que conllevan mayores dificultades, esfuerzo, tiempo.

*

Y, más allá de la interpretación mecánica, de manera simbólica, metafórica, el control del centro de gravedad podría corresponderse con alguna forma de autocontrol. Estabilidad del cuerpo y estabilidad del luchador pueden ser también reflejos, caídas o firmezas que se duplican.

---

si por el contrario es débil y anda errática. El nivel de estabilidad del cuerpo es proporcional al grado de estabilidad y calma que alcance la mente. Para "mantener el Punto" se recomienda concentrar la atención en la zona baja del vientre, por debajo del ombligo. De esta manera, se puede conseguir una gran estabilidad y un estado de unificación entre el cuerpo y la mente. Veamos el siguiente ejemplo: si una persona está de pie con los músculos tensos, será muy fácil desestabilizarla. Bastará con empujarla, aunque sea suavemente. Por el contrario, si fija su atención en un punto del bajo vientre, sus músculos no estarán contraídos, no tratará de contrarrestar la presión que reciba y se mantendrá estable como una roca (Ruglioni, 2003).

DONDE EL LUCHADOR SE CONECTA CON LA TIERRA Y SE SOSTIENE EN EL AIRE

El hombre que lucha contiene en sí mismo cenit y nadir. Un extremo en la crisma, y su fondo podal como un árbol, en la tierra. Su base es la energía naranja del volcán, a ras del piso, se sostiene y empuja el fuego hacia la cruz del dobok, del karategui, del judogui. Dijo Lee: uno no golpea con sus pies, pero por ahí comienza[170].

*

Para ser o no ser en la lucha es invalorable mantener un canal perceptivo focalizado en los pies, los puntos de apoyo, no sólo para estimar la distancia y la ubicación del centro de gravedad, sino para rescatar el acúmulo de información codificada que guardan.

Dado que también uno mismo puede ser, y es, un rival, los propios pies deben incluirse en el análisis y merecen la misma atención que los ajenos.

*

Florindo insistía con los pies. Para llegar más allá, había que bajar la cabeza. Se molestaba también cuando me dejaba llevar por los versos de cualquier improvisado con rango.

Cierto día conocí a una persona que se jactaba de enseñar Pakua, más exactamente un estilo de kung fu chino llamado Pa Kua

---

[170] Bruce Lee dijo: *"uno no golpea con sus pies, pero sí que comienza su impulso con los pies"* (Lee, 2014). En general, para todos los golpes, sean de pies o manos (salvo alguno que otro de capoeira, donde el apoyo se da en los brazos) al menos, una de las unidades biomecánicas del miembro inferior deberá funcionar en cadena cerrada, o sea tocando el piso, de modo tal que los músculos puedan tomar punto fijo distal. Así, las unidades de la cadena se van apoyando unas en otras, de modo que permiten el movimiento del resto. En el caso de que el golpe sea una patada, la pierna de apoyo funciona en cadena cerrada y la que patea en cadena abierta. Los músculos trabajan exactamente al revés, en el primer caso, por ejemplo, el cuádriceps toma punto fijo en la tibia y trabaja extendiendo el muslo. En la pierna que patea, el cuádriceps toma punto fijo en sus inserciones iliaca y femoral y tira de la inserción rotuliana para lograr la extensión de la pierna.

Chang, la palma de los ocho trigramas. Nunca han sido mi fuerte las artes marciales chinas, pero no necesité mucho para darme cuenta: o bien mentía acerca de su experiencia, o le habían vendido un *show*. Una reacción visceral en mi interior negaba cada fragmento de aquel verborrágico discurso utilizado para reafirmar su experticia. Después de tanto tiempo inconscientemente había observado sus pies. No solo estaban planos, lo cual funcionalmente podría haberse compensado, sino que toda descarga de peso proveniente de su cuerpo se encontraba anormalmente desequilibrada. En un instante supe lo que luego podría comprobar, también, que el que sabe, sabe y porqué le basta un refusilo.

*

Los pies hablan sobre las posibilidades de luchar. Así de simple.

O, mejor dicho, dejan entrever cuándo el oponente probablemente se moverá mal, o no podrá moverse bien. Cuentan sobre la seriedad del entrenamiento, el grado de aprendizaje, y su decantación. Acortan el camino para discernir. Anticipan.

*

El relevamiento de la información que contienen va más allá de su conciencia de masa. Cuentan: 1) la posición relativa entre ellos, entre los dos pies (pies juntos tenderán a ascender el centro de gravedad, pies separados a descenderlo); 2) cuenta la posición en que se encuentran con respecto al resto del cuerpo (¿se encuentran flexionados, en valgo, en posición equina, etc.?); 3) cuenta la forma en que se relacionan con el piso (¿se encuentran completamente apoyados? ¿Son pies funcionalmente planos? ¿El peso recae sobre las puntas de los pies, sobre los metatarsos, sobre el talón? ¿Adónde apuntan?).

A cada afirmación le corresponde, al menos, una situación, que puede contarse como ventaja en la lucha.

Si un pie mira para cada lado: el oponente no podrá moverse libremente, avanzar o retroceder sin reacomodarse.

Si el peso se descarga por los arcos y no por el triángulo habitualmente esperado: será pan comido, un paso, una patada, un golpe, y necesariamente deberá ir en busca de un nuevo reequilibrio[171].

---

[171] Según el *Tratado de biomecánica* de Rodrigo Miralles, en el apoyo del pie se distingue un triángulo posterior o de apoyo, que va del calcáneo a los metatarsianos, y un triángulo anterior o de propulsión constituido por los

Si los dedos se aferran al piso tipo garra, pan comido, su estabilidad y su capacidad de reacción estarán disminuidos, su arranque estará estropeado.

Si el pie está completamente apoyado y muy aferrado al piso, no saldrá rápido.

Si está demasiado en puntas de pie, no saldrá rápido.

Si los pies están perpendiculares al blanco, varias técnicas de patadas estarán restringidas o disminuidas, si están paralelos al blanco serán otras las favorecidas o restringidas[172].

*

---

metatarsianos y los dedos. Por una parte, el pie se apoya por el calcáneo, pero los apoyos metatarsianos han sido objeto de controversias (Hong, Y. & Bartlett, R., 2008) y de diversas teorías, desde la del trípode para Farabeuf, según la cual se apoyan el primero y el quinto metatarsiano, hasta la contraria, en la que son los metatarsianos centrales lo que se soportan el peso. Luego, otros estudios demostraron que todas las cabezas del metatarsianas en apoyo estático reciben la misma porción de carga y que, cuando se pasa del apoyo estático al dinámico, la situación varía. En el inicio la carga se concentra en las cabezas de los metatarsianos centrales y después se desplaza hacia el primer y quinto metatarsiano, descargando las cabezas centrales. Más adelante, es el primer metatarsiano el que se aplica con fuerza sobre el suelo hasta que todo el peso se desplaza hacia los dedos, ya en la fase de arranque del pie del suelo (Miralles Marrero, 1998).

[172] Un estudio de la universidad de Valencia, España, analizó las variables mecánicas en la patada circular en taekwondo de acuerdo con tres posiciones de postura (0 °, 45 °, 90 °). Nueve atletas experimentados de taekwondo realizaron pruebas consecutivas de patadas en un orden aleatorio de acuerdo con estas tres posiciones relativas de los pies en el suelo. Las mediciones para el análisis mecánico se realizaron utilizando dos placas de fuerza D y un sistema de captura de movimiento de ocho cámaras. Los tiempos de reacción y ejecución de los atletas de taekwondo fueron más cortos al comenzar desde las posiciones de posición 0 ° y 45 ° que desde la posición 90 ° (P <0.05). Además, la fuerza de reacción del suelo se correlacionó negativamente con el tiempo de ejecución y positivamente con la velocidad del muslo y la pierna. Nuestros resultados sugieren que la posición de la postura afecta la técnica de ejecución de las patadas de los atletas de taekwondo. Se sugiere que los atletas no adopten la posición de posición de 90 ° porque no les permitirá lograr el mejor rendimiento en la patada semicircular, dollyochagui (Estevan, I., Jandacka, D. & Falco, C., 2013).

En la lucha, en el enfrentamiento callejero, anticipar estas leves diferencias puede crear el tiempo suficiente para salvarse o salvar. Al principio, la costumbre de observar los pies será una tarea desalentadora, pero el ejercicio constante de la observación consciente lo automatizará pronto, o sea en algunos años, seis, tres, dos, veinte, con suerte, discernimiento y paciencia, se aprende a ver sin ver.

*

El Libro de los Cinco Anillos incluye un apartado titulado: *competir en estatura,* donde aclara: "*Competir en estatura significa que cuando estáis cerca de un adversario, bajo cualquier circunstancia, estiráis las piernas, el pecho y el cuello de forma que vuestro cuerpo no se contraiga; acercándote a él con fuerza, ponéis vuestro rostro a la altura del rostro del adversario, como si quisierais comparar la altura y demostrar que sois el más alto de los dos. El punto esencial consiste en maximizar vuestra altura y acercaros totalmente. Esto exige un trabajo cuidadoso*". A eso también me refería en el apartado anterior, el engaño a través de la distancia. Altura, distancia, apoyos, cierres y aperturas de cadenas. Fijeza o soltura.

*

Como el incendio se propaga en un bosque seco, la geografía del pie asciende, se trasmite, mueve las estrellas sin esfuerzo. El estado de los pies se refleja, bosques y montañas en lagos cristalinos, en la mordida, en la tensión de los músculos maseteros, de los músculos del cuello, en las curvaturas corporales[173].

La propagación brinda al luchador, al menos, dos vías para saber sobre los pies del oponente, una directa y otra indirecta. Esta última lleva aún más tiempo para descifrarla, pero es más difícil de ocultar. Una espalda encorvada puede, entre otras causas, ser resultado de tendones de la corva tensos, y estos, a su vez, de pies mal apoyados en el suelo[174]. Incluso los dientes hablan, si están

---

[173] La influencia del aparato estomatognático en la postura corporal es un tema discutido continuamente. El estudio de Nota & cols. (2017) demuestra una diferencia significativa en la estabilidad postural del cuerpo entre sujetos con trastorno temporomandibular miogénico y controles sanos. En particular, el área de balanceo y los parámetros posturales de velocidad de balanceo aumentan en estos sujetos (Nota, A., Tecco, S., Ehsani, S., Padulo, J. & Baldini, A., 2017).

[174] Por ejemplo, el ángulo sacro, la inclinación pélvica, la lordosis lumbar y la cifosis torácica, aumentan con un aumento de la pronación bilateral del pie. De hecho, cada uno de ellos es un fenómeno compensatorio

torcidos hacia adentro, observa hacia dónde apuntan las puntas de los pies y no habrá más que decir. Dientes, espaldas, no se pueden ocultar tan fácil.

*

Y nada de esto es un mal o un bien en sí mismo.

Un pie plano no es una condena, la práctica cotidiana y ardua del arte pueden modificarlo y volverlo funcionalmente adecuado. Los músculos y la voluntad acomodan la cuna. Florindo fue un buen ejemplo, él mismo era paciente y médico, hombre de pies planos que no resultaban evidentes al momento de la lucha. Utilizaba la siempre presente posición de jinete, *kima sogui, ma bu, kiba dachi*, como primer gran correctivo. Incentivaba a la práctica de la clase completa concientizando el paso del peso sólo a través de la zona metatarsofalángica. Utilizaba las lecciones de los luchadores de sumo, y la ley de caminar en puntas de pie hasta que las zapatillas se gastaran en la zona delantera y permaneciendo nuevas en el talón[175]. Donde no hay arco, se fabrica uno.

*

Un cuerpo labrado por años es una totalidad en el ahora que lucha, en el ahora del que lucha. Esto no sólo importa para luchar bien, si se comprende esta idea, es menester observar el propio cuerpo, sus dobleces, sus durezas. Y podrá verse el futuro.

Si se cambia, aunque sea a fuerza de voluntad, la posición de los pies, el cuerpo lo seguirá, la cabeza lo seguirá. Cambia la cabeza, y los pies la seguirán. Los luchadores no siempre pierden por falta de inteligencia, por técnicas inadecuadas, por falta de temperamento, ni siquiera por una cuestión de coraje o evaluación de campo, de estrategias, los luchadores, a veces, y en más ocasiones de las que creen, pierden por los pies.

(Ghasemi, M., Koohpayehzadeh, J., Kadkhodaei, H. & Ehsani, A., 2016).
[175] Probablemente la historia del sumo fuera un invento, o una adaptación libre, ya que estos o bien utilizan geta o van descalzos. No hace a la cuestión, funcionaba como herramienta didáctica.

DECIRLE AL CUERPO DEL UMBRAL EN QUE LA LUCHA PRINCIPIA

Las posiciones preparatorias. La posición de guardia, *yōi*, *chumbi*, *chayudaeryon-chumbi*, *kamae*, la posición inicial que adopta el sumotori en el *shikiri naoshi*, sus piernas flexionadas, los puños al suelo, la mirada penetrante sobre su rival, incluso el estar de pie para un artista marcial no es un acto cualquiera, su concreción es signo y símbolo, responde a lógicas predeterminadas, y cambia el tiempo presente por un tiempo sin tiempo. Un pliegue donde nace otro plano. De alguna forma, es un impalpable umbral.

*

En cada arte un conjunto de posiciones básicas es exigida a los aprendices desde el momento en que pisan el *marú*, el gimnasio, el *tatami*, el anillo sagrado, como una condición de pertenencia, un requisito, un acuerdo de partes, un ejercicio disciplinario, un ritual. Pero ayuda comprender que un inicio no es más que el establecimiento aleatorio de un punto de corte, una convención, una elección como cualquier otra. El día que inicia a las cero horas, el amor al cual le otorgamos un día del flechazo. Cualquier evento, la lucha, el acto sexual, la amistad no son más que fluctuaciones infinitas[176] que se han convertido en sistema para facilitar las cosas. Cada una de las artes marciales han establecido posiciones de inicio ideales para su práctica, para su proliferación controlada y mayor gloria.

---

[176] Los procesos de autoorganización, llamados por Ilya Prigogine estructuras disipativas, se describen como una fluctuación amplificada, gigante, estabilizada por las interacciones con el medio (Prigogine, 1997 [1983], pág. 89). Según él, los sistemas vivos no pueden compararse con un sistema aislado, sino más bien con un sistema abierto, es decir, un sistema que intercambie energía y materia con el mundo externo (Prigogine, 1997 [1983]). Aplicada a la psicología, la Teoría general de los sistemas, propone que los sistemas siempre interactúan con el medio, o sea, son abiertos y en su interacción se autorregulan, estando, a su vez, todos los sistemas interconectados con sistemas más amplios; hasta dónde llega un sistema y comienza otro, es un recorte arbitrario.

*

Posición de inicio, guardia, instante. En *El Libro de los Cinco Anillos*, Musashi, aquel que nunca se peinó, tomó un baño, se casó, construyó una casa ni crio ningún hijo, y siguió el camino ascético del guerrero hasta el final, escribió: *"Cualquiera que sea la guardia que adoptéis, no penséis en ella como en una posición defensiva; consideradla como una parte del acto de matar"*.

Los que saben luchar ven antes de ver, ven cada vez más cerca del inicio. Para los artistas avezados, como expuso Funakoshi, es evidente ya desde una posición de inicio el nivel de habilidad del rival, del practicante, del luchador[177]. Y son esos saberes que olvidaron cómo llegaron a ser, a saberse.

En los recortes llamados inicios puede verse un destello del todo.

*

Siguiendo una lógica meramente física, en el modelo ideal, la posición de preparación para la lucha, *chayu-daeryon chumbi*, *kamae*, debería disponer el cuerpo de forma tal que tenga equiprobabilidades de movimiento, sentidos y direcciones flexibles, para llegar al mayor número de objetivos diferentes. Debería ser un punto en el que estas relaciones de movimiento y el tono muscular sea óptimo para el estallido, para la respuesta inmediata. Ni muy lenta ni muy rápida. Debería poder ser una posición flexible en cuanto a posibilidades técnicas, desde donde poder elegir y modificar sin dificultad lo que se hará y desde la cual una gran parte del arsenal técnico del propio arte pueda ser elegido con similares probabilidades de efectividad, eficacia, con similares esfuerzos, avanzar, retroceder, atacar, defender.

*

La posición de inicio es el embrión del movimiento y apunta a facilitar el objetivo primordial del luchador. Cuando necesita aprender los grandes movimientos, adapta su postura así como una hiedra toma los caminos favorables sobre el muro[178].

Se adapta y se asume según el tipo de lucha y la particular forma de hacer del artista. Así como en el reino animal hay depredadores de

---

[177] Según Funakoshi: *"the yōi stance is an integral part of any kata, and one´s level of ability is already clearly evident from this stance. One must, therefore, approach this stance with a very serious attitude"* (Funakoshi, 1973 [1957]).

[178] Algunos estudios aseveran que los seres humanos adaptan la postura inicial para aprender un movimiento de patadas que involucran a todo el cuerpo (Reifel Saltzberg, J., Hondzinski, J.M. & Flandes, M., 2001).

158

emboscada, que atacan a sus presas con ataques rápidos que generalmente solo se dirigen hacia delante. Otros depredadores saltan con ataques omnidireccionales, como las arañas planas[179]. Usan todo su rango periférico, rotan hacia la presa. Cada cuerpo se prepara de distinta manera. El sumotori se agacha, El luchador de sumo después de una flexión inicial de músculos y un pisotón en el borde del ring, recoge un puñado de sal purificadora, lo esparce y se poner en cuclillas frente al oponente, en el centro de la arena[180]. El taekwondista saluda, sitúa un pie adelante, el otro atrás, erguido y, ante todo, levanta la cabeza. Se hace alto, alarga sus piernas. El karateka amartilla su brazo hábil, separa las piernas.

*

El karateka adopta su larga posición, su *tanden* extendido por el suelo como un firme cimiento, espera la orden de inicio del kumite. En la preparación para el contacto el cuerpo se enciende. El cerebro anticipa los golpes, los efectos de los golpes, del choque, de las caídas, y libera las íntimas sustancias de la analgesia. No importa si es imaginario o real, el luchador dice con su cuerpo *ya no hay tiempo*, es el tiempo, la lucha es ahora[181].

---

[179] "Los depredadores de emboscada atacan a las presas con ataques rápidos, pero estos ataques generalmente solo se dirigen hacia delante. Sin embargo, un depredador puede atacar a una presa con orientación lateral y posterior si puede acoplar los ataques con una rápida reorientación del cuerpo. Aquí, examinamos ataques omnidireccionales en arañas planas (*Selenopidae*), un grupo de depredadores de emboscada sentados y esperando que se encuentran en superficies abiertas. Estas arañas atacan a las presas en todo su rango periférico utilizando golpes rápidos que consisten en una rápida traducción y rotación hacia la presa. Estas arañas emboscan con patas radiales, largas y orientadas radialmente en un estado listo para disparar" (Zeng, Y. & Crew, S., 2018).

[180] En el Sumo, en el transcurso del ritual "que se conoce como *shikiri-naoshi*, los concursantes se agachan casi con la nariz en la arena, golpean el suelo con los puños y se miran unos a otros con miradas penetrantes". "Al final del *shiftiri-naoshi*, la postura preliminar, el luchador ha decidido, o debería haberlo hecho, si desea enfrentarse o no. Ciertos luchadores prefieren invariablemente no hacerlo. Les gusta abofetear a su oponente hacia el borde del ring y luego, cuando lo han recuperado del equilibrio, lo empujan hacia afuera" (Sargeant, 1959).

[181] En el sistema de supervivencia humano, dentro de las estrategias defensivas se encuentra la llamada preparación para el contacto o analgesia. Su importancia radica en que facilita el escape al reducir el dolor

*

Este punto de corte, inicio, posición de acecho, de guardia, es también un elemento comunicacional, la posición de preparación es un mensaje al oponente, al otro que nos ve, un mensaje que se da incluso antes de saludar e involucra el cuerpo entero. Un mensaje que refleja el temple y el control, la prestancia del artista refleja sin fin. Y a veces, basta para crear una retirada exitosa del agresor desorientado.

*

En el ejercicio de formas, *patterns*, *kata*, *hyong*, las posiciones de inicio y fin no solo son importantes por cuestiones mecánicas – tienden a facilitar el primer movimiento, el impulso del cuerpo sin necesidad de movimientos anexos, o porque sitúan las manos en posición correcta para coser el hilo de la coherencia, la elegancia y el mínimo esfuerzo– sino, además, son una carta de presentación y un acto de cortesía.

Entre la puesta de atención y el inicio, el anticipo del primer movimiento (que, además, suelen ser defensivo), el luchador muestra su prestancia, seguridad, calidad técnica, desnuda el nivel de habilidad y su moral marcial. Al karateca se le indica que en cada movimiento deberá exhibir audacia y confianza como así también humildad, gentileza y sentido del decoro.

Gichin Funakoshi insistía: "*el espíritu del karate do está perdido sin cortesía*". Y una expresión de esta cortesía es la posición de inicio en el comienzo y en el final de cada *kata*[182].

*

---

en el animal lesionado. La analgesia puede requerir una activación imaginaria o anticipada de la representación de la amenaza y prepara al organismo para un resultado nociceptivo, evocando el sistema opioide endógeno. En humanos este efecto de analgesia se produce tanto por opioides como con placebo, lo que sugiere que la base de los efectos del placebo podría estar en la capacidad del cerebro para anticipar lesiones (Mobbs, D., Hagan, C., Dalgleish, T., Silston, B. & Prévost, C., 2015).

[182] En la realización del kata, el karateca debería exhibir audacia y confianza como así también humildad gentileza y sentido del decoro, integrando así mente y cuerpo en una disciplina única. Gichin Funakoshi a menudo recuerda sus estudiantes: "el espíritu del karate do está perdido sin cortesía". Una expresión de esta cortesía es la posición de inicio en el comienzo y en el final de cada forma (Nakayama, 1979).

Y en cada posición se muestra lo personal y lo general, lo colectivo y lo particular. Las posiciones estandarizadas de cada arte llevan en su espalda la impronta cultural originaria de sus sitios de origen, de sus fundadores, aportándoles también un valor simbólico. Las maneras de situarse que adopta el cuerpo y las manos no dejan nada al azar, forman imágenes en las que se puede interpretar, celebrar, revivir y mostrar un valor singular, colectivo y trascendental.

*

Wonhyo y *Joong Gun*, antiguos patrones *hyongs,* ejercitados en los primeros años de expansión occidental del taekwondo, iniciaban con una posición preparatoria en donde los pies se juntaban por sus bordes internos con las piernas extendidas, las manos se unían frente al pecho, de modo que el pulgar derecho quedaba encerrado en el puño izquierdo y los dedos de la mano derecha se cerraban delicadamente sobre los dedos de la mano izquierda (algo similar a la posición utilizada en el kata japonés *Bassai*[183]).

A los alumnos se les explicaba que el entrecruzamiento, la forma en la que se encastraba una mano en otra, era una representación del Ying y el Yang. Los alumnos saludaban al iniciar la clase a la bandera coreana, la esfera azul y roja, y repetían en sus manos aquel símbolo. La explicación tenía una lógica. Aunque el desconocimiento histórico de la cultura de origen no permitía discutir si An Joong Gun (quien más allá de la validez de sus razones, le metió tres tiros a Ito Hirobumi en la estación de trenes de Harbin) representaba, al igual que el filósofo Wonhyŏ Daisa los principios del Ying y Yang.

Las escuelas de taekwondo fueron occidentalizando sus prácticas y en el interín erradicaron las interpretaciones simbólicas (eliminación basada también en conflictos políticos, hablar de derecha sobre izquierda o viceversa sonaba a pecado mortal). Así, el cierre de un puño dentro del otro en una posición de preparación se convirtió en un gesto sin sentido, absurdo, sin explicación.

---

[183] El *Yoi* de *Bassai,* como explica el texto principal (Funakoshi, 1973 [1957]), asume la posición de pies juntos, *heisoku,* y ubica el puño derecho en la palma izquierda, los dedos de la mano izquierda serán ligeramente cubiertos sin ser agarrados. El significado de esta posición es la protección de los testículos. Este kata fue practicado también, con ciertas adaptaciones, por los primeros practicantes de taekwondo en Argentina.

*

Desde una óptica más pragmática, en esta relación de prioridad de funciones de las posiciones de preparación, en taekwondo los novatos inician con posiciones que dejan libres los puños y los presentan ya cerrados, listos para iniciar. A partir del primer tercio de nivel principiante, las manos se unen y comienzan a ubicarse a la altura media en las posiciones de preparación, de forma coherente a lo que exige el movimiento primero de dichos patrones, o formas correspondientes, predominando el punto de vista funcional, las manos juntas aquí implican que se ha adquirido mayor seguridad y destreza técnica. En las formas correspondientes a cinturón negro, el simbolismo toma mayor relevancia, con mayor nivel de intento comunicativo, cierta mostración, demostración de las habilidades respectivas al nivel, a nivel de grado, donde se muestra la prevalencia del equilibrio y la fuerza. Así como muchos luchadores antes de iniciar la lucha dan saltos y realizan movimientos donde muestran al oponente sus cualidades –como un pavo real, buscando un elemento disuasorio de último momento– de la misma manera la posición de preparación en la forma *Kwang Gae* muestra las cualidades propias de un primer dan, la fuerza resistencia de miembros inferiores, el control coordinativo, la relajación propia de aquel que los ha dominado, o se encuentra en camino a dominar.

Para las posiciones de preparación con pies juntos, los movimientos subsiguientes están facilitados por esta posición de los pies. El principiante, sin embargo, requiere posiciones más anchas. Los grados avanzados pueden reducir su base de sustentación y comenzar desde lugares cuya variabilidad de opciones es menor pero su precisión mayor, y requieren mayor destreza. Las posiciones con pies juntos siempre conllevan menor estabilidad, mayor indefensión, pero, al mismo tiempo, quien se da semejante lujo y tiene las posibilidades de hacerlas, demuestra una seguridad personal digna de notar.

*

Las posiciones de preparación tienen, al menos, tres valores implicados: su valor funcional, en tanto son posturas del cuerpo que facilitan mecánicamente la técnica subsiguiente; un valor comunicativo, en tanto forma de lenguaje no verbal que intenta disuadir, amedrentar, etc.; y valor simbólico, trascendental. Estos

162

valores pueden estar ordenados prioritariamente de alguna manera, pero no pueden anularse.

*

Cualquier persona situada súbitamente ante una situación de agresión, adopta en forma casi refleja una posición de pies separados y puños en alto, aun sin saber lo que hacen, los brazos suben a proteger la cabeza, los pies se separan, el cuerpo se encorva protegiendo los órganos nobles. Los seres humanos saben, de forma arcaica, que la posición erecta permite un mayor dominio del espacio, que hay ventaja en ver desde lo alto. El luchador avezado y capacitado, debe prestar cuidadosa atención a estos automatismos, a estos cortes temporales.

Ya lo dice el refrán: lo que mal empieza, mal acaba. La posición de preparación sitúa al artista en un inicio completo de algo, de algo que él decide iniciar y no la suerte o las causas extrañas y ajenas. Convierte en suyo un destino que no puede esquivar.

IR DE UN LUGAR
FAVORABLE A OTRO COMO
EL AGUA DEL RÍO

Musashi, en *El libro de los Cinco Anillos*, conmina a considerar la posición más efectiva a ocupar respecto del espacio en general. Aconseja situarse siempre de espaldas al sol. *"Y si no es posible debes mantenerlo a vuestra derecha"*. Esto también es válido a puertas cerradas: *"debéis mantener la luz a vuestra espalda o a vuestra derecha"*, provenga esta del sol o de las luminarias del estadio. Siempre tomar el lugar más alto, con el objeto de mirar desde arriba al enemigo. Contar con el suficiente espacio libre. *"Utilizad cualquier ventaja del terreno que podáis, concentrándoos en aprovecharos de la situación"* (Musashi, 1643 (1996)). Es parte de la inteligencia del luchar elegir a cada momento el sitio privilegiado para sí, el terreno aciago para el rival, llevarse y llevar sin que se note, sin que se evite.

*

Estar en el sitio indicado en el momento indicado no se trata solo de una cuestión de suerte sino de puesta en escena: llevar la situación propia a la posición más favorable, y situar al otro en una inconveniente. El sol, las luces del estadio, los brillos súbitos, las luces de los teléfonos. El ring es plano, el cuadrilátero, el octógono, no la calle. Y aun en espacios pautados, hay posiciones favorables. Hay lugares más cercanos a una fuente de sonido insoportable, lugares más cercanos a la hinchada contraria, lugares que ciegan al árbitro, lugares que lucen.

*

Pedro Florindo consumía, en general inútilmente, cantidades excesivas de energía explicando a los alumnos e instructores las ventajas y desventajas de la posición relativa del luchador y el oponente respecto de los jueces y del árbitro en la lucha deportiva. Era un analizador lógico infatigable. Y un tipo terco. Su idea se resumía en que no siempre se pierde una pelea por las acciones realizadas o no realizadas, sino que, a veces, simplemente los jueces no te ven ganar.

No obstante, los estudiantes no tomaban conciencia de cuánto los afectaban estas posiciones relativas, esta capacidad de situarse para ser visto o no visto, y seguían buscando consejos prácticos para pegar más, mejor, más fuerte, patadas y golpes secretos. Aún practicantes avanzados, instructores de renombre, discutían acaloradamente fallos deportivos (aun cuando cada uno de ellos la hubiera observado desde un punto de vista totalmente diferentes, distintos a su vez del de los jueces, tanto en orientación como en altura). Evidentemente, aquellas discusiones no podían terminar en acuerdo sin entender la relatividad de la percepción.

Florindo no cesaba en volver a su explicación: *no siempre gana el que pegó más sino aquel que logró que más personas lo hayan visto pegar.*

Tener el sol a la espalda enceguece al adversario. Tener el juez a la espalda lo vuelve ciego al golpe que ha acertado en un blanco oculto para él (el juez solo puede anotar lo que ve y no lo que supone).

Florindo insistía en la cuestión matemática y geométrica. Moverse sobre la diagonal de un cuadrado de lucha en donde cuatro jueces se hallan sentados en las esquinas anula la mayor cantidad de vistas (nótese que en taekwondo ha ido variando la forma del área -de cuadrada a redondeada- y la ubicación de los jueces). Un mismo golpe recto al pecho, por ejemplo, recibido en una diagonal, anula a los jueces situados en dicha diagonal, solo uno de los lados lo marca plenamente, ya que el otro, quedará obstruido por el perfil del cuerpo. Total de la suma: 1 puntos. Si, por el contrario, el mismo golpe, ha sido recibido estando situados en una paralela a los lados del cuadrado, asegura que, al menos, 3 de los 4 jueces están en condiciones de marcarlo, cuando no los 4. Total de puntos: 4. De la misma manera, los golpes a la cabeza tienden a verse más fácilmente desde todos los ángulos que los que entran en el pecho.

Todo lo pautado, tiene reglas de las cuales puede tomarse ventaja legal. E incluso, lo no reglado, tiene observadores, jueces. A veces, la astucia no consiste solo en pegar más, sino en ocultar, en hacer no-visibles, los golpes que podrían hacer la diferencia. Siempre hay algún inexperto que devela con su cara el golpe recibido en un atolondrado cruce y el astuto que sabe utilizar su mejor cara de pomada.

*

Actualmente, las áreas octogonales, las cámaras, los ojos de halcón intentan lidiar con estos problemas. Las pecheras electrónicas pueden solucionarlo en parte pero, sin duda, generan otros problemas nuevos. Y, en muchos otros escenarios, no existe la posibilidad de intercambiar una falta por un escape del área, un poco de tiempo por una protesta.

Solo hay una oportunidad y lo cierto es que siempre hay una ventaja estratégica aprovechable en el terreno. En el color. En la luz. Y a alguien se le ocurre.

El golpe recibido con cara de nada, no se ve igual que el acusado con gestos de dolor o exhalaciones lastimeras. El que juega en el borde y atrae a su oponente con él, para girar súbitamente e invertir los papeles, juega con su posición relativa. El que obliga a un ataque lineal y corre a un lado. El que obliga al círculo y lo corta. El que se agacha y se pierde del campo de visión del rival, y lo obliga a bajar la cabeza. Todos estos casos utilizan la ventaja del terreno, del ambiente, de las posiciones como ventaja en la lucha.

LO QUE LOS CUERPOS DICEN AL LUCHADOR Y SOBRE EL LUCHADOR

El luchador muestra una rápida sucesión de imágenes antes de iniciar el combate. Ensancha su espalda. Muestra un gran tatuaje en su antebrazo. El karateca se remanga el pantalón y deja los anchos gemelos expuestos. Es el sonido alarmante de la serpiente de cascabel que se abre camino hacia el oído. La rana se infla. Es la bufa y la espalda encorvada del gato. El animal que enfrenta debe parecer lo más grande y amenazador posible. Esto es parte de una defensa, de una herramienta defensiva desarrollada evolutivamente, un elemento que favorece la supervivencia ante depredadores.

Y el artista marcial es también uno de ellos. Así, como algunos animales crearon pantallas de vivos colores que anuncian sabores desagradables[184], y otros, el comportamiento deimático (que incluye cualquier patrón de comportamiento amenazador o alarmante, con el fin de ahuyentar o distraer momentáneamente a un depredador, dándole a la presa una oportunidad de escapar), el luchador muestra una gran creatividad adaptativa. Dándole a las generaciones futuras, incluso un saber inscripto, como en el deimatismo, no es necesario que el depredador aprenda por experiencia, la reacción disuasoria se genera igual[185].

---

[184] Los sistemas aposemáticos, son aquellos en que las presas anuncian su sabor desagradable a los depredadores a través de patrones de color estáticos ("siempre encendidos"). Sin embargo, las pantallas defensivas pueden incluir múltiples elementos, como una transición repentina entre el camuflaje y el aposematismo, o la presentación dinámica de una defensa oculta de otro modo (Umbers, K., White, T. E., De Bona, S., Haff, T., Ryeland, J., Drinkwater, E. & Mappes, J., 2019).

[185] En el caso del valor protector de una señal aposemática, tiende a aumentar en función de la experiencia de los depredadores. En el caso de la transición repentina, el deimatismo, no requiere que los depredadores acumulen experiencia, y por lo tanto, su valor protector es mayor contra los depredadores sin experiencia en comparación con el del aposematismo (Umbers, K., White, T. E., De Bona, S., Haff, T., Ryeland, J., Drinkwater, E. & Mappes, J., 2019).

El luchador echa mano a todo lo posible. Se graba el cuerpo[186], se hace el malo, pretende inducir temor. O, por el contrario, muestra su flanco, abre una trampa y deja que se le acerque el oponente.

*

Hay lenguaje voluntario e involuntario en la lucha. Así como hay lenguaje voluntario e involuntario en el resto de la vida. La división en niveles solo facilita su comprensión. O no. Una comprensión que, en la práctica, sólo se alcanza por exposición, por repetición, por el mero hecho de pararse una y otra vez delante de múltiples rivales.

Hay un lenguaje voluntario quiere decir que hay gestos, vestido, mañas, señas, que el luchador busca mostrar a propósito, consciente de sus efectos. El otro lenguaje, más profundo e indomable, está hecho de emociones, reacciones adaptativas, reflejos, y funciona solo, es arcaico, animal, programado. Frente al peligro, un conjunto de reacciones universales se pone en juego maquinalmente y sin que medie intención. Todos los cerebros actúan. Refusila el limbo, el más íntimo purgatorio, tormento gris que yace en lo profundidad de las circunvoluciones. La lógica, el neocórtex, el cerebro razonable humano y frontal, pierde su predominio, su imposición y se convierte en peón secundario de aquellas profundidades, liberan reacciones y respuestas programadas, viscerales.

*

El artista karateca, taekwondista, judoca, pancraciasta, sumotori, lucha como ser y parte de un cuerpo biológico, programado para comunicarse universalmente a través de emociones y sentimientos. Ira, alegría, asco, miedo, son parte de ese piso común, arsenal y arquitectura, difíciles de ocultar. La piel, los pelos, la sangre, los haces de fibras cardíacas dan sustento a respuestas básicas integradas[187].

---

[186] Aunque los estudios sobre agresión y tatuajes son controversiales y han arrojado resultados equívocos, persiste el estereotipo de que las personas con tatuajes son más agresivas y rebeldes que las personas sin tatuajes. Swami & cols. (2015) descubrieron que los adultos tatuados tenían una rebeldía reactiva, ira y agresión verbal significativamente más altas que los adultos no tatuados. Sin embargo, los tamaños del efecto fueron pequeños y tampoco hubo diferencias significativas entre los grupos en términos de rebeldía proactiva, agresión física y hostilidad (Swami, V., Gaughan, H., Tran, U., Stieger, S. & Voracek, M., 2015).

Así, lo que puede generalizarse, pensarse como hecho universal, sirve a la lucha. Y el idioma de las emociones puede considerarse, a los fines prácticos, universal.

O todo lo universal que necesitamos que sea[188].

La vergüenza habla con el rojo de las mejillas, la ira con sus dientes apretados, el miedo con diarreas, dilatación pupilar, alteración de la frecuencia cardiaca.

El ser humano dispone, entonces, de una sabiduría programada para leer reacciones y estados psicofisiológicos en los otros y en sí mismo. Aunque este conocimiento se vea sofocado por convenciones y conveniencias impuestas por una vida gregaria, social y cultural, no dejan de ser captados por los sentidos, decodificados en algún sitio, aunque se confinen laboriosamente a su forma inconsciente, o no lleguen nunca a tomar forma como interpretación intelectual.

Así como tenemos la capacidad de matar para comer o sobrevivir, leemos al agresor, al agredido, y somos leídos.

Y al luchador no le interesa reconocer una emoción, una expresión, un lenguaje, en tanto juicio de valor, conocer su nombre, sino como herramienta. No tomar para conservar sino como facilitador. La lectura del otro, de sí mismo, de la situación, tiene un valor primario pragmático y como ventaja en el luchador.

*

En la lucha, no puede evitarse la diatriba de signos corporales.

Si se siente miedo, el miedo es también esa combinación determinada de signos por los que entendemos el miedo. Aunque se intente disfrazarlo, aunque sea por una sola de sus vías, saldrá inevitablemente a la luz. Eso es el miedo. Lo sabemos. El cagazo. Universalmente reconocido e imparable. Los esfínteres se cierran, o

---

[187] Las emociones básicas en principio comprendían: alegría, ira, miedo, asco, sorpresa, tristeza, aunque luego esta lista se amplió. Para ver sus características, ir a nota al pie n°**Error! Bookmark not defined.**.

[188] La existencia de las llamadas *emociones básicas* y sus atributos definitorios representan un problema de larga duración y aún no resuelto en la psicología. Recientemente, la evidencia de neuroimagen, especialmente relacionada con el advenimiento de los métodos meta analíticos de neuroimagen, ha revitalizado este debate en el esfuerzo de los sistemas y la neurociencia humana (Celeghin, A., Diano, M., Bagnis, A.,Viola, M. & Tamietto, M., 2017).

se abren, para cambiar a modo ataque o huida. Los ojos abiertos, la palidez, el sudor frío, el pararse los pelos[189].

Estas delicadeces corporales, erizamiento del vello, miosis, sudor, no pueden desencadenarse a partir de una decisión voluntaria directa.

No pueden ser eliminadas tampoco como se quita el polvo de un mueble.

*

Las expresiones universales del animal que somos permiten al luchador comprender el estado en el que se encuentra el contrincante, compañero, alumno, opresor, lector. Y también es una herramienta al servicio de la empatía.

Sus signos característicos no pueden ocultarse totalmente, aunque exista el arte de convertirse en personaje, el arte de la metamorfosis, de esconder y distraer con madejas de movimientos, o aparentar una emoción en lugar de otra, siempre quedará un cabo suelto.

*

En la lucha, no es la emoción en sí lo que importa —tener o no miedo, sentir o no vergüenza, alegría, furia— sino el reconocimiento. La real comprensión de los estados abre la posibilidad de hacer algo con aquello reconocido. Reconoce lo manifiesto y saldrá a la luz lo oculto[190], no por acción divina, sino a través el entendimiento que construye.

Esta observación de las emociones requiere hacer caso a lo intuitivo, y dejar un paso atrás a la lógica formal, para retomarla

---

[189] Algunos de los signos físicos presentes en el miedo y en otros defectos emparentados, como el temor, el terror, el horror, el pavor, el pánico, el espanto, etc., Son los siguientes: musculares: hipotonía. A veces parálisis. Temblor, estremecimiento. Cardio circulatorios: taquicardia o Bradicardia a veces síncope. Tres respiratorios: taquipnea. A veces decir más o menos prolongado de la respiración. Visuales: ojos abiertos, a ver si salientes, que se fijan en el objeto que provoca temor o van incesantemente de un lado a otro. Midriasis. Dérmicos: palidez. Sudoración fría. El izamiento de los pelos. Esfinterianos: en los casos de miedo extrema, relajamiento del esfínter anal y vesical (Le Deux, 1998).

[190] "Reconoce lo que tienes ante tu vista y se te manifestará lo que te está oculto, pues nada hay escondido que no llegue a ser manifiesto" (Evangelio según Tomás (texto copto de Nag Hammadi), 2004)

solo cuando se vuelva necesaria. Poner en primer plano la visión del animal, luego la del individuo ético y estético.

*

Y aún más profundo, sin acción, sin reacción hay una apreciación que va aún más profunda, una apreciación de la naturaleza de una configuración humana, de lo que se ha formado en el cuerpo por hábito o por naturaleza.

En modo, algo lombrosiano, misterioso, sectario, los humanos pueden extraer con precisión información sobre cuan formidable es un hombre por sus caras. Caras fuertes, caras débiles, se usan intuitivamente como predictores de la capacidad de lucha de los combatientes. El ancho bicigomático es una señal de formidabilidad que se evalúa durante los encuentros agonísticos[191]. Caras anchas, barbilla ancha, cejas prominentes y nariz grande se perciben más agresivas y se las relaciona positivamente con la capacidad de lucha[192].

La sonrisa previa a la lucha se percibe como signo no verbal de hostilidad y agresión reducidas[193].

---

[191] Aquí, a través de tres estudios, se prueba la hipótesis de que el ancho bicigomático (es decir, la relación ancho-altura facial, fWHR) covaría con una formidabilidad física real y que los humanos usan esta señal al hacer evaluaciones de formidabilidad. Los datos confirmaron que fWHR es predictivo de la capacidad de lucha real entre los combatientes profesionales. Además, se muestran las evaluaciones de los sujetos de covariancia de formidabilidad con el fWHR del objetivo en caras naturales, imágenes generadas por computadora de caras fuertes y débiles y caras generadas por computadora manipuladas experimentalmente. Los resultados del estudio apoyan la hipótesis de que el ancho bicigomático es una señal de formidabilidad que se evalúa durante los encuentros agonísticos (Zilioli, S., Sell, A. N., Stirrat, M., Jagore, J., Vickerman, W. & Watson N., 2014).

[192] Trebicky & cols. encontraron que las caras de aspecto agresivo son generalmente más anchas y tienen una barbilla más ancha, cejas más prominentes y una nariz más grande que las caras de aspecto menos agresivo. Los resultados indican que la percepción de agresividad y capacidad de lucha podría indicar diferentes aspectos del éxito en la confrontación física entre hombres (Trebicky, V., Havlícek, J., Roberts, S. C., Little, A. C. & Kleisner, K., 2013).

[193] Kraus y Chen (2013) analizaron la sonrisa como un signo de dominio físico. Razonaron, sobre la base de investigaciones previas, que antes de una confrontación física, las sonrisas son un signo no verbal de hostilidad

*

Por algo Lee decía: "Permite mantener un cuerpo de póquer, un cuerpo que no revele más de sus movimientos concebidos que lo que una cara de jugador de póquer revela sobre las cartas del jugador".

Lee sabía, las caras hablan. Cuanto más se sabe sobre caras, más información general se obtiene. Los especialistas diagnostican muchas veces solo con datos fisiognómicos: hay facies normales, expresivas, inteligentes, de tono armonioso, hay facies de origen nervioso, como la inexpresiva y fija expresión parkinsoniana, también conocida como cara de pomada o cara de jugador de póker; hay facie de *miastenia gravis*, de fumador de pipa por hemorragia cerebral, facie por síndrome de Claude Bernard Horner, la hemiatrofia facial por parálisis facial periférica, la tetánica facie sardónica. Hay facie de rana por enfermedad de Crouzon. Hay facies más sutiles, como las respiratorias: como la facies adenoidea, de boca entreabierta, cara alargada, y mirada adormecida. Hay facies de origen cardíaco. Hay facies con fiebre, pálidas, rígidas. Hay facies dolorosas, leoninas, sonrojada, avergonzada, furiosa. En la lucha aparece la cara del que se ha quedado sin aire, la cara del asustado, la del que se cree victorioso. Cada una dice algo muy concreto y su lectura es también un facilitador de la lucha.

*

Aunque el hombre es de los animales el más pobre en automatismos endógenos, Konrad Lorenz cree que esto es resultado de un proceso de reducción, y que perduran los

---

y agresión reducidas y, por lo tanto, comunican involuntariamente un dominio físico reducido. Dos estudios proporcionan evidencia en apoyo de esta predicción: el Estudio 1 descubrió que los luchadores profesionales que sonrieron más en una fotografía previa a la fotografía tomada frente a su oponente tuvieron un peor desempeño durante la pelea en relación con sus contrapartes con una sonrisa menos intensa. En el Estudio 2, los observadores no entrenados consideraron que un luchador era menos hostil y agresivo, y por lo tanto menos dominante físicamente cuando la expresión facial de los luchadores fue manipulada para mostrar una expresión sonriente en relación con el mismo luchador que mostraba una expresión neutral. La discusión se centró en las razones por las cuales las sonrisas se asocian con una disminución del dominio físico (Kraus, M. & Chen, T., 2013).

movimientos instintivos relacionados con la expresión. Describe con detalle "ese escalofrío que recorre nuestro cuerpo cuando se despierta en nosotros el impulso de luchar en defensa de la sociedad": se siente que el pelo de la nuca, de la parte superior y de la espalda y de la parte posterior de los brazos se eriza, el cuerpo se pone rígido; se levanta la cabeza; se fruncen las cejas; bajan las comisuras de la boca; se adelanta el maxilar inferior; se empujan los hombros hacia adelante y se rotan internamente dejando la parte velluda hacia fuera. Esa postura, el cuerpo inclinado hacia adelante, los brazos dando la sensación de mayor longitud, dan la impresión de un aumento de contorno del cuerpo que infunde respeto[194].

---

[194] "Todo hombre de sentimientos fuertes sabe lo que es, por propia experiencia, ese escalofrío que recorre nuestro cuerpo cuando se despierta en nosotros el impulso de luchar en defensa de la sociedad. Esta sensación es provocada por el erizamiento del pelo de la nuca, de la parte superior y de la espalda y de la parte posterior de los brazos. Los movimientos de expresión, mímicos consisten en la rigidez del cuerpo; en la elevación de la cabeza; en el fruncimiento de las cejas; en el descenso de las comisuras de la boca; en el adelantamiento del maxilar inferior; en el empuje de los hombros hacia adelante y en la rotación interna de los brazos sobre la articulación humeral, con lo que la parte dorsal, velluda, queda hacia fuera. El giro de los brazos hacia adentro y la contracción de los *musculo arrectores pilorum* no contribuye mucho, en el hombre, a dar la impresión óptica de comportamiento total y quizá no hubiese llamado nuestra atención si los monos antropoides no realizaran exactamente estos mismos movimientos". "Dada la postura del cuerpo hacia adelante y la relativa longitud de los brazos, dan la impresión de un aumento de contorno del cuerpo que infunde respeto" (Lorenz, Consideraciones sobre las conductas animal y humana, 1965 [1984]).

LA LETRA CHICA DEL COMBATE

El mono que llevamos encima se agarra del piso con los dedos de los pies. La parte equina de nuestro centauro patalea cuando se impacienta. "Resulta de todos los hechos que he recordado —postuló un distinguido anatomista francés en el año 1865, cosa que Darwin repitió con admiración— que los sentidos, la imaginación y el pensamiento mismo, tan elevado, tan abstracto como se le supone, no pueden ejercerse sin despertar un sentimiento correlativo, y que este sentimiento se traduce directa, simpática, simbólica o metafóricamente en todas las esferas de los órganos exteriores, que le producen todos, con arreglo a su modo de acción propio cual si cada uno de ellos hubiera sido directamente afectado".

Somos particularidades y somos uniformes. Una parte de nosotros está programada como un artilugio científico computacional. Es un hilo del que tomarse. Tanto sea rescatando la parte cierta de la serie *Lie to me*, entrando directamente a los estudios de Darwin sobre la expresión de las emociones en los animales y en el hombre, en los estudios de Konrad Lorenz sobre etología, o informándose sobre comunicación no verbal.

Lo relevante es distinguir lo universal de lo particular, lo voluntario de lo involuntario. Distinguir lo que se puede controlar, conocer, anticipar, lo que sucede más allá de la voluntad, y distinguirlo en el instantáneo tiempo visceral.

*

La lectura en el combate no será interpretación intelectual, reflexión, sino pensamiento visceral y automatizado. "Un hombre no puede a la vez reflexionar profundamente y poner con vigor en juego su poder muscular"[195]. El sentido de la lectura se ordenará de lo general a lo específico, del reconocimiento del proceso emocional general al reconocimiento de la expresión facial en particular[196]. Todos enrojecen de vergüenza, todos mienten al

---

[195] Charles Darwin, en *La expresión de las emociones en el hombre y en los animales* (Darwin, 1946 (1872)).

[196] En términos generales, se puede decir que el procesamiento de la

sonreír por mitades. Leer lo que somos, lo que todos somos, es un proceso que se modela con la experiencia, madura y se retroalimenta[197]. Esto sirve a la lucha.

*

El estremecimiento causado por un ruido súbito va acompañado por un guiño de párpados, sirve a la lucha. El animal se muestra más grande, se hincha, para infundir temor en su presa, en su agresor, sirve para la lucha. Al luchador le molesta llorar, sin importar la razón qué haya desencadenado su llanto, si es o no una reacción refleja, sabe que el otro podría leerlo como dolor, impotencia, sabe que es leído[198], y sabe lo que se hace ante un rival que comienza a debilitarse, sabe del empellón final, la estocada. Sabe que esa imagen suya le sirve al otro para la lucha.

Boca cerrada y cejas contraídas, los pies apoyados sólidamente en el suelo, el pecho comprimido, la cabeza se levanta, así se ve la cólera. Conocer su imagen sirve para la lucha. Altanería y desdén, mofa, aire de desafío, pueden expresarse descubriendo ligeramente el diente canino de un solo lado, sirve para la lucha. Incluso, hay señales de miedo olfativas a las que se responde de modo inconsciente, e independientemente de la información audiovisual

---

información emocional precede al reconocimiento facial (Gordillo, F., Pérez,M., Arana, J. M., Mestas, L & López, R. M., 2015).

[197] Se ha comprobado que todas las estructuras cerebrales implicadas en el reconocimiento facial de la emoción pueden modularse por la experiencia, en especial en los períodos sensibles del desarrollo humano, aunque también en la edad adulta, quizá con una menor flexibilidad y eficacia. Parece claro que durante la adolescencia se produce una gran inestabilidad emocional que tiene su explicación en el menor grado de maduración de las regiones corticales respecto a las subcorticales en este período (Gordillo, F., Pérez,M., Arana, J. M., Mestas, L & López, R. M., 2015).

[198] Desde muy temprana edad, el ser humano adquiere la capacidad de percibir diferentes estados de ánimo a través de los movimientos de la musculatura facial. Esto le permite obtener información sobre la personalidad, el estado emocional o las preferencias de una persona a partir de la información extraída de la expresión facial. La literatura científica ha delimitado una red neuronal clara relacionada con la percepción facial, tanto de los aspectos estáticos como variables de la cara. Las estructuras sobre las que pivota este procesamiento son el giro fusiforme, el surco temporal superior y regiones de la corteza occipital (Gordillo, F., Mestas, L., Castillo, G., Pérez, M. A., López, R. M, & Arana, J. M., 2017).

confirmatoria o contradictoria del miedo. O sea, las emociones no se comunican exclusivamente a través de canales visuales y lingüísticos[199].

*

Hay heurísticos culturales acerca de lo que es o no peligroso. Sucios, pelilargos, oscuros. Florindo contaba que, al inicio de la apertura a occidente, en los primeros encuentros de lucha, los orientales se atemorizaban ante las cabelleras y las barbas tupidas de los occidentales. Era creíble, los peludos eran los otros, los bárbaros, los extranjeros. A los otros, los desconocidos los asociamos más fácilmente con estímulos aversivos que a los nuestros[200] y solo la cercanía nos salva de estas respuestas erróneas.

*

Todo detalle aparentemente simple, o pequeño, que sirva para la lucha, sirve también para conocerse íntimamente.

---

[199] Groot & Cols. (2014) partieron de la evidencia que sugiere que los humanos pueden tener miedo después de la exposición a las señales de miedo olfativas, sin embargo, estos estudios han informado los efectos de las quimioseñales del miedo sin examinar la información relevante para las emociones de las modalidades de comunicación tradicionales (es decir, visión, audición). La pregunta que persiguieron en su estudio fue, por lo tanto: ¿cuán significativa es una señal de miedo olfativo en el contexto más amplio de la entrada audiovisual que confirma o contradice la información olfativa? Para probar esto, manipularon información olfativa (miedo, sin miedo) y audiovisual (miedo, sin miedo) y demostraron que las señales de miedo olfativas eran tan potentes como las señales de miedo audiovisuales para provocar una expresión facial temerosa. Independientemente de la información audiovisual confirmatoria o contradictoria, las señales de miedo olfativas producidas por los remitentes inducen miedo en los receptores fuera del acceso consciente. Estos hallazgos van en contra de las opiniones tradicionales de que las emociones se comunican exclusivamente a través de canales visuales y lingüísticos (De Groot, J. H., Semin, G. R. & Smeets, M. A., 2014).

[200] El condicionamiento clásico del miedo investiga cómo los animales aprenden a asociar los estímulos ambientales con un evento aversivo para el miedo. Nuestros resultados indican que los individuos de un grupo racial distinto al propio se asocian más fácilmente con un estímulo aversivo que los individuos de la propia raza. entre estadounidenses blancos y negros (Olsson, A.; Ebert, J.; Banaji, M. & Phelps, E. A., 2005).

SEPARAR LA PAJA DEL TRIGO

"Cuando el oponente infla las alas de la nariz, ataca desde atrás", decía el profesor Pedro Florindo que decía su profesor Chong Seo Lee, un coreano habilidoso y alto que emigró de Corea siguiendo el pelo lacio de una mujer.

Inflar las alas de la nariz. No es difícil encontrar un argumento lógico para sostener esta idea, lo que resulta complejo es llevarlo al ruedo con pelos y señales. No solo entenderlo con la cabeza sino volverlo acción, pragmatizarlo. Convertir el tiempo de combate en un espacio lo suficientemente demorado como para ver, mirar, interpretar y reaccionar adecuadamente antes que sea tarde.

Una explicación plausible buscaría enganchar los eslabones de una cadena mecánica corporal con un esfuerzo de miembros inferiores y alas de la nariz, buscaría una relación fisiológica simple: el cuerpo se prepara para tensarse cuando quiere comerse crudo al rival, cuando quiere reunir toda su potencia en un punto, para eso, debe tomar aire, llevar sangre limpia a los músculos. Debe tomar un volumen de aire mayor al volumen respiratorio corriente, llenar su reserva, inflarse como un escuerzo[201]. El cuerpo conoce inconscientemente las demandas biológicas que requieren sus muslos y sus garrones, su cerebro sabe del alimento que requiere el futuro ataque, el combustible necesario. El fuelle inicia desde lo

---

[201] Los volúmenes pulmonares son: 1) volumen corriente se llama a la cantidad de aire que entra y sale de los pulmones en una respiración normal. Su valor promedio es de 500 ml. 2) volumen de reserva inspiratorio, es la cantidad de aire que entra en los pulmones en una inspiración máxima, es decir, forzada además del volumen corriente. Su valor promedio es de 3000 ml. 3) volumen de reserva espiratorio, se refiere a la cantidad de aire que puede expulsarse del pulmón en una espiración forzada además del volumen corriente. Su valor promedio es de unos 1200 ml. 4) volumen residual es la cantidad de aire que queda en el interior de las vías respiratorias y en el interior de los pulmones que no puede expulsarse tras una espiración forzada. Este volumen garantiza el estado de llenado parcial que tienen los pulmones. Su valor promedio es de 1200 ml (De La Riva, I., Reyes Toso, C., Gonzalez De Quiroz, F., Planells, F. & Vega, G., 1999).

superficial, el dilatador de las narinas abre el diámetro transversal de los orificios nasales, la inspiración forzada recluta los músculos accesorios, intercostales, escalenos, se ve la premeditación sobre el hueco del esternón, en el cuello, en el tirante debajo de las orejas, en la cara.

*

Esta enseñanza no es de todas la más relevante en sí misma pero, más allá de la fuerza de su argumento, de las conclusiones físicas y prácticas que puede derivarse de él, en otro nivel de análisis lejano de la aplicación directa, deja en evidencia la necesidad del arte de orientarse por un cielo hecho de detalles ocultos, titilantes, puntos de luz.

Dos luchadores expertos solo muestran ligeras grietas.

Un solo bit de información relevante es lo necesario, y es mejor que ninguno. Un solo bit de información correcta y correctamente interpretado puede hacer la diferencia. Exprimir la escena que se repite, buscar la diferencia en lo que se ha dado como manifiesto, decodificarla, y no perder ni un instante en reaccionar, ese es el simple resumen de la lucha.

*

Y exprimir se trata de que no todo es información y no toda información es relevante, mucho menos en la lucha.

Sólo hay información cuando algo cambia, dice Bateson. Solo se percibe en la diferencia. Una diferencia que hace la diferencia[202]. En la lucha siempre hay algo que cambia, aunque por momentos resulte imperceptible. Lo nimio puede hacer la diferencia. Esos segundos de anticipación pueden representar la ventaja, la evitación del golpe, la defensa o el ataque certero. Detectar tempranamente la información relevante es lo que hacen quienes realmente entienden el alma del cruce. Parece que se anticipan, parece que leen mágicamente la mente y el cuerpo, pero no, simplemente interpretaron oportunamente.

*

---

[202] En lo que permanece igual, no se percibe información. Los órganos sensoriales transforman diferencias en diferencias, en algún mensaje eferente. Según Bateson: "un *bit* de información se define como una diferencia que hace una diferencia. Tal diferencia, en la medida en que recorre un circuito y sufre transformaciones sucesivas en él, es una idea elemental" (Bateson, 1972 [1998]).

Los actos del cuerpo se viven antes de decirse, se muestran con una levísima antelación. El tiempo corre hacia atrás. El cuerpo sabe lo que haremos antes de que nos demos cuenta. Si va a hacer fuerza, se agarra de la tierra y se llena de aire, si va a ser ligero, se suelta y exhala. Así, el cuerpo que lucha precede la conciencia de su intención.

*

El hombre —sin querer, para llegar a tiempo, para mantener el equilibrio cósmico, o por razones oscuras e ignotas, lo mismo da— siempre deja una zona desnuda. Una marca que puede ser reconocida por sus iguales. El reconocimiento de estas marcas, de estas relaciones, tan inconscientes como el hecho de marcar, puede aprehenderse también mediante la práctica bien realizada de las artes. Muchas simplemente son relaciones lógicas y pueden utilizarse como recursos.

Solo hay que tener en cuenta que, en la lucha, estos recursos no son solo propios y pueden no resultar gratuitos. Porque lo que es visible, es visible para todos aquellos que puedan verlo.

Todo lo que encuentro en mi rival también está en mí.

*

Lleva años convertir la observación lenta y consciente de los ojos pensantes racionales, en visión fugaz y total del animal humano que lucha.

Convertir la deducción larga y formal en aforismo, en orden y respuesta. Son actos de la madurez. Inexplicables desde su ilógica cronología. El luchador experto simplemente ve. A veces ni siquiera sabe cómo hace lo que hace, qué es exactamente lo que hace (lo ignoró una vez, lo aprendió, lo supo después, y aún mucho después, lo hizo carne y lo olvidó).

El experto percibe lo invisible para otros. Lo incluso invisible para su propio cerebro cortical frontal actual. Quizá este sea el lugar para analizar la famosa frase de Lee: "Antes de que yo estudiase el arte, un puñetazo para mí era solo un puñetazo, una patada era solo una patada. Después de haber estudiado el arte, un puñetazo ya no era un puñetazo, una patada ya no era una patada. Ahora que comprendo el arte, un puñetazo es solo un puñetazo, una patada es solo una patada".

*

Las alas de la nariz se abren, viene el golpe de atrás, decía Chong Seo Lee. Y será fuerte como un tsunami, formado en el repliegue, a partir de la inspiración forzada, moverá las masas completamente.

POTENCIAL DE SITUACIÓN,
SHI

Traga sin masticar, sin digerir siquiera con las enzimas de su saliva, todo lo que la psicología, la filosofía y los libros de autoayuda hacen llegar a las librerías, mientras tanto se esfuerza en sostener su trote. Cree en el entrenamiento-moneda de cambio. Si se esfuerza, si corre todos los días, tarde o temprano recibirá su recompensa. Imagina el escenario futuro: la lucha. Visualiza. Dicen los psicólogos deportivos que funciona. Imagina como se verán sus rivales, los gestos, sus capacidades, sus trampas. Imagina los cuerpos frente a frente, el saludo, el inicio. Se observa desde afuera como un Dios todopoderoso, como si estuviera en la butaca de un cine. Luego siente el cuerpo, cada músculo, la guardia bastante abierta, confiada. Prepara su pierna adelantada. Le gustaría puntear, puntear, bajar la pierna, engañar, y ahí sí, con todo, afirmarse, pivotear y doblar al medio a su rival, terminar con un puño a la cara, hacerse a un lado con liviana superioridad. Puede visualizar como entra y sale limpio. También puede ser diferente, si su rival es quien puntea primero, bloqueará con el antebrazo y, utilizando el envión, girará *twidollyo chagui* a la cabeza. Su giro es muy bueno, es rápido, es justo, es hermoso. Lo visualiza una y otra vez, días y días, mientras corre, mientras levanta pesas. El modelo ideal. Finalmente, llega el momento, está ahí, se saludan. Pero el cuerpo pesa demasiado, las piernas pesan, sabe lo que tiene que hacer, lo que debería. Y lo intenta, despliega lo visualizado, pero no sólo no funciona, sino que sus ojos han sido cegados por un enjambre de puños escasamente técnicos. *Un tropezón no es caída.* Vuelve a intentarlo, y vuelve a terminar en un sucio enredo. Dos tropezones. Tres. El tiempo de la lucha es corto y nada resulta como lo imaginó. No se ajustó la realidad a su modelo mental. Fueron horas de nada y un plan devastado. La lucha se perdió. El método falló, la transacción ha sido ilógica.

*

En la lucha, los planes, los modelos, la imaginación creativa que previamente despliega uno a uno los detallados pasos del triunfo, incluso los objetivos, caen demasiado fácil. Su escenario es complejo, cambiante, siempre imponderable. La lucha es siempre nueva, distinta, impredecible. En un instante, la información se reúne y hay que cortar, decidir. Con lo que se tiene entre manos, el estratega evalúa el potencial de situación, el *shi*[203], para explotarlo a su favor. Intenta que las circunstancias jueguen a su favor, hacer que los otros, el rival, el adversario, compitan por su puesto, y las consecuencias sigan su curso, como el río en su camino hacia el mar. "El éxito está predeterminado por la situación"[204].

*

François Jullien en su maravilloso y breve libro, *Conferencia sobre la Eficacia*, analiza el pensamiento chino para tomar distancia de su propio pensamiento, el occidental, que no es más que la decantación del pensamiento griego. Jullien analiza "eso a partir de lo cual pienso y que, por ese motivo, no pienso". Los occidentales somos alumnos e hijos de Platón y su mundo de las ideas, sus formas ideales. Siguiendo este principio, la forma griega de concebir la eficacia (de cualquier cosa) puede resumirse como: "para ser eficaz, construyo una forma modelo, ideal, cuyo plan trazo y a la que le adjudico un objetivo; luego comienzo a actuar de acuerdo con ese plan en función del objetivo" (Jullien, Conferencia sobre la eficacia, 2005).

En la guerra occidental se generan imprevistos en la praxis, atascamientos en el modelo. "La guerra es aquello que en el curso de las operaciones siempre se desvía respecto de lo que se había proyectado" (Jullien, Conferencia sobre la eficacia, 2005) y requieren, entonces, el golpe de genio de su general, requieren adaptación a las circunstancias, *circum-stare*, lo que está alrededor. Hay fricción. Está lo que no se pudo prever: las lluvias, la nieve, la niebla, el animal que pierde la herradura.

Los chinos no tienen ninguna de estas ideas. Tiene la noción de *shi*, potencial de situación, de facilitador, de *ji*, evaluar, sopesar.

---

[203] Potencial de situación, *shi*, el estratega es invitado a partir de la situación, no de una situación que previamente ha modelizado, sino de esta situación en la que me encuentro y en medio de la cual trataré de identificar donde se encuentra el potencial y cómo explotarlo (Jullien, Conferencia sobre la eficacia, 2005).

[204] « *Le succès est prédèterminé par la situation* » (Jullien, Traité de l´ efficacité, 1996).

186

El concepto *shi* trata de partir de la situación, de identificar el potencial, de explotarlo. Algunos estudiosos del Sun Tzu lo traducen como: ventaja estratégica. El arte de la guerra es *shi* (pronunciado como afirmativo, "seguro"). Aunque la traducción va más allá, y *shi* trata más bien de "una idea compleja peculiar de la tradición china, y se resiste a la traducción fácil de fórmulas" (Tzu, Sun & Ames, R. T., 1993).

Siguiendo el Sun Tzu, "todas las situaciones determinadas pueden ser aprovechadas. El comandante capaz puede crear diferenciales y, por lo tanto, oportunidades al manipular su posición y la posición del enemigo. Al desarrollar una comprensión completa de esos factores que definen la relación de uno con el enemigo, y al controlar y moldear activamente la situación para que las debilidades del enemigo estén expuestas a la fuerza adquirida, uno puede manejar la fuerza de las circunstancias hacia la victoria. Todas las cosas y eventos que tienen una forma o disposición distintiva pueden nombrarse, y todas las cosas que pueden nombrarse pueden prevalecer" (Tzu, Sun & Ames, R. T., 1993).

*

Los hijos meióticos de la forma de pensar profunda y arraigada de un occidental y del padre extraño oriental, generan híbridos a veces geniales, a veces idiotas. Valoramos en términos de objetivos logrados, de éxito occidental, la aplicación de una herramienta que nació otra, pero la convertimos a nuestra fe. Aplicar recortes del tratado de Sun Tzu a cualquier cosa ya es una noción occidental, por el mero hecho de ser *aplicada*. Un medio para conseguir un fin.
*

Bateson, propone lo siguiente: "Supongamos que el sistema de acontecimientos externos contiene detalles que puedan decir al organismo: a) en qué conjunto de alternativas debe elegir su próxima jugada; b) qué miembro de ese conjunto debe elegir. Tal situación permite dos órdenes de errores: 1) El organismo puede emplear correctamente la información que le dice de qué conjunto de alternativas debe elegir, pero elegir la alternativa errónea dentro de ese conjunto; o 2) Puede elegir del conjunto equivocado de alternativas. (Existe también una clase interesante de casos en la cual los conjuntos de alternativas contienen miembros comunes. Entonces le es posible al organismo "acertar", pero por razones

erradas. Esta forma de error es inevitablemente autorreforzante)"
(Bateson, 1972 [1998]).

*

Cuanto más novato el luchador, más caerá en la tentación de usar
su patada preferida, porque le gusta, porque le sale, porque el
movimiento es vistoso.

A veces, se espera que el luchador dé un show y muestre lo que
puede hacer. A veces, se le mete algo en la cabeza y es un virus
creciendo mientras el tiempo de la lucha se extingue.

Para luchar es necesario despojarse de todo. No quedar fijado a
nada. Esto es un obstáculo para la evolución de la situación. Lee
decía: "no estés nunca fijo o tenso sino permanece preparado y
flexible".

*

En el modelo occidental, entre el objetivo ideal, el modelo, y lo
logrado, siempre hay un resto inaprensible. Hay medios y fines.
Hay un *telos*, un objetivo fijado. Los chinos no han desarrollado
estas ideas, sino el *li*, el interés y el beneficio. No hay un modelo, y
luego un evento que termina en victoria o derrota. Hay evolución
de la situación, donde se detecta lo favorecedor y desfavorecedor, y
se lleva agua para el propio molino. Cuando el otro ha quedado
inseguro es el momento. Solo se lanzan al combate cuando el
enemigo ya está derrotado[205].

*

Entonces, está la situación y el luchador que capta la situación para
evaluarla.

Y la situación de lucha es un pequeño universo redundante.

Información plena de redundancia. Lo mismo se muestra de
distintas maneras simultáneamente: el miedo, se dice con la

---

[205] "El gran estratega no proyecta (un plan) identifica, detecta, en medio
de una situación, los factores que le son favorecedores, para luego
incrementarlos, al mismo tiempo que disminuye los que serán favorables
para su adversario. Así es como lo arrastra a un proceso que lo conduce
progresivamente a un estado de desestructuración, desamparo e
inseguridad en el que pierde su potencial. El término inseguro es
significativo: poco a poco el adversario pierde seguridad, a tal punto que,
cuando finalmente lo ataco, ya está perdido. Mejor dicho, solo me lanzo al
combate cuando él ya está derrotado, con lo cual ya lo ha vencido. Esa es
la gran regla de la estrategia china" (Jullien, Conferencia sobre la eficacia,
2005).

respiración, con las pupilas, con el vello de la piel erizándose; el ataque en ciernes se dice con un cambio de tono corporal, de respiración; la entrega también tiene su lenguaje. El juez desatento o aversivo es más que un resultado final desfavorable, es una mirada distraída, un fervor oculto, un respiro pausado.

El combate es un cambio constante, que constantemente aporta información sobre el instante.

La información es redundante, porque un mismo fenómeno se dice con distintas voces y porque recogemos voces con distintas fuentes. Tenemos vías paralelas por donde fluyen los datos. Auditivos, visuales, térmicos, de prensión, dolorosos.

*

Y de lo que no hay doble, hay parte y el luchador posee un sistema hábil en hacer inferencias. Con la parte construimos el todo. Vemos media manzana y sabemos que, en la mayorá de los casos, detrás tiene su otra mitad. Las manzanas no crecen en el árbol por mitades[206]. De aquí parte del desconcierto que causa en el observador la pipa de Magritte.

*

La lucha es la gran situación cósmica y fantasmal. Se rehúsa a la predicción.

El artista de la lucha baila el baile que se deja oír.

---

[206] Cuando un observador percibe solo partes de una secuencia de configuración de fenómenos, en muchos casos está en condiciones de conjeturar las partes que no puede percibir de manera inmediata (Bateson, 1972 [1998]).

189

Principio de la Dominación

Según el maestro Ji Han-Jae[207] es preferible dominar a golpear.
Lo que frena es la mente.
La mente que anticipa el miedo al dolor, no el dolor en sí mismo.
Lo que detiene la acción no es el hecho consumado sino el miedo, el miedo al daño, al dolor, a la imaginaria tragedia que vendrá. Ante el hecho consumado el límite se habrá sobrepasado y el rival encontrará en sí mismo una nueva fortaleza.
Cuando el daño, el dolor, es parte del pasado, sin distinciones de intensidad, poco, fuerte, exagerado, pierde su importancia, se soporta y solo queda lugar para la venganza, el resentimiento, la elucubración.
Lo peor pasó, la realidad es. Sólo ante la perspectiva de futuro se siente miedo, cuando las cosas están por suceder, cuando hay un cuerpo indemne. Se teme mucho más a lo imaginado que a lo real.
La imaginación es grandiosa. Lo real tiene estatura, por grande que sea, es tangible, medible. Lo imaginado podría ser un dolor sin fin, espantoso, inaguantable, lo imaginado podría ser el amarre eterno con cadenas y pernos a rocas gigantes, verse devorado por cuervos, alimañas, lentamente cercenado.

---

[207] Ji Han-Jae es un gran maestro radicado en San Francisco, Estados Unidos de Norteamérica, fundador del *Sin Moo Hapkido*. En el año 1992 una delegación de la Escuela Argentina de Taekwondo, liderada por Pedro Florindo viajó a las ciudades de San Francisco, California y New York, a recibir clases de actualización. Entre los miembros del grupo se encontraban Alejandro González, Carlos Gómez de Olivera, Aldo Zimmerman, Armando Carabajal y su hermano Jorge, F. Bruzzone. Manuel Adrogué (el menos graduado del grupo quien, en ese entonces, oficiaba como traductor oficial), Juan Carlos Piñero y Gustavo Corino, estos últimos fueron mis primeros profesores. De regreso, trajeron algunas clases filmadas (uno de ellos tenía devoción por verse en la pantalla) y unas copias en hojas tamaño oficio, mecanografiadas con algún método primitivo donde figuraban los principios del Sin Moo Hap Ki Do, que me proveyeron de información sobre la cual reflexioné largamente.

Mejor, entonces, como dijo Ji Han-Jae, es mejor *dominar que golpear*, romper, partir o amoratar. Si se golpea al otro, tanto sea porque fue parte de una defensa, de un ataque, o por error, el rubor, la inflamación, el calor del golpe, el dolor y la impotencia funcional, serán caldo de cultivo para una reacción de venganza, un devolver golpe con golpe.

Cada minuto que el herido observa su brazo roto, su pierna amoratada, su ojo azul, la cortada de bordes púrpuras, el gran tumor de la revancha crece dentro de su corazón, se fortalece con cada hora agregada de elucubración. La puteada al agresor, no cesará, la búsqueda del culpable e, incluso, instantáneamente, pueden las hormonas, las endorfinas, la espesura líquida de la ira, alistar el cuerpo más desmembrado para el ataque.

A daño completo, no hay más que perder, que pierda el otro.

*

Una opción es dominar en el campo de la acción. Ver a través del cuerpo del rival su estructura de sostén, el conglomerado de articulaciones, reconocer los grados de movimiento restringidos en cada una y buscar esa restricción, ese grado de movimiento máximo. Lo que se llama controlar a través de palancas, de presiones en zonas débiles, puntos álgicos, si se llevan al límite las articulaciones, el dolor generado por la tensión en las cápsulas, en el sistema tendinoso, en los músculos estirados, la sensación de tope en el rango de movimiento, producen en forma de protección refleja un estarse quieto que, de forma arcaica, tiende a evitar la posible lesión.

Nuestros reflejos se activan sin consentimiento[208], y nuestro cuerpo cree en ese dominio.

---

[208] A modo de ejemplo, la actividad muscular es regulada por la intervención de receptores propioceptivos. Estos pueden producir respuestas reflejas y/o llevar información al Sistema nervioso central. En el huso neuromuscular se originan dos reflejos, el reflejo miotático y el reflejo de flexión. El reflejo miotático ante el estiramiento muscular desencadena el reflejo que produce la contracción del mismo músculo. El reflejo polisináptico de flexión produce la contracción de los músculos flexores y la inhibición de los extensores antagonistas (Loyber, 1999). El órgano tendinoso de Golgi se encuentra en los tendones, y al activarse, indicando un aumento excesivo de tensión muscular, el reflejo actúa inhibiendo el músculo. Este efecto puede ser tan grande que puede producir la relajación brusca de todo el músculo, por lo cual también se lo

*

El luchador deberá saber que si sigue insistiendo en romper. El daño probablemente no sea suficiente para detener al agresor, no será tan maligno como ambos imaginan.

Muchos artistas marciales fantasean: ante un ataque callejero podrán enganchar en un santiamén el brazo del agresor despojándolo de su cuchillo, de su puño letal, de su pistola, rompiéndole luego el codo u otras articulaciones con una palanca. Esto no solo dista de la realidad, las articulaciones son sumamente resistentes, sino que el riesgo subsiguiente sería demencial. Un rival doblemente enfurecido rebalsa anestesia propia y estimulación endógena. Los sistemas protectores exageran. Lo relevante no es el nivel de daño que efectivamente pueda tener lugar sino la percepción del posible daño que estimula la respuesta refleja. Lastimar no es negocio.

La coacción, el temor, son las fuentes de la dominación.

*

Así como en un ataque de pánico la gente sufre miedo al miedo, pánico al pánico, y a cada nueva señal de un posible episodio, se descarga la catarata sintomática completa, y en su repetición se conforma el trastorno, así se facilita la dominación de una forma más segura.

Dominar significa que el otro crea que podríamos dañarlo si quisiéramos.

Sea esto real o no.

*

Ante el ataque consumado, golpear es una acción escasa, dominar es mejor. Golpear es dar una prueba de los límites, de límites que siempre son palpables, pobretones, humanos. El poder se acrecienta en la mente del rival y, bien llevado, genera incluso, algo parecido al prestigio[209].

---

llama reacción de alargamiento (Guyton, Arthur C. & Hall, John E., 2016). Mas o menos entre 0.2 y 0.5 segundos después de que cualquier estimulo suscite un reflejo flexor en una extremidad, la extremidad contraria comienza a extenderse. Esto se denomina reflejo extensor cruzado (Guyton, Arthur C. & Hall, John E., 2016). Como estos existen otros reflejos posturales y locomotores, como la reacción de apoyo positiva, reflejos medulares de enderezamiento, reflejo del tropezón, reflejo de marcha reciproca en extremidades opuestas, etc.

[209] Casi todos los vertebrados poseen vías autónomas para procesar las

El padre clásico imponía su autoridad de poder sobre el niño, existía una amenaza implícita de castigo ante el paso fuera de su ley, pero este paso de lo simbólico a lo real rara vez ocurría. Quien lo hizo real, quien actuó, golpeando, dando cintazos por la espalda, solo logró que el hijo deje de temer, pierda el respeto, y abandone a su padre.

El poder de lastimar, como la coacción, es mejor no efectivizarlo.

---

amenazas y el miedo, que resultan en respuestas de "lucha", "huida" o "congelación" y, por lo tanto, es probable que medien las interacciones en las jerarquías de dominancia. Los mamíferos, sin embargo, poseen una vía adicional, filogenéticamente más nueva, dedicada a suprimir tales respuestas defensivas al servicio de promover la afiliación social o el compromiso. Aquí, argumentamos que esta fisiología de mamíferos apoya un sistema jerárquico alternativo único para los humanos: el prestigio. En contraste con el dominio, que implica aversión, miedo y vergüenza, las jerarquías de prestigio se caracterizan por la proximidad física y el contacto visual, así como por emociones como la admiración y el respeto por los líderes (Lenfesty, H. L. & Morgan, T. J. H., 2019).

ELECCIÓN DEL BLANCO Y
DE LA TÉCNICA

El blanco, la diana de cada técnica, no es la masa gigante que nos enfrenta. No es ese todo de la cabeza a los pies sino un pequeño espacio, un sector, un objetivo delimitado, calculado, posible, específico y reducido. Cuanto mayor sea la maestría del luchador más pequeño será el blanco.

Blanco, diana, objetivo, *cible*, *target*, es el producto de la reducción del todo a su porción más vulnerable en relación con quien dispara. Y dura un segundo. De las innumerables técnicas, de las infinitas acciones que puede realizar un artista, una entre todas será más conveniente a ese blanco, a esa diana, a esa porción, en ese momento, en ese lugar, aunque quizá parezca más débil o más desaventajada que otras en otro momento, en otro lugar, para otro blanco.

*

A los libros de artes marciales no suelen faltarles imágenes del cuerpo desnudo, de frente y de espaldas, en donde se han señalado, muy al estilo oriental, puntos vitales. Esas oscuridades destacadas en las imágenes, traducidas por nosotros, los occidentales, suelen entenderse mágicamente como puntos mortales. Meridianos, cruces místicos de los que depende la vida, puntos extraordinarios solo accesibles para entes de ojos rasgados. Los libros de anatomía occidental no le van a la zaga, aunque con menor grado de misterio, quintando la piel y la amarilla capa de grasa desentrañan los secretos del cuerpo humano.

Pero en la lucha jamás los accidentes y las prominencias, las vulnerabilidades, se sitúan en donde se esperan.

Las variaciones anatómicas estarán a la orden del día. Las variaciones de resistencia estarán a la orden del día. La referencia y el sitio se oscurecerán como en una tormenta de arena, mapa y territorio, irreconocibles.

En la lucha no hay tiempo para mediciones y radiografías, para situar exactamente la línea de la incisión. Y no tiene derecho a reclamo si el rival no calza con la figura ideal de los rivales. El luchador no elige su blanco por instrumentos, según un plan perfecto, no apunta sólo al talón de Aquiles.

El luchador elige el blanco en la carne viva. Un blanco que dura un instante.

Elige tomando en cuenta los cuantiosos mapas, la historia, pero más que nada, elige sobre la debilidad y la posibilidad del momento.

*

Porque el blanco, en sí mismo, no existe. El blanco no se refiere, como cita su definición, solo a la diana, el punto central de un blanco de tiro, centro, objetivo, foco. Blanco, proviene del germánico *blank*, de *blinken*, brillar. Si uno se va, si uno deja de pensarlo, el blanco deja de existir.

El blanco existe en la mente que relaciona una cosa con otra.

La mente es esa relación entre un sitio y otro. Entre el foramen infraorbitario, en la cara externa del maxilar superior, justo donde ve la luz el nervio facial, el maxilar, y el paquete nervio-vena- arteria infraorbitarias por un lado y, por otro, la superficie condílea del extremo distal del segundo y tercer metacarpiano. En esa relación entre lo golpeado y lo golpeante nace el blanco. La emergencia de ese paquete infraorbitario de órganos nobles se llamará blanco y los nudillos del puño se llamarán arma, herramienta de impacto de una técnica que comienza a tener sentido conforme crea su blanco.

*

El blanco comienza a existir cuando comienza a ser pensarlo.

Y ese inicio debe estar siempre en relación con una técnica específica, posible, real.

El blanco y la técnica se relacionan íntimamente. No se puede luchar pensando que uno sale a tirar una patada determinada, y que el mundo se acomodará a los deseos. Yo salgo con un cañón así que espero que el rival se ponga lo suficientemente lejos, pero no demasiado.

El blanco y la técnica son fluctuantes. El libro y el lector, la pintura y el observador. El martillo y el clavo se eligen juntos, el puño y la costilla, la punta de los dedos y los huecos blandos, el dedo del pie y la esfera líquida del ojo. Fijar cualquiera de los dos con independencia del otro, puede requerir de lo excepcional y azaroso para ser posible. Y ese no es el campo del arte.

Por eso, como los amantes, algunos blancos, en algunos momentos, solo se corresponden con algunas técnicas y no otras.

*

196

El blanco es móvil y dura un instante.

La técnica es móvil y dura un instante.

La técnica siempre implicará una variación adecuada al momento, que se reconoce en el modelo técnico ideal, pero se adapta a la situación, a la potencia, al deseo de sumisión.

*

La elección del blanco y la elección de la técnica, pueden considerarse dos elementos o uno, conjugado y primero, entre los necesarios para la correcta adecuación o aplicación de cualquier destreza marcial, sea patada, golpe de mano, lance, etc. Otros elementos implicados son el *timming* o momento justo, la potencia (velocidad y fuerza), y la distancia.

El maestro Florindo los llamaba *elementos del foco*. Él se había formado cursando estudios en física en la Universidad de Buenos Aires, y empapado con las ansias modernistas predominante en las instituciones de siglo pasado, sumadas a su propia necesidad de obtener explicaciones y generar contextos racionales en las artes marciales, se obligó íntimamente a buscar fórmulas, listas y reglas para facilitar la enseñanza del Taekwondo.

Solía decir: *"cuando los cinco elementos del foco están en buena relación, la técnica podrá ser realizada correctamente según los principios del arte marcial"*. No afirmaba su enseñanza en las palabras de otro, de gracia inconmensurable, sino en argumentos claros, por eso su taekwondo era taekwondo pero no se parecía al de nadie.

*

Se elige y la elección muta en el camino.

La elección de la técnica no implica que esta se realice en su forma ideal, o correcta. Dependerá de la aplicación. El combate no es el mismo en la calle, en el dojang, en competencia. En cada espacio hay una ley, hay reglas. En la lucha deportiva nunca se buscará una técnica perfecta ideal. Ya que esta implicaría máxima potencia. "Al exigirse contacto controlado se sacrifica el desarrollo de técnicas de máxima potencia"[210].

---

[210] En la nota *Las técnicas correctas y las técnicas de combate*, Florindo explica que, *en el combate deportivo, donde se exige contacto controlado, se sacrifica el desarrollo de técnicas de máxima potencia*. El objetivo principal es marcar puntos. Así, en las competencias se modifican permanentemente las técnicas en aras de estos objetivos (Florindo P. , 1992).

El efecto que pretendo conseguir al llegar al blanco

Romper lo profundo, atemorizar, provocar dolor, detener, empujar, lastimar, provocar conmoción en las vísceras, alterar la percepción sensorial, dejar sordo, ciego, mudo, asfixiar, controlar, guiar, someter, reducir, hacer que calle, hacerlo gritar, quitar la vida, devolverla. Ninguna de estas situaciones es igual a otra. Una misma técnica puede pretender cientos de objetivos diferentes y conseguirlos.

No importa en sí golpear, sino lograr algo determinado sobre el oponente, el rival, el agresor.

La técnica no es nada en el aire. Una sembradora funcionando dentro de un galpón, bajo la lluvia, en charcos y lagos, no sirve para nada.

No es el objetivo golpear sino lograr un efecto esperado sobre el blanco. Y esto es lo que hace en verdad que la técnica se convierta de un modelo ideal general en un elemento artístico único. Intrasferible a cualquier otra situación contextual.

Y cada contexto pide a la técnica una sumisión determinada y única. Una variable justa.

*

Los huesos tienen tres grandes funciones, una es proteger[211]. Hay huesos largos, cortos, planos o anchos, y huesos que no son ni largos ni anchos. Irregulares. Los anchos protegen, se reúnen para hacerse armadura, para encerrar en el pecho los órganos más vitales y nobles, el corazón, los pulmones. Romper un hueso plano deja vulnerable la víscera que este protege. Romper un hueso largo deja al animal sin movimiento.

*

Para romper, hay que ser una cizalla, o flexionar hasta el límite. El tejido cerebral tiende a deformarse después de la aplicación de fuerzas de cizallamiento, y aproximadamente el 90 % de las

---

[211] Los huesos tienen tres grandes funciones: de movimiento, de protección y de sostén.

tensiones de cizallamiento totales producidas pueden atribuirse a la aceleración rotacional[212].

*

Para hacer que un órgano altere su función sin romperse, Hay que estropear su retroalimentación. Los sistemas con los cuales está conectado. Para alterar el cuerpo entero hay que alterar el vestíbulo, enceguecer la mirada, ensordecer al capataz.

*

Para volver impotente, hay que dejar sin aire, se mueve el piso donde asienta la respiración, se hacen flamear los pilares del diafragma. La base tiembla y la boca se abre locamente.

*

Si quiere transferirse fuerza, empujar, se debería elegir la técnica que permita una adecuada transferencia. Algunos dicen que el golpe con la palma de la mano es más efectivo que el puñetazo para desarrollar fuerza y transferir impulso, muy probablemente como resultado de un número reducido de articulaciones y eslabones rígidos[213].

*

Pero no hay forma concreta de decir ni predecir los efectos. No hay científicos que puedan analizarlo en situaciones reales[214]. Es parte del arte. Intuir por experiencia el efecto que se pretende.
Y, conocer. Conocer los efectos como se conoce de historia. El oído de hojalata[215], los efectos de la aceleración rotacional sobre los

---

[212] En (Lota, K. S., Malliaropoulos, N., Blach, W., Kamitani, T., Ikumi, A., Korakakis, V., & Maffulli, N., 2022).

[213] Véase el estudio de (Bolander, R. P., Neto, O. P. & Bir, C. A., 2009).

[214] Aunque existe cierto conocimiento sobre las capacidades de puñetazos en diferentes escenarios, en su mayoría relacionados con deportes y/o artes marciales con intensidad de puñetazos medida por diferentes métodos, hasta donde sabemos, no existe un estudio exhaustivo que se concentre en los aspectos forenses de varios tipos de golpes y puñetazos con comparaciones intraindividuales e interindividuales (Adamec, J., Hofer, P., Graw, M. & Schöpfer, J., 2021).

[215] El epónimo "síndrome del oído de hojalata" describe hematomas unilaterales definidos en el oído, evidencia radiográfica de edema cerebral ipsilateral con obliteración de las cisternas basilares y retinopatía hemorrágica. La aceleración rotacional producida por un traumatismo cerrado en el oído se muestra como una causa necesaria y suficiente para la producción de este síndrome. Un valor aproximado de 4.670 radianes/s 2 producido por una fuerza de 309 a 347 N (70 a 80 lb) produce tensión

traumatismos cerebrales[216] , las neuropraxias por golpes en puntos de presión[217], las fracturas, los esguinces por movimientos extremos o golpes en zonas determinadas.

No hay un manual que diga a qué golpe le va qué efecto, por eso, y como ejercicio mayúsculo de la responsabilidad, hay que investigar los umbrales como se investiga la resistencia de un cristal.

*

No todas las peleas son a muerte, no todos los enfrentamientos deben terminar en lesión, en rotura, en órganos atónitos. No siempre hay que pegar con todo o usar el arma más mortífera. A veces, simplemente, el efecto buscado es el mero fin del encuentro y solo alcanzan un par de pasos para hacerlo desaparecer.

---

de cizallamiento y desgarro de las venas subdurales, pérdida del tono vasomotor cortical, hiperemia cerebral, hernia y muerte (Hanigan, G. & Peterson, R., 1987).

[216] Por ejemplo, la lesión cerebral traumática (TBI) en los deportes de combate es relativamente común, y la aceleración rotacional (RA) es un fuerte predictor biomecánico de TBI (Lota, K. S., Malliaropoulos, N., Blach, W., Kamitani, T., Ikumi, A., Korakakis, V., & Maffulli, N., 2022). Según este estudio probablemente sea mayor la aceleración rotacional generada por golpes directos en la cabeza en comparación con ser arrojado o derribado. Así como cuando fueron producto de lanzamientos y derribos la aceleración estuvo mayormente por debajo de los umbrales de lesiones informados.

[217] Véase en Neuralgia traumática por golpes con puntos de presión en las artes marciales (Kelly, 2008).

El tiempo de la acción

Está el tiempo que dura la lucha, es el tiempo de *Kronos*, medido por el irreversible tic tac del reloj, por el conteo de las transiciones del átomo de cesio 133. Pero hay también otros tiempos. Un *Aion*, que es el momento eterno, ingenito e inmortal. Y un tiempo adecuado, oportuno llamado *Kairós*. Ese el tiempo en donde acontece el cruce, el golpe que intercepta la patada y da en el blanco, luminoso[218]. Eric White Charles lo describe como: "el instante fugaz en el que aparece, metafóricamente hablando, una abertura (o sea, el lugar preciso) que hay que atravesar necesariamente para alcanzar o conseguir el objetivo propuesto".

---

[218] Según Núñez (Núñez, 2007), las diferencias entre las distintas concepciones del tiempo se esconden tras los conceptos de Kronos, Aión y Kairós. En la mitología griega, desde siempre, el cielo y la tierra estaban unidos. El falo del cielo estaba metido en la tierra siempre y no permitía que nada saliera del vientre de ella. Kronos, dios de la génesis, aparece en el seno de la tierra. Es hijo de cielo y tierra, y su acción principal es castrar al padre. Al castrar al padre cielo y tierra se separan y entre ellos comienzan a aparecer todas las cosas de este mundo, incluidos nosotros, mortales. Se da lugar al orden cósmico. Génesis. Por el contrario, el dios Aión, no es ningún dios genético. Siempre está. No nace, no es originado. No tiene que sublevarse contra nada, y no tiene que comerse nada para ser eterno. Tan sólo da. Sus imágenes son dobles: Por un lado, se le presenta como a un viejo. Señor del tiempo y de lo que no se mueve, de lo que no nace ni muere, de lo perfecto. Esta tercera divinidad es menor (en el mejor de los sentidos de la palabra). No es un gran dios de lo eterno, sino un diosecillo, un duende, un *daimon* o demonio, que llamarían los griegos. Kronos: el tiempo del reloj, del antes y el después. Aión, el tiempo del placer y del deseo donde el reloj desaparece… El Momento oportuno se le llama a Kairós. Ocasión. En griego se utiliza en atletismo, el punto justo donde un atleta tiene que entrar para ganar. En surf el momento en el que se coge la ola, el pliegue, antes no se puede y después tampoco, o caerás, sólo se puede permanecer en equilibrio en algo tan inestable y peligroso como una ola si uno se introduce en el momento oportuno. El Kairós, el instante. Es un tiempo, pero también un lugar, un espacio distinto del espacio de la duración o del recorrer las manillas del reloj.

*

En una determinada situación de lucha, en un tiempo infinitamente pequeño, la información se agolpa en el sistema central, se procesa, el luchador evalúa, decide, se abre la brecha infinitamente corta del momento justo, donde hay cálculo de tiempo, velocidad de lo que viene, cálculo de lo que va, adecuación de parámetros para coincidir en el clímax del golpe.

En este punto de sincronía casi sexual es donde confluye y explota todo, potencia, velocidad, equilibrio, belleza, contacto. Antes o después, es onanismo puro. Es un voleo al aire, un desgaste inútil de energía.

*

En combate se usa la voz inglesa *timing* para no confundir un tiempo con otros tiempos, el cronológico, el subjetivo, el tiempo emocional.

Timing se entiende como la habilidad para reconocer el tiempo adecuado, la habilidad de reconocer el momento exacto y aprovechar la oportunidad para una acción[219].

Bruce Lee también lo llama sincronización.

Al que posee una buena medida de esta capacidad se lo llama tiempista. Así, un tiempista es aquel que puede dar una respuesta a lo impredecible en el momento justo en que aparece. El que recibe se hace respuesta en el momento justo.

*

El *timing* se interrelaciona existencialmente con los demás elementos del foco. Técnica y blanco se encastran en un espacio diminuto. El tiempo de la acción de respuesta y el tiempo de que tarda en desplegarse la respuesta se pegan, se relacionan. Velocidad y potencia son vasallos, primos hermanos, nociones dependientes de variables temporales, tiempos relacionados con otros tiempos.

*

El tiempo del *timing*, ese momento perfecto, puede aprovecharse instintivamente o provocarse. Para provocar el momento justo hay que alejarse de los ritmos predecibles. La lucha no lleva el orden

---

[219] *Timing* significa la habilidad de reconocer el momento exacto y aprovechar la oportunidad para una acción. El timing puede analizarse mediante sus aspectos físicos, fisiológicos y psicológicos. El momento perfecto puede aprovecharse instintivamente o provocarse conscientemente. *Un buen luchador debe sentir, más que percibir, su oportunidad de golpear* (Lee, El Tao del Jeet Kune Do, 1975/2014).

intrínseco del baile. No es rítmica. No es ondulante. El estímulo es súbito, imprevisible.

Pocas veces el momento óptimo puede encontrar al luchador en un punto ideal de partida, no suele ser lo frecuente, siempre estará o bien regresando, o bien adelantándose, pocas veces en el sitio justo. Puede ser necesaria la respuesta rápida o algo lentificada, acelerada sólo al final o desacelerada, como quien frena ante el barranco ecoico.

Lo arrítmico es la clave. El blanco se mueve, la mano que sostiene el arma se mueve, su unión necesita adecuación, flexibilidad. El ojo a veces ve y a veces no. El cuerpo a veces reacciona y a veces no. Hay tiempos chiquitos en cada leve engranaje y un tiempo mágico de mágico origen que guía al luchador experto.

*

Luchar es dominar el tiempo. Perder al otro en nuestras probables intenciones.

El salto acompasado, que tantas veces se ha puesto de moda en combates deportivos vuelve al luchador previsible. Lo sitúa en fase. Y uno de los dos será el líder. El que muestre sus movimientos rítmicos en el cuerpo se volverá carne de cañón.

Descubrir el ritmo en otro cuerpo es encontrar el blanco y la oportunidad. Somos demasiado musicales[220].

---

[220] Los compañeros de interacción humana tienden a sincronizar sus movimientos durante acciones repetitivas como caminar. La investigación de la coordinación interhumana en tareas de acción puramente rítmicas revela que los patrones de interacción observados están dominados por efectos de sincronización (Mörtl, A., Lorenz, T., Vlaskamp, B. N., Gusrialdi, A., Schubö, A. & Hirche, S., 2012). Los movimientos rítmicos de los individuos acoplados informacionalmente están restringidos disposicionalmente a patrones en fase (una relación de fase relativa estable de 0 °) y antifase (una relación de fase relativa estable de 180 °) de comportamiento uno a uno. sincronía, y puede entenderse y modelarse utilizando la misma dinámica de oscilador acoplado que se sabe que subyace a la coordinación intrapersonal entre miembros (Richardson, M. J., Harrison, S. J., Kallen, R. W., Walton, A., Eiler, B. A., Saltzman, E. & Schmidt, R. C, 2015). También es interesante ver cómo pueden surgir los roles de acción complementaria naturalmente durante el comportamiento de acción conjunta en curso. Los procesos dinámicos que sustentan la conducta de acción conjunta compleja bien pueden caracterizarse por la inducción y el mantenimiento de relaciones interagentes asimétricas, con cambios en la simetría de la conducta de acción conjunta que marcan el

Los entrenamientos con música de fondo tienden a marcar su ritmo intrínseco en el automatismo inconsciente. Tendemos a responder a las estructuras rítmicas, el compás. Seguir un ritmo ajeno debilita al luchador. Lo hace ir tras él como si fueran sirenas. Lo vuelve vulnerable. Las órdenes del instructor deben tener en cuenta el tiempo, sus características, y usarlo a favor.

*

Timing es el espacio mínimo entre la desnudez del blanco y el ataque, entre el brillo del golpe y su defensa, ese espacio temporal sin pensamiento.

Y este tiempo justo no se trata del apurarse desquiciado para que el golpe llegue primero. Es lo justo para algo. Y puede ser que ese algo busque anticipar, cortar, contraatacar, atacar directamente.

El Libro De Los Cinco Anillos dice: "existen tres formas de tomar la iniciativa. Una consiste en adelantarse atacando al adversario por propia iniciativa; a esto se llama adelantarse a partir del estado de suspensión. Otra forma es adelantarse al adversario que os está atacando; a esto se llama adelantarse a partir del estado de espera. Pero otra se presenta cuando el adversario y vosotros atacáis simultáneamente; a esto se llama adelantarse en un estado de confrontación recíproca" (Musashi, 1643 (1996)). Cualquier sea, la intención no se demora en confundirse con la acción cuando es bella.

*

Hay otras nociones relacionadas con el tiempo que también deben sopesarse como parte del potencial de situación. Por ejemplo, el luchador debe tener en mente la duración de la lucha, sea esta reglamentada o no, debe tener en cuenta cuánto tiempo él será capaz de resistir un determinado esfuerzo. El individuo en la calle debe pensar en cuánto deberá esperar para que llegue la policía. También hay tiempo de reacción neurológica, muscular, tiempo de respuesta, duración de un cierto rendimiento.

---

surgimiento de órdenes superiores o inferiores de actividad social y coordinación complejas y complementarias (Richardson, M. J., Harrison, S. J., Kallen, R. W., Walton, A., Eiler, B. A., Saltzman, E. & Schmidt, R. C, 2015). Sobre estos roles, en el estudio de (Bosga, J., Meulenbroek, R. & Cuijpers, R., 2010) los hallazgos indican que las díadas del experimento mostraban características de liderazgo-articulación a nivel intrapersonal que estaban subordinadas a la estrategia de "líder-seguidor" a nivel interpersonal.

*

Hay que tener en cuenta que muchas veces muchos tiempos se modifican por factores múltiples, como la fatiga[221]. Lee analiza en

---

[221] Diversos estudios tratan sobre la relación entre tiempo de reacción y fatiga. Ravelka & cols (2020) estudiaron la relación entre fatiga aguda y los tiempos de reacción y la consistencia de la reacción en los luchadores de artes marciales mixtas (Pavelka, R., Třebický, V., Fialova, J., Zdobinsky, A., Coufalova, K., Havlıček, J. et al, 2020) La investigación indica que el tiempo de reacción rápido es importante en muchos deportes, pero el efecto de la fatiga ha mostrado influencias negativas, nulas o incluso positivas en el tiempo de reacción. Sin embargo, pocos estudios se han llevado a cabo en un entorno controlado, especialmente con figuras de MMA, cuyas coincidencias se resuelven con frecuencia en una fracción de segundo. Por lo tanto, este estudio investigó si la fatiga neuromuscular aguda afecta los tiempos de reacción y movimiento, y su consistencia en los luchadores de MMA (N = 45). Los resultados mostraron un efecto negativo significativo de la fatiga en los tiempos de reacción y su consistencia, con reacciones más largas (1.5% de cambio) y menor consistencia (14.7% de cambio) después de la prueba de Wingate. Además, mayores cantidades de fatiga durante la prueba de Wingate parecieron afectar negativamente la consistencia del tiempo de movimiento posterior a Wingate. Debido a la fatiga acumulativa y la naturaleza dinámica de las AMM, nuestros datos indican que no solo las disminuciones en la potencia aeróbica y anaeróbica probablemente afecten el rendimiento de un luchador, sino que su tiempo de reacción y el tiempo de respuesta motora también pueden verse comprometidos durante una pelea. Sant´Ana & Cols. estudiaron el efecto de la fatiga sobre el tiempo de reacción, el tiempo de respuesta, el tiempo de rendimiento y el impacto de la patada en la patada circular de taekwondo, ya que se consideran habilidades importantes y pueden afectar el rendimiento del combate. Este estudio investigó el efecto de un protocolo específico de fatiga en el tiempo de reacción, el tiempo de respuesta, el tiempo de rendimiento y el impacto de la patada. Los resultados indican que los entrenadores y atletas pueden usar programas de entrenamiento de taekwondo en ejercicios basados en la coordinación que conducen a mejorar el tiempo de respuesta y reducir los efectos de fatiga para mejorar la efectividad de la técnica y las posibilidades de anotar en una situación competitiva (Sant'Ana, J., Franchini, E., da Silva, V. & Diefenthaeler, F., 2017). Gierczuk & Cols. (2018) estudiaron el Tiempo de respuesta y efectividad en luchadores grecorromanos de élite en condiciones de lucha simuladas. Sus resultados demostraron que el tiempo de respuesta es un determinante significativo de los resultados de los luchadores, que se puede observar a una intensidad submáxima del esfuerzo (176–195 b ·

que situaciones el tiempo de reacción del adversario se encuentra aumentado: "1. Inmediatamente después de concluir una técnica. 2. Cuando sus estímulos están combinados. 3. Cuando está inhalando. 4. Cuando reserva su energía 5. Cuando su atención o vista están mal dirigidas. 6. Generalmente, cuando física o mentalmente está desequilibrado" (Lee, El Tao del Jeet Kune Do, 1975/2014).

Al luchador le resta hacer la operación mental inversa para saber cuándo desciende, cuando el otro ha bajado sin querer su cuello.

*

Patear exitosamente no es dibujar en el aire, no es separar las piernas como Jean Claude Van Damme o hacer piruetas a lo Hollywood, no es pegar por casualidad, tirar al aire y esperar el milagro, es vivir el Kairós en el cruce perfecto, dar en el blanco en el momento preciso armoniosa y maravillosamente.

---

min − 1) durante una pelea (Gierczuk, D., Bujak, Z., Cieśliński, I., Lyakh, V. & Sadowski, J., 2018).

ENTENDER LA RAPIDEZ DE LO QUE NO PARECE RÁPIDO

Una gran profesora de Semiología Médica, muerta ya hace tiempo, solía decirnos con cifótica ironía: *"cuando dos cosas tienen nombres diferentes, ¡ojo! Porque suelen ser cosas diferentes"*. No es lo mismo: ligereza, celeridad, rapidez, velocidad, aceleración, speed, fast, quick, rapid, velocity. El cuerpo se desplaza. El cuerpo se desplaza en una determinada trayectoria. El cuerpo se desplaza lo más rápido posible en una determinada trayectoria. El cuerpo se desplaza en una determinada trayectoria con rapidez uniforme. El cuerpo se mueve por momentos rápido, por momentos lento, se acelera, se desacelera, se acelera uniformemente.

El tiempo se cuela, se relaciona, de mil formas diferentes con el espacio.

Y la fisiología humana agrega su inmensa complejidad. El tiempo que tarda en hacer algo un cuerpo compuesto, con sus saliencias y sus huecos, un cuerpo que se desplaza debido a cientos de micromovimientos coordinados, cada uno de ellos nacido de ángulos y brazos, de palancas y disposiciones musculares diferentes, de cilios y de túbulos celulares. Eso es algo más que un simple número redondo. Ojalá el humano se comportara como el móvil concentrado de la física y no como un espejismo de miles de mundos.

*

En el campo de la física, rapidez y velocidad no se refieren a lo mismo. Desplazamiento es el cambio de posición de una partícula en un intervalo de tiempo[222]. Rapidez es una medida de qué tan a prisa se mueve un objeto, sin importar su dirección. Velocidad, sin embargo, es una magnitud vectorial que toma en cuenta la dirección del movimiento. El movimiento en torno a un eje es una revolución si el eje es externo y rotación o giro, si el eje es interno al objeto. Hay rapidez lineal y rapidez de rotación[223]. Usar términos

---

[222] Desplazamiento: $\Delta x = x1 - x2$. Distancia es la longitud de una trayectoria seguida por una partícula. Velocidad promedio y velocidad instantánea. La velocidad instantánea es la cantidad del cambio de posición con el tiempo: $v = dx/dt$

como sinónimos, en sentido lego, es una forma de creer que dos hablan de la misma cosa cuando quizá no lo estén haciendo.

*

Bruce Lee fue uno de los primeros artistas marciales en dar el gran paso hacia la comprensión científica de la lucha. Disecó el cadáver, intentó comprender a partir de herramientas y conceptos modernos. Comprendió que en el luchador le importaban distintos tipos de velocidad —él las agrupó como: perceptiva, mental, de iniciación, de ejecución, de alteración[224]—. Cada una con distintos y propios niveles de entrenabilidad. También comprendió que debía incluir y diferenciar el tiempo de reconocimiento y tiempo de reacción, resaltando la importancia de la coordinación, de modo que el trabajo en conjunto muscular constituye uno de los factores que determina los límites de la velocidad.

*

Velocidad no quiere decir mucha o poca, máxima velocidad, lo más rápido posible. En todo objeto vivo puede medirse una velocidad, así sea a nivel atómico. De la misma manera, fuerza no quiere decir que el golpe necesita toda la potencia posible.

En la lucha hablar de velocidad tiene sentido cuando se trata de la adecuada. En el cruce de los cuerpos no necesitamos siempre la velocidad del rayo, sino la justa y suficiente para armonizar con el resto de los elementos y llegar al blanco a tiempo justo.

Pasarse no tiene sentido. Llegar antes, no tiene sentido. Llegar tarde, es inútil. Y, además, se relaciona con la naturaleza del blanco, el efecto que pretendo conseguir sobre el blanco.

---

[223] Rapidez lineal es simplemente la distancia recorrida por unidad de tiempo y la rapidez de rotación, o rapidez angular, es el número de rotaciones o revoluciones por unidad de tiempo (Hewitt, 1998).

[224] Según el *Tao del Jeet Kune Do*, los tipos de velocidad son: 1. Velocidad perceptiva. La rapidez del ojo para ver huecos y desanimar, al contrario, confundiéndole y haciéndole más lento. 2. Velocidad mental. Rapidez de la mente para seleccionar el movimiento exacto para frustrar y contraatacar al adversario. 3. Velocidad de iniciación. El comienzo económico a partir de la posición correcta y con la actitud mental apropiada. 4. Velocidad de ejecución. Rapidez del movimiento al llevar a efecto el movimiento escogido. Comprende la velocidad de contracción real del músculo. 5. Velocidad de alteración. La habilidad para cambiar de dirección a mitad de camino. Comprende el control del equilibrio y de la inercia (Lee, El Tao del Jeet Kune Do, 1975/2014).

Sobre blancos muy móviles y vulnerables probablemente sea más adecuada una técnica que privilegie la rapidez en relación con la fuerza. Ante blancos más resistentes y menos móviles, la importancia se trasladará a la fuerza.

*

Pero en la lucha es necesario aprender a descentrarse. La gente suele decir: las artes marciales usan la fuerza del enemigo en su contra. Tienen razón pero no por lo que creen. Así, pero no así. No siempre el artista debe ir hacia la montaña, sino también puede elevar una súplica, un hechizo, escenificar un drama para que la montaña venga a él. Aquietar el blanco móvil es un camino más fácil para economizar esfuerzos técnicos, y que el agua corra pendiente a favor.

*

En un torneo de taekwondo en Gath & Chávez, el antiguamente celebre club de Buenos Aires, hermosamente plantado bajo las Barrancas de Belgrano, los competidores se aunaron para realizar algunos combates extras, formando una categoría libre de peso. En una contienda, uno de los luchadores aprovecha para compensar con su masa su falta de experiencia. Nada detenía su carrera. Aun los golpes puntuables terminaban en sanciones por salida. En desmedro del prestigio del luchador liviano, los muchos kilos y centímetros de altura hacían lo suyo. Pero en un momento, el liviano dejó venir el boleo de pierna, que entrara con la tranquilidad de su masa corporal, desapareciendo a su lado, dejando solo el puño en el camino. El golpe recordó el estallido de una paloma contra el parabrisas de un auto en la ruta. La mole cayó, levantando ambas piernas al cielo. Y eso fue todo. Era una de las tácticas más estremecedoras de Juan José Sunini. Aunque a veces generaba una sensación extraña, como de trampa. No era tal, sino un efecto visual y psicológico difícil de comprender sin algo de esfuerzo[225].

---

[225] Los individuos realizan atribuciones emocionales a los movimientos de objetos dependiendo de la estructura espaciotemporal del evento, lo cual pueden influir en la percepción de la velocidad del mismo. Uno de ellos es el efecto de sobreestimación de la velocidad. Las atribuciones que genera el observador son en gran parte automáticas y resistentes a creencias e intenciones de nivel superior. Así, la cinemática aparente del evento podría ser enfatizada por las causas emocionales subyacentes de ese movimiento. La cinemática perceptiva se percibe principalmente directamente no por sí misma sino en términos de su dinámica causal, es

*

En la lucha no se requiere velocidad constante, nacida de un único impulso, sino la flexible aceleración y desaceleración. El freno, como el olvido, es un elemento básico cuando se trata de pegar, defender, esquivar, no ser herido, lastimado, golpeado.

*

El rival es carne, es lo que se opone y no sabemos lo que es hasta que lo tocamos. El luchador debe predecir íntimamente lo incalculable. Cuánto resistirá. Porque la predicción acerca de la resistencia de aquello que nos enfrenta nos cambia. Una cosa es cuan rápido se patea en el gimnasio, al aire, a una palmeta, y otra es en la calle, en el ring, durante su aplicación real.

La misma técnica se configura de una forma ligeramente diferente, se desarrollan patrones de control motor diferentes. Patear rápido al aire entrena solamente algunos elementos de la velocidad de ejecución en sí misma, pero la presencia de un objetivo físico modifica la generación de energía[226].

---

decir, las fuerzas físicas o sociales subyacentes. un fenómeno perceptivo. Una posible explicación de este efecto también podría encontrarse en la valencia ecológica de las habilidades motoras adaptativas y los comportamientos en eventos como perseguir y escapar. Estos estímulos, ya sea que desafíen directamente al observador o muestren una interacción entre dos agentes externos como en nuestras exhibiciones, generalmente requieren respuestas conductuales adaptativas rápidas, como evadir una amenaza o escapar de un peligro común como un depredador; por lo que debería ser una gran ventaja para un organismo si se priorizara el procesamiento perceptivo de estos estímulos y se aumentara la sensibilidad a estos eventos, ya que serán señales de alarma. Incluso podríamos llegar a plantear la hipótesis de que la velocidad del evento en su totalidad, es decir, tanto del perseguidor como del perseguido, puede estar sobreestimada (Parovel, G. & Guidi, S., 2020).

[226] Hay un estudio de Wąsik & Shan (2015) que, aunque poco profundo no representativo, investiga la cinemática de la ejecución de la patada semicircular de taekwondo, *dollyo chagui*, y sus factores relacionados con la generación de energía. A los participantes se les pidió que realizaran patadas con y sin un objetivo físico. La primera patada tuvo como objetivo romper una tabla, mientras que la segunda fue una patada al aire. Los principales hallazgos mostraron que quienes apuntaban a una tabla eran significativamente más lentos que las patadas sin un objetivo físico, pero el tiempo de patada del primero fue más corto (0.58 ± 0.01 sy 0.67 ± 0.01, respectivamente, $p < 0.01$). Los resultados sugieren que un objetivo

No es lo mismo, aire, tela, madera, ladrillo, no es lo mismo si es de tamaño grande o pequeño, si es móvil, si es fijo[227].

*

Hay cierto elemento teatral, inocente, cuando se entrena la rapidez de una patada. En el gimnasio, sobre un elemento de foco, una bolsa, una makiwara, cuando se sabe qué hacer, adónde golpear, se responde a una orden clara. *Sijak. Hanna, dul. Ichi, ni, san. Yī, èr, sān.* Todo concentrado en la espera y en una única consigna. No hay procesamiento de información, salvo la respuesta a la orden auditiva. No hay modificación de la distancia, de la resistencia, variación en la posición del blanco, etc. Es el recorte de lo que será. Un recorte. No hay un otro que varíe su posición conforme avanzo, que atemorice, que se frene, que ponga el codo ante el pie desnudo que golpea. No está el rival. Es un entrenamiento aislado

---

físico influirá negativamente en la velocidad del pie de patada, lo cual no es necesariamente una desventaja para crear una patada de alta calidad. El estudio deja claro que los entrenamientos con y sin objetivos físicos desarrollarían diferentes patrones de control motor (Wąsik, J. & Shan, G., 2015). Evidentemente, diferentes objetivos físicos generan diferentes actitudes y aprensiones, y quien no ha roto una tabla, no sabe cuán diferente resulta pararse frente a ella, a un guante de foco, a un cuerpo real.

[227] Un estudio sobre *La influencia del género, la extremidad inferior dominante y el tipo de objetivo en la velocidad de la patada frontal de taekwon-do* (Wąsik, J., Ortenburger, D., Góra, T., Shan, G., Mosler, D., Wodarski, P. & Michnik, R. A., 2018) cuantificó las principales influencias y las interacciones (efectos conjuntos) del género, la pierna y el tipo de objetivo en la biomecánica de la calidad de la patada frontal. A través de la cuantificación, intentamos identificar los factores relevantes relacionados con la precisión de la patada y la velocidad máxima para la práctica del coaching. Los resultados mostraron que los tres factores (sexo, pierna y tipo de objetivo) tienen una influencia significativa en la velocidad de patada ($p < 0,001$) y solo se encontró una interacción significativa (efecto conjunto) entre el género y el objetivo ($p < 0,001$). Un análisis más detallado reveló que la velocidad máxima de patada de los hombres se vio más afectada por la tabla, mientras que la de las mujeres se vio afectada por el tamaño del objetivo. Los resultados parecerían sugerir que, para los hombres, el patear a la tabla puede ser el método más efectivo para aumentar la calidad de la patada, en comparación con otro tipo de objetivo. Para las mujeres, la patada a una pelota pequeña parece ser un método eficaz para aumentar la velocidad máxima de la patada.

que no se transfiere a la situación de combate como el filo de la corbella al segar el húmedo manojo de arroz.

*

Los movimientos técnicos no dejan de ser los movimientos de un cuerpo real. Un cuerpo hecho de fulcros, de ejes, de rotaciones angulares, músculos en serie, estabilizadores, agonistas, antagonistas, reclutados y coordinados por el cerebelo y el sistema extrapiramidal. Las distintas articulaciones, las distintas masas, coordinarán sus movimientos para que la suma general de sus fuerzas parciales de por resultado una concentración energética. Y no de cualquier manera, como dice Lee, cada segmento entrará en juego tan tarde como sea posible para aprovechar al máximo la aceleración[228].

Una patada, un golpe de puño, un esquive requiere la unión amorosa intra-extremidad, entre articulaciones, transmisión proximal a distal del impulso, energía cinética, cocontracción muscular, el uso del ciclo de estiramiento-acortamiento[229].

*

El maestro de piano Aldo Antonagzzi en la fase de estudio profundo de una obra suele indicar: *moverse rápido y tocar lento*. Tan lento como sea posible. La mano corre y se detiene, estará lista lo antes posible para lo que viene. La obra se estudia lentísimo, llevando la duración de una corchea, a una negra, a una blanca, pero el movimiento entre una nota y otra se realiza rapidísimo. Enlentecer lo lento y acelerar lo rápido. Estar en el lugar que deberá ocuparse mucho antes de tocar. Que los dedos bajen sobre las teclas como si hubieran esperado ahí por siglos. Lo mismo vale para la lucha, moverse antes, estar en el lugar justo, o situar la

---

[228] "Un aspecto importante de esta acción múltiple de la aceleración es la introducción de cada segmento de movimiento tan tarde como sea posible para aprovecharse totalmente del máximo de aceleración de su punto de apoyo" (Lee, El Tao del Jeet Kune Do, 1975/2014).

[229] Algunos estudios confirman la importancia de la coordinación para la velocidad de la patada y la intensidad del impacto, al demostrar que el rendimiento de la patada está influenciado por factores como la coordinación intra-extremidad y entre articulaciones, la transmisión proximal a distal del impulso (y energía cinética), la cocontracción muscular y el uso del ciclo de estiramiento-acortamiento (Moreira, P., Falco, C., Menegaldo, L., Goethel, M., de Paula, L. & Gonçalves, M., 2021).

escena, situar al rival en ese lugar, en donde ya estamos. Haber hecho todo, para que solo se necesite el breve movimiento del puño, del pie, y tocar con gracia angelical, golpear, como si no hubiera esfuerzo. Así se genera el efecto que expresa Musashi: "*Cuando domináis un arte, una ciencia, vuestra acción no parece rápida*".

*

La rapidez en la lucha es un conjunto de rapideces parciales, de objetivos parciales. No se hace una cosa por vez. Ataque o defensa. Golpe o patada o defensa. Una mano puede hacer una cosa, el puño de la otra cerrarse, el antebrazo bloquear al tiempo que se patea. El cuerpo se mantiene en el fondo, de pie, sobre un tronco. Cada unidad lleva su grado de tensión diferente. La disociación de las partes del cuerpo es una marca de los experimentados. Pueden mover una parte del cuerpo, un brazo, una pierna, lento y otra zona, extremidad, pie, dedos, rápido. Esto requiere máxima destreza y experiencia. La disociación, por ello, aparece muy tardíamente en las luchas predeterminadas.

*

Más allá de cualquier medición parcial de velocidad, la patada más rápida, el golpe más rápido, no es nada sin ponerla en relación con otro, sin tener en cuenta su relación con el propio cuerpo, cómo queda, cómo la soporta, sin ponerla en relación con un psiquismo emocional que le dé sentido.

Se puede ser rápido en el gimnasio, se puede resolver perfectamente el problema, se pueden haber elegido las herramientas correctas, incluso el momento correcto, pero sin la instantánea decisión que dispara, la velocidad se disuelve, el timming se pierde. Hay que volver a empezar. Si es que hay otra oportunidad.

Todo lo contrario, se da cuando toda calza, y se lanza en el tiempo correcto, velocidad, fuerza, potencia, adecuadas al blanco y a la técnica, llave cerradura. En ese punto, se da lo bello y lo sostenido en el tiempo.

La potencia adecuada
rara vez es la del sismo

Hay una discusión que los practicantes de artes marciales sostienen por años, que se repite generación tras generación con cierta constancia. La idea es vanagloriándose y demostrar la potencia de su arte. La capacidad de las técnicas de cada arte de generarla y la propia capacidad de ponerlo en acto. Aun sabiendo, pero sin fe verdadera, que no siempre el golpe más fuerte, el más potente, el colosal manotazo de un King Kong, es el adecuado, la potencia es el cuerno hueco del antílope, la ostentosa enramada del ciervo[230].
Para lastimar basta con meter el dedo en un ojo. Un soplido, una palabra, donde no se espera. Esto puede confundir al oponente más grande. La traba inesperada al tobillo del corredor. La gracia no está en el inalcanzable máximo, en la carga plena, sino en la adecuación. No se trata de pegar fuerte sino de gastar lo justo. Resolver el milagroso rompecabezas de los elementos, de los condicionantes del foco: desarrollar la potencia adecuada para el blanco y la técnica elegidos, a la distancia justa, ni más ni menos.
*
Otra vez aplica el dicho de la vieja profesora: cuando dos cosas tienen nombres diferentes, suelen ser cosas diferentes. El problema es que dos cosas con el mismo nombre también pueden referirse a cosas diferentes. Acepciones, significados, representaciones culturales. Y no pocas palabras presentan en castellano tantas acepciones y sentidos como potencia[231]. Hay una potencia para la

---

[230] Según Lorenz, "es la rivalidad sexual la única que realiza la selección (natural), con una orientación determinada, sin relación funcional con una función conservadora de la especie dirigida hacia el mundo exterior, en ciertas circunstancias pueden aparecer formaciones extrañas, totalmente inútiles para la especie como tal. La cornamenta del ciervo, por ejemplo, se desarrolló exclusivamente en servicio de los combates entre rivales, y el individuo que no la tiene carece de la menor posibilidad de procrear descendientes, Pero aparte de eso, los cuernos no le sirven de nada al ciervo, como es bien sabido. Para defenderse de los depredadores utilizan solamente los cascos delanteros, y nunca la cornamenta (Lorenz, *Sobre la agresión: el pretendido mal*, 1963 [1971]).

filosofía, otra para la física, otra para los motores, una para la matemática, otra la religión. La palabra se revuelca dentro de las mentes, se abstrae, se mezcla, se aligera: potencia, fuerza, energía, fuerza muscular. Las lenguas amplían y reducen el espectro de un sentido según el amor que les profesen, el lugar que les den, según su cultura las padezca o no[232].

Fuerza es en inglés: *strenght, force, power*[233], cada una refiere a algo distinto. Potencia se dice *power* y también es *potency*. Quizá por eso, sean conceptos que se confundan fácilmente en la vida y en el *dojang*, en el *dojo*, en el ring, en el anillo sagrado de los sumorotis. Algunos toman la acepción más conveniente y, en un claro *faux-ami*[234], sumergen al practicante en una búsqueda seudo-mística. Baste el ejemplo de la interpretación de la teoría de la potencia (*theory of*

---

[231] Según la RAE, potencia, del latín *potentia*. se define como: 1. f. Capacidad para ejecutar algo o producir un efecto. Potencia auditiva, visiva. 2. f. Capacidad generativa. 3. f. Poder y fuerza, especialmente de un Estado. 4. f. Nación o Estado soberano. 5. f. Persona o entidad poderosa o influyente. 6. f. Cada uno de los grupos de rayos de luz que en número de tres se ponen en la cabeza de las imágenes de Jesucristo, y en número de dos en la frente de las de Moisés. 7. f. Fil. por antonomasia. Cada una de las tres facultades del alma, es decir, entendimiento, voluntad y memoria. 8. f. Fil. Capacidad pasiva para recibir el acto, capacidad de llegar a ser. 9. f. Fil. Aquello que está en calidad de posible y no en acto. 10. f. Fís. Cantidad de energía producida o consumida por unidad de tiempo. 11. f. Mat. Producto que resulta de multiplicar una cantidad o expresión por sí misma una o más veces (Real Academia Española, 2014).

[232] Aquí el ejemplo típico: el idioma finés posee 40 palabras para lo que el español simplemente llama: nieve.

[233] En castellano, la palabra fuerza se usa indistintamente, en inglés, sin embargo, existen *force* y *strenght*, como conceptos diferentes. El término *strenght*, se refiere a la habilidad de un músculo o grupo muscular para generar fuerza contra una resistencia [The term strength is the ability of a muscle or muscle group to exert force against a resistance. The strength is not a standard term in mechanics. It refers purely to muscle(s) by resisting forces within or against the human body. Here, we include concentric, eccentric, or isometric forces. The strength is usually measured as one maximal effort of one repetition maximum (1-RM)] (Arus, 2012).

[234] Un *faux ami*, o falso amigo, es una palabra de otro idioma que se parece, en la escritura o en la pronunciación, a una palabra de la lengua materna del hablante, pero que tiene un significado diferente. Por ejemplo, la palabra escrita once, que en inglés significa una vez, se interpreta intuitivamente por un hispanohablante como 11.

power) del Taekwondo de Choi Hong Hi, traducida e interpretada al español por una fantástica Liga de la Justicia como *teoría del poder*[235]. En castellano, se entiende, en principio, que poder es el de Dios, de un rey, un estado, aquello que está en calidad de posible y no en acto, y potencia se alinea más intuitivamente con la noción física, eléctrica. En argentino, poderoso es quien preside el país, quien guarda una fortuna, quien maneja los mercados. Potente el que es capaz de actos sexuales exitosos.

*

En la lucha podría hablarse de poder, de capacidad de hacer, pero no cuando se trata de bases mecánicas de movimiento. Allí potencia se entiende como en la física clásica y se define como el producto de entre trabajo y tiempo. *Power, Puissance.* La cantidad de trabajo efectuado por unidad de tiempo. Y suele tomarse como móvil, el cuerpo rígido, el cuerpo humano idealizado, abstracto, completo. El cuerpo como pieza enorme de madera, de bronce, de piedra. La potencia mecánica puede decirse también: fuerza por velocidad.

*

Pero las fórmulas físicas tienen una aplicación relativa. La física es, y no es, el lugar de las artes marciales. Porque el luchador solo puede comprender su potencia en pasado, cuando siente que ha

---

[235] Las escuelas de Taekwondo, derivadas de la *International Taekwondo Federation*, especialmente en Sudamérica, han utilizado, en su mayoría, como referente la traducción al español de la Enciclopedia de Taekwondo de Choi Hong Hi. Donde *"theory of power"* se ha traducido como "teoría del poder" y luego, se la ha interpretado en un sentido muy amplio. Aunque no es absolutamente errada dicha traducción literal, en lengua castellana resultaría más adecuada la traducción: teoría de la potencia, ya que, en dicha teoría, Choi hace referencia específicamente a su aplicación en términos físicos y no como una implicación de orden filosófico, político, la teoría se propone como capacidad de hacer, en tanto recursos de un individuo para realizar una determinada tarea. En la version original: *"All movements should be designed to produce maximum power in accordance with specifics formulas and the principle of kinetic energy"* (Choi, 1993 [1983]). Según él, la teoría del poder apunta a detallar los elementos que considera necesarios, concentración, control respiratorio, velocidad, etc. para lograr la máxima potencia física posible. De aquí que la interpretación amplia de una "teoría del poder" resulte, para el caso, inadecuada y se preste a malentendidos.

pegado como un caballo, o una babosa, allí donde no hay lugar para la comparación, la repetición, el recálculo.

Es, en el desarrollo histórico, teórico, en la actualización general de los sistemas, pero no en la lucha, en el día a día, donde se puede medir, contar los kilogramos fuerza que se desarrollan. Porque eso no es el determinante fundamental en la lucha.

*

Creer puede ser una maldición, cuando se manotea sin ton ni son. Muchos cinturones negros creyeron durante mucho tiempo en la gloria de las fórmulas, dioses en la piedra, y les dieron un lugar privilegiado a sus fantasías aplicativas. Ante la profética $E = m.c^2$, se maravillaban soñando con esa velocidad cuadrática, relativizaban la masa y la realidad de los cuerpos humanos, y como legos ingenuos arribaban a conclusiones prácticas absurdas.

No hay peligro más grande que la conclusión de quien rasca un poco de cada lado. Florindo, ante las interpelaciones de algunos alumnos sobre estas fórmulas contestaba irónicamente que, si tanto querían aumentar la velocidad, sentir ese valor cuadrático en la carne propia, y romper una decena de tablas sin esfuerzo, siempre podían optar por colgarlas en una columna de señalización, subirse a un tren, esperar que este acelere y sacar la mano por la ventanilla. Y quien dice tren, dice avión, dice nave espacial.

*

No hay que olvidar que potencia también se entiende como posibilidad de ser, ya desde tiempos de Aristóteles. Potencia como lo que aún no es pero puede devenir, un árbol en una semilla, un adulto en un niño. No hay relaciones de significado aleatorias.

*

Triste o alegremente, la búsqueda de una mayor potencia termina donde termina la capacidad propia para soportarla.

*

Los tratados tradicionales de artes marciales apuntan al desarrollo de la máxima potencia. Es tentador tirarse de cabeza. Sobre ellos se hacen interpretaciones demasiado ligeras que traen aparejada una pérdida en el sentido de la adecuación. El lector observa: herramientas débiles, como los dedos, por ejemplo, se aplicarán a blancos vulnerables, como los ojos. Pero pasa de largo el contexto, el recorte.

Y se le hace agua a la boca cuando mira las demostraciones de potencia en fotos, exhibiciones, exámenes. Barras de hielo, tejas que se rompen.

La demostración de potencia es soberana en algunas artes marciales. Kyokushinkai se vanagloria del *tameshiwari* como espacio donde demostrar los límites de la fuerza[236]. Aún a Bruce Lee, en videos reales, se lo ve rompiendo una madera con una potencia absolutamente exagerada, pasando la pierna medio metro por detrás de una angosta tablita de madera.

Florindo decía lo contrario, que el arte estaba en romper con lo mínimo necesario. Ni una gota más de sudor.

*

Pero la potencia vende. Los espectadores se asombran ante los ladrillos que vuelan, los bloques de hielo que se vencen ante el filo de la mano, las maderas que vuelan quebradas como frágiles vidrios. Algo en nosotros, muy antiguo y animal le da valor potencial. Es una cornamenta, es anchor de hombros. Y así será mejor entenderlo y utilizarlo.

*

La medida de la potencia a desarrollar debe tener en cuenta: cuánta potencia requiere ese blanco para doblegarse, las limitantes humanas propias, las limitaciones de los huesos, de los tejidos, la no-necesidad de los extremos. Si se enfrenta a un niño, a un hombre promedio, a un inflado culturista, a un borracho, la potencia requerida será diferente. Y nunca debería ser sobredimensionada. A fin de cuentas, el objeto al cual se embiste en una lucha es otro humano, no un ciborg, no una mole, no un camión. Si así fuera, no tendría sentido enfrentarlo. No habría necesidad de accionar con las herramientas vulnerables del luchador.

*

Además, está ese vano misterioso entre la potencia que se quiere generar y la posibilidad de controlarla. El control de la potencia es un delicado mecanismo interno que lleva años ajustar. No tenemos medidores ni registros que indiquen algún tipo de valor de referencia. Los ajustes son un arte grandioso de nuestra relojería blanda y orgánica. Tenemos la sensación en el cuerpo, el grabado,

---

[236] Mas Oyama, dice que el *tameshiwari* (o rotura) es un desafío a la habilidad del karateka y probará los límites de su fuerza. Él debe usar toda la potencia que posee para tener éxito en cada intento (Oyama, 1978).

la hechura de los miles de golpes que impactaron en miles de superficies distintas, de distinta resistencia.

*

El luchador está saturado, le ofrecen en el vestuario una ayuda. Efedrina, está de moda. Es un luchador experto. Entra al dojang, acata las consignas del entrenamiento y vuela. Vuela como nunca. Su repertorio parece expandirse como la nube gris sobre el volcán. Salta, patea, gira, 360°, 540°. Y algo le dice, si continuas mañana tus rodillas, tus articulaciones estarán rotas. En resumen, está la potencia que el artista quiere generar, que genera, la potencia que puede controlar, y la que su cuerpo puede resistir en tanto máquina[237].

---

[237] El fármaco simpaticomimético efedrina se usa para tratar los síntomas de la infección por el virus del resfriado. Es un agente simpaticomimético mixto que actúa como estimulante del SNC mejorando la liberación de noradrenalina de las neuronas simpáticas y estimulando los receptores α y β. La efedrina no solo estimula la frecuencia cardíaca y, por lo tanto, aumenta el gasto cardíaco, sino que también causa constricción periférica, lo que resulta en un aumento de la resistencia periférica, lo que puede conducir a un aumento sostenido de la presión arterial. La efedrina tiene propiedades relajantes del músculo liso bronquial moderadamente potentes y se usa como descongestionante y para el alivio temporal de la dificultad para respirar causada por el asma. Los efectos secundarios comunes de la efedrina son cualitativamente similares a los producidos por las anfetaminas, pero generalmente son más leves: dolor de cabeza, mareos, irritabilidad, ansiedad, temblor y psicosis. Las dosis más altas (sobredosis) pueden causar inquietud y ansiedad, mareos, insomnio, temblores, pulso acelerado, sudoración, dificultades respiratorias, confusión, alucinaciones, delirio y convulsiones. Los síntomas más peligrosos de una sobredosis son presión arterial anormalmente alta y latidos cardíacos rápidos e irregulares. Los estimulantes del SNC se utilizan en el deporte para reducir el cansancio y aumentar el estado de alerta, la competitividad y la agresión. Es más probable que los estimulantes se utilicen el día de una competición; sin embargo, pueden utilizarse en el entrenamiento para permitir que se incremente la intensidad de la sesión de entrenamiento. Dado que los estimulantes podrían aumentar la agresión de un atleta hacia otros competidores u oficiales, existen peligros potenciales involucrados en su mal uso en deportes de contacto (Avois, L., Robinson, N., Saudan, C., Baume, N., Mangin, P. y Saugy, M., 2006). Según Magkos y Kavouras, la evidencia hasta la fecha sugiere fuertemente que la cafeína y la efedrina combinadas son bastante efectivas para disminuir la calificación del esfuerzo percibido

*

La generación de potencia por parte de un organismo biológico tiene su lado paradojal, depende de su opuesto: la capacidad de relajarse[238]. Depende del permiso de los músculos antagonistas. De la coordinación de cada elemento. Depende también de que se inicie la acción desde el punto óptimo. Depende de la fatiga[239].

*

Los blancos son para el animal interno duros como muros. Nos sale la tendencia defensiva, nos brota la potencia exagerada, las ganas de la potencia exagerada. Mejor que sobre y no que falte. Pero no estamos frente al puma, al yaguareté, estamos frente a competidores, a ebrios en la calle, a chicos descarriados, a compañeros de práctica. Una tabla, una teja, un ladrillo, puede ser el pecho endurecido del animal. Y vamos a él en un todo o nada.

Pero artista es aquel que ve una tabla en una tabla y un competidor en un competidor, no otra cosa.

---

y esto parece ser independiente del tipo de actividad que se realiza (Magkos, F. & Kavouras, S. A., 2004).

[238] En el estudio de McGill & cols. (2010) realizado en luchadores de artes marciales mixtas, aborda el problema de la paradoja de la contracción muscular para optimizar la velocidad y la fuerza de golpe. La observación del ciclo de pulsaciones contraer-relajar-contraer durante los golpes fuertes y rápidos sugiere que puede ser fructífero considerar el entrenamiento del pulso que involucre no solo la tasa de contracción muscular sino también la tasa de relajación muscular. Se observó un segundo pico al entrar en contacto con el oponente (bolsa pesada). Se postuló que esto aumentaría la rigidez a través del enlace del cuerpo, lo que resultaría en una masa efectiva más alta detrás del golpe y probablemente una fuerza de golpe más alta. La observación del ciclo de pulsaciones contraer-relajar-contraer durante los golpes fuertes y rápidos sugiere que puede ser fructífero considerar el entrenamiento del pulso que involucre no solo la tasa de contracción muscular sino también la tasa de relajación muscular (McGill, S. M., Chaimberg, J. D., Frost, D. M. & Fenwick, C. M., 2010).

[239] La disminución de las propiedades contráctiles del músculo esquelético es uno de los rasgos característicos de la fatiga (Jones, D. A., 2010).

MANTENERSE SOBRE LO QUE TIEMBLA, ROMPER LA INERCIA

Tomado de la gruesa solapa, de la manga, el judoca tironea, empuja, con sus pasos mide. *El randori* avanza aún en sus compases de espera, de preparación, de medición. El luchador tendrá gran parte del round en el bolsillo si logra desestabilizar al rival. En el inicio, el *kuzushi*, romperá el equilibrio del oponente, preparándolo para el lanzamiento, hasta situarlo ahí, cómo y dónde el luchador lo requiera. El judoca hace que el oponente se ubique en el lugar justo, debilitado, para encajarlo en su lanzamiento, *tsukuri*. En ese continuo indistinguible entre el encaje, el lance, el cuerpo se despega, vuela. Eso es el *kake*[240], el vuelo que sigue, el momento libre, suelto, irremediable.

*

Equilibrio, del latín *aequilibrium*, es una palabra compuesta por *aequi*, del antiguo *egual* y éste de *aequalis* ´del mismo tamaño o edad´, ´igual´, derivado de *aequus* ´plano, liso, uniforme, igual; con *libra* ´balanza´[241]. El mágico momento en que los dos discos cuelgan iguales del fiel. Pero equilibrio es más que una imagen, es estado y proceso, capacidad.

---

[240] Todas las técnicas de lanzamiento de judo se componen de tres fases principales: *kuzushi*, la fase preparatoria definida como romper el equilibrio de un oponente o simplemente prepararlos para un lanzamiento, *tsukuri* el proceso de encajar en el lanzamiento y *kake* la fase aérea que describe la ejecución del lanzamiento en sí mismo Para la mayoría de las técnicas de lanzamiento, incluido el *harai-goshi*, las fases kuzushi y tsukuri son difíciles de separar. Se acuerda que kuzushi siempre precede al tsukuri, pero el punto en el que termina el kuzushi y comienza el tsukuri sigue siendo algo subjetivo (Imamura, R., Iteya, M., Hreljac, A., & Escamilla, R. , 2007).

[241] Según Corominas, equilibrio es tomado de *aequilibrium*, compuesto con *libra* ´balanza´, a través del italiano, en donde lo introdujo Pigafetta en el S. XVI. Igual, del antiguo igual y éste de *aequalis* ´del mismo tamaño o edad´, ´igual´, derivado de *aequus* ´plano, liso, uniforme, igual´ (Corominas, J., Pascual J. A., 1980).

*

Desde la dura roca a la gota de agua los cuerpos tienden a permanecer en su estado. La sumatoria de fuerzas es igual a cero. Las leyes de Newton nos resultan tan conocidas como los ciclos estacionales, la manzana que cae del árbol[242]. Aquí se encuentra la gran abstracción, de donde nace también la noción de equilibrio. Y el luchador, ente, organismo, es un ente obediente a la ley que ha creado, el cuerpo tiende a volver a la tierra, enfrenta la entropía, su carne vuelve al barro. El luchador posee una masa llamada por la atracción universal de los grandes cuerpos, llamada por el viento cuando sopla, las angostas sendas y los acantilados si se asoma. Su masa requiere fuerza para salir y fuerza para detenerse.

*

Pero el cuerpo organismo, figura humana, animal, no depende solo de fuerzas ajenas para modificar su estado. Detenta en sí mismo fuerzas que lo mueven y lo aquietan. Vive en constante proceso.

Más que decir equilibrio, importa el verbo, la idea de equilibrio como capacidad, la acción de equilibrar.

Y se pueden distinguir dos mecanismos, uno se da cuando la cuestión principal es mantener el equilibrio y otro, cuando las reacciones forman parte de un movimiento de coordinación compleja[243].

---

[242] Las leyes básicas de estática, cinemática y cinética fueron formuladas por Isaac newton en el siglo XVIII. La primera ley, llamada ley de la inercia establece que un cuerpo permanece en reposo o movimiento uniforme hasta que actúa sobre él un juego externo de fuerzas. La ley de aceleración, segunda ley, establece que la aceleración de una partícula es directamente proporcional a la fuerza desequilibrada que actúa sobre ella e inversamente proporcional a la masa de la partícula. La tercera ley es la de la reacción, para cada acción existe una reacción igual y opuesta (Le Veau, 1991).

[243] Cabe distinguir dos mecanismos para mantener el equilibrio. El primero se manifiesta cuando la principal cuestión motriz es mantener el equilibrio. En este caso, se trata del resultado de un mecanismo regulador que actúa mediante correcciones constantes. La eliminación de las pequeñas alteraciones del equilibrio se realiza mediante una tensión refleja de los músculos y, lo más importantes, con un rápido desplazamiento reflejo hacia la zona estable de apoyo. El segundo mecanismo se realiza cuando las reacciones forman parte del movimiento de coordinación compleja y cada reacción no presenta carácter reflejo, sino de anticipación, y es una parte del programa motor de las acciones (Platonov, 2001).

*

El cuerpo humano aun cuando no ejerce su voluntad conciente, aun cuando no controla por medio de la intención, está trabajando para mantenerse erguido, sentado, firme. Siempre. Aun cuando yace inconsciente en una cama, el proceso de reequilibrarse es una sutil y escondida acción que no cesa. Un proceso de tono bajo, resistente, constante. El cuerpo destina miles de fibras de músculos a esta tónica labor de esclavo[244]. Desde el día en que se ve la luz hasta el día final cae esta leve lluvia de diminutas descargas. Su rocío tiene una persistente capacidad intrínseca de autoequilibrarlo, de sostener el resto del cuerpo para que una mano escriba, para que un pie patee, para que su boca coma o diga, o luche. Sostiene el fondo, la escena. Le da su postura, su impostura. Y no descansa. Su postura es el mensaje que no cesa[245].

---

[244] Los músculos tienen dos tipos de actividad, la fásica y la tónica. La fásica depende de una elevada frecuencia de impulsos nerviosos y produce desplazamiento de los miembros, tronco, cabeza, es decir, movimiento. La tónica en cambio no produce movimiento y fijando las articulaciones en cierta posición determina las relaciones de los distintos segmentos corporales entre sí, originando la actitud. La postura depende de esta contracción muscular tónica, la ligera tensión permanente recibe el nombre de tono muscular (Loyber, 1999).

[245] El control postural ya no se considera simplemente una suma de reflejos estáticos sino, más bien, una habilidad compleja basada en la interacción de procesos sensoriomotores dinámicos. Los dos principales objetivos funcionales del comportamiento postural son la orientación postural y el equilibrio postural. La orientación postural implica la alineación activa del tronco y la cabeza con respecto a la gravedad, las superficies de apoyo, el entorno visual y las referencias internas. La información sensorial de los sistemas somatosensorial, vestibular y visual está integrada, y los pesos relativos colocados en cada una de estas entradas dependen de los objetivos de la tarea de movimiento y el contexto ambiental. El equilibrio postural implica la coordinación de estrategias de movimiento para estabilizar el centro de masa corporal durante alteraciones de estabilidad tanto autoiniciadas como desencadenadas externamente. La estrategia de respuesta específica seleccionada depende no solo de las características del desplazamiento postural externo sino también de las expectativas, metas y experiencia previa del individuo. Los ajustes posturales anticipatorios, antes del movimiento voluntario de la extremidad, sirven para mantener la estabilidad postural al compensar las fuerzas desestabilizadoras asociadas con el movimiento de una extremidad. La cantidad de procesamiento

*

Atacar implica que una parte del luchador lo sostiene desde el fondo, con tensión en las blancas fibras. Es el sostén de su propio ataque. El elenco muscular del cuerpo coordina la resistencia. Y si defiende, es el sostén de su propio ataque.

El luchador se enfoca en el blanco, pero una parte ciega de sí mismo trabaja detrás, trabaja con. Se mantiene a través de un automatismo de fondo, de una energía inconsciente, se controla sin saber desde el otro cerebro, el escondido detrás de una tienda traslúcida, busca la forma de permitir el movimiento consciente del golpe, la defensa, el lance, la palanca. Brinda el anclaje.

Porque no hay potencia, rapidez, técnica desarrollada, musculo ingurgitado de sangre, sin la muda tarea de los fijadores[246].

Durante los movimientos de lucha, mientras surge una acción volitiva, un golpe de puño, una patada, un desvío, una postura, una fortificación, sostiene el arma. Permite el empuñe del arma. El soporte. Su pequeño cerebro, su vestíbulo, sus receptores son el fundamento, el verdegris oscuro cemento sobre el que se toma su ataque.

*

El proceso de equilibrarse es un sistema complejo, y tiene un cerebro más pequeño pero propio dentro del sistema nervioso central, uno sólo para él: el cerebelo. El área silente. Es el bunker general del sentido del equilibrio, esa facultad fisiológica por la que algunos seres vivos perciben su posición en el espacio.

El sentido del equilibrio tiene su propio triunvirato: el sistema vestibular, la propiocepción y la visión. El aparato vestibular es el órgano sensitivo encargado de detectar la *sensación* del equilibrio[247] y

---

cognitivo requerido para el control postural depende tanto de la complejidad de la tarea postural como de la capacidad del sistema de control postural del sujeto (Horak, 2006).

[246] Mac Connail fue quien propuso los términos músculos fijadores o estabilizadores y movilizadores. Los músculos que se insertan cerca de la articulación y tienen su origen lejos de la misma se denominan músculos movilizadores, estos tienden a tener un mayor componente rotatorio que los estabilizadores. Los estabilizadores tienen su origen cerca de la articulación y su inserción lejos de la misma, su acción es más de fijación que de rotación. Por ejemplo, tomando como articulación el codo, el bíceps braquial es un musculo movilizador y el supinador largo un fijador (Le Veau, 1991).

228

detecta la orientación y el movimiento solo de la cabeza. También le llega al cerebelo información sobre propioceptores, articulares del cuello especialmente, en las plantas de los pies[248]. Los hermosos lóbulos floculonodulares se ocupan del equilibrio dinámico. La úvula del estático[249]. Y aun cuando todo esto faltara, la vista aún podría sostenerlo.

*

Moshe Feldenkrais escribió, antes de convertirse en un gran científico, varios libros sobre artes marciales, especialmente de judo y jiujitsu. En 1949 publicó *El ser y la madurez del comportamiento,* donde expuso su tesis sobre la relación entre la angustia y la caída. Su teoría dice que el fenómeno psicológico de la ansiedad tiene como base orgánica el reflejo de miedo de la caída. Una reacción automática desencadenada por la estimulación del par craneano VIII, el nervio vestíbulo coclear, que provoca la contracción de todos los músculos flexores y la inhibición simultánea de todos los músculos antigravitatorios[250]. Esta respuesta es parte del baúl

---

[247] El aparato vestibular se encuentra encerrado en un sistema de tubos y cavidades óseas situado en la porción petrosa del hueso temporal, llamado laberinto óseo. Dentro de este sistema están los tubos y cavidades membranosas denominados laberinto membranoso. El laberinto membranoso es el componente funcional del aparato vestibular (Guyton, Arthur C. & Hall, John E., 2016).

[248] El aparato vestibular detecta la orientación y el movimiento solo de la cabeza. Por tanto, resulta fundamental que los centros nerviosos también reciban la información adecuada sobre su orientación con respecto al cuerpo. Estos datos se transmiten desde los propioceptores del cuello y el tronco directamente hasta los núcleos vestibulares y reticulares en el tronco del encéfalo e indirectamente a través del cerebelo. Entre la información propioceptiva más importante necesaria para conservar el equilibrio figura la que envían los receptores articulares del cuello (Guyton, Arthur C. & Hall, John E., 2016).

[249] Los lóbulos floculonodulares del cerebelo se ocupan especialmente de las señales referidas al equilibrio dinámico procedentes de los conductos semicirculares. En realidad, la destrucción de estos lóbulos ocasiona casi exactamente los mismos síntomas clínicos que la de los conductos semicirculares. Una lesión grave de los lóbulos o de los conductos produce la pérdida del equilibrio dinámico durante los cambios rápidos en la dirección del movimiento, pero no perturba seriamente el equilibrio en condiciones estáticas. Se piensa que la úvula cerebelosa ocupa un lugar de parecida importancia en el equilibrio estático (Guyton, Arthur C. & Hall, John E., 2016).

protector que traemos al nacer, es parte de los reflejos primitivos[251] y pueden persistir, dejar huella. Algunos tienen hermosos nombres, reflejo del esgrimista, reacción de Galant, reflejo tónico nucal simétrico. Estudios actuales relacionan su persistencia con otros trastornos, incluso de la atención. Trabajar sobre estos reflejos retenidos mejora el rendimiento en tareas aparentemente distantes miles de millas[252]. Así de mezclado, así de únicos son la mente y el cuerpo[253].

---

[250] Como es un reflejo innato no condicionado, para el argumento de Feldenkrais, todos los otros temores y sentimientos de angustia emergen como respuestas aprendidas condicionadas, incluyendo el miedo innato a la caída (Volk, 2000).

[251] Los reflejos primitivos son reacciones de adaptación en el recién nacido y disminuyen a medida que maduran el cerebro y el sistema nervioso. La mayoría de estos reflejos pueden estar presentes en personas normales, incluso en adultos jóvenes (Melillo, R., Leisman, G., Mualem, R., Ornai, A. & Carmeli, E., 2020). Los 3 reflejos primitivos que tienen el mayor impacto en la postura: el reflejo tónico asimétrico del cuello (tónico nucal asimétrico), el reflejo tónico simétrico del cuello, y la reacción de Galant.

[252] Se han realizado numerosos estudios durante los últimos 30 años que demuestran los efectos de las Reducción de reflejos primitivos en el comportamiento y el aprendizaje. Se descubrió que la reducción de los reflejos primitivos está altamente asociada con un mayor rendimiento en la resolución de problemas matemáticos y la comprensión auditiva. También se ha demostrado que los individuos reducen significativamente los síntomas y efectúan cambios en el diagnóstico cuando participan en un protocolo que se enfoca en reflejos específicos. Uno de esos estudios que evaluó a 109 niños de 7 a 10 años encontró una asociación entre los reflejos tónicos laberínticos retenidos, Moro, simétricos y asimétricos tónicos del cuello con los síntomas del TDAH y el rendimiento en matemáticas (Melillo, R., Leisman, G., Mualem, R., Ornai, A. & Carmeli, E., 2020).

[253] Konicarova y Bob, citado por (Melillo, R., Leisman, G., Mualem, R., Ornai, A. & Carmeli, E., 2020) examinaron la noción de que las RPR (reflejos primarios retenidos) pueden estar relacionadas con indicadores del trastorno por déficit de atención con hiperactividad (TDAH) y encontraron que los reflejos persistentes estaban relacionados con la afección. Bilbilaj y col. (citado en el mismo texto) apoyaron los hallazgos de Konicarova y Bob, cuando midieron ocho reflejos primitivos que incluían: succión, tónico asimétrico, enraizamiento, moro de mano, Galant, tónico lateral y reflejos tónico simétrico. Encontraron que los

*

Equilibrio es también una idea en forma de lluvia, de gran contenido simbólico. También la forma en que se la llama, en que se la encauza afecta al cuerpo que se reequilibra[254].

El equilibrio también es moral, emocional, mental. Y todos los equilibrios son uno.

*

Por el *tanden*, ese punto imaginario situado algunos centímetros debajo del ombligo, homólogo al que los occidentales definen como centro de gravedad, debía correr el acero del *seppuku*[255]. "En ese centro estaba entonces admitido que se ayudará al cuerpo, no al alma (término platónico) sino la energía que hace actuar" (Pinguet, 1984 (2016)). En las artes marciales es desde ahí, desde "ese punto de equilibrio, desde donde se enseña, aun hoy, a dejar brotar y figurar los movimientos de brazos y piernas.

---

niños con dificultades de aprendizaje, incluidos aquellos con TDAH, demostraron un nivel significativamente más alto de RPR en comparación con los controles. Los investigadores sugirieron investigar para encontrar mecanismos para suprimir mejor estos reflejos retenidos al principio del ciclo de desarrollo cuando estos reflejos persisten más allá de la edad biológica del niño.

[254] Un estudio realizado sobre cómo las instrucciones posturales afectan al equilibrio estático y dinámico en adultos mayores sanos concluyó en que el hecho de pensar en la postura erguida como realizable sin-esfuerzo puede reducir las cocontracciones excesivas y mejorar el equilibrio estático y dinámico, mientras que pensar en la postura erguida como algo que requiere inherentemente esfuerzo puede empeorar el equilibrio. Esto puede explicar en parte los beneficios de las prácticas de atención incorporada como el tai chi y la técnica de Alexander para el equilibrio en los adultos mayores. A la espera de una replicación a mayor escala, este descubrimiento puede permitir a los fisioterapeutas y profesores de danza, ejercicio y artes marciales mejorar el equilibrio y reducir el riesgo de caídas en sus estudiantes y clientes mayores simplemente modificando la forma en que hablan sobre la postura (Cohen, R. G., Baer, J. L., Ravichandra,. R., Kral, D., McGowan, C. & Cacciatore, T. W., 2020).

[255] El budismo zen que acompañó del auge de la clase guerrera ponía el acento sobre la decisión, la energía, la disciplina y enseñaba a concentrar durante las largas horas de meditación sentado toda la atención sobre el *tanden*, punto imaginario situado algunos centímetros debajo del ombligo sobre el trayecto mismo que el acero del *seppuku* debía recorrer (Pinguet, 1984 (2016)).

HACER DE LO
DESPERDIGADO, LO
UNIDO, LO ÚNICO

En la lucha las acciones han de suceder como en el acto sexual, de forma armoniosa, o no sucederán. Luchadores en relación, cuerpos en relación, afectos y pensamientos en relación. Y más profundamente, objeto-sujeto, blanco-técnica, tiempo, distancia, potencia, automatismo de fondo y punto motor, equilibrio. Todo en un instante, la chispa eterna y efímera de dos piedras que se cruzan.

*

Un complejo sistema nervioso, una compleja estructura psíquica, deben coordinarse. Y más profundo, en cada sistema sus partes, sus organelas, pequeños reinados en un gran reino. Es el momento mistérico, la acción milagrosa que no se halla en ningún sitio y no puede negarse.

Coordinar, del latín Medieval: *coordinare*, y este del lat. co- 'co-' y *ordināre* 'ordenar', es unir dos o más cosas de manera que formen una unidad o un conjunto armonioso. Y también dirigir y concertar varios elementos. O unir sintácticamente dos o más elementos del mismo nivel jerárquico. Los elementos del foco, el equilibrio de fondo, el movimiento que busca su telos, la respuesta a la interpretación del instante precedente, todo ha de correr aceitado, dirigido, coordinado para que el luchador entre en perfecta relación con el oponente. Para que se haga uno con el oponente.

*

Pero la coordinación no es una función única, sino, a su vez, una gran galería de espejos. Una capacidad hecha de capacidades, de diferenciación, de acoplamiento, de orientación, de equilibrio, de cambio, de ritmización, y según el estudioso de turno, más también.

*

A nivel neurológico, la coordinación es el proceso que se deriva en la activación de patrones de contracción de muchas unidades motoras de una cierta cantidad de músculos con las fuerzas, combinaciones y secuencias apropiadas y con una inhibición simultánea de todos los otros músculos para desarrollar la actividad deseada[256].

El desarrollo de patrones automáticos polimusculares depende del desarrollo a través del entrenamiento de trayectorias de engramas en el sistema extrapiramidal.

*

Están quienes leen algo de esto y lo bajan a tierra como una pelota que cae del techo. Extrañamente, hacer con las partes, con músculos, y palancas, y percepciones, un movimiento coordinado, exige más que nada dejar de lado. Y dejar de lado es difícil. Difícil de comprender.

Si en algún lugar está la clave de la coordinación es en la inhibición. Como dice el clásico Krusen[257]: la inhibición es el centro de la coordinación. Karen Bobath, quien se dedicó al tratamiento de personas con patologías relacionadas con los movimientos voluntarios e involuntarios empleó la siguiente metáfora: *cada engrama motor es una vía de excitación rodeada por una pared de inhibición.*

*

El siglo XIX había sido, para las artes marciales, un siglo de individualidad. La ciencia buscaba todo en el individuo. La educación física, la medicina apuntaba hacia el individuo. Pero la acción no existe en solitario, como no existe el color sin sustancia sobre la que posarse, sin idea sobre la que posarse. La coordinación, a fin de cuentas, es una capacidad cuyo fin es poner en relación con otro, con algo, con un objeto, que tiene a su vez su estado, su naturaleza propia.

Hoy los estudiosos buscan por otro lado, utilizan fractales, atractores. Al analizar el comportamiento en el encuentro deportivo buscan patrones interpersonales de coordinación[258]. El

---

[256] La coordinación es el proceso que se deriva en la activación de patrones de contracción de muchas unidades motoras de una cierta cantidad de músculos con las fuerzas, combinaciones y secuencias apropiadas y con una inhibición simultánea de todos los otros músculos para desarrollar la actividad deseada. El desarrollo de patrones automáticos polimusculares depende del desarrollo a través del entrenamiento de trayectorias de engramas en el sistema extrapiramidal (Kottke & Lehmann, 1994).

[257] El vulgarmente llamado "Krusen" (Kottke & Lehmann, 1994) es un manual de kinesiología general que se utiliza como elemento de consulta durante los estudios básicos.

combate como sinergia interpersonal, utilizando una perspectiva ecológica[259].

Coordinar es una acción que no puede sino ser con el entorno.

*

Coordinar es recoordinar. Poner en juego la flexibilidad, ir modificándose cibernéticamente. Hacer correr por el cuerpo la luz que guiará cada músculo, cada microtúbulo celular, los pies desnudos, por el camino.

---

[258] Kijima & cols (2012) analizan *El cambio de dinámica en una competencia interpersonal genera una sincronización de jugadores en "punto muerto".* Analizan la evolución de este proceso de sincronización utilizando un modelo dinámico con un atractor y un repelente y discuten la naturaleza autoorganizada del modelo y su capacidad para incorporar una solución general para la coordinación interpersonal en artes marciales. "En el comportamiento de los juegos deportivos competitivos, ciertos patrones interpersonales de coordinación de movimientos evolucionan a pesar de que cada jugador individual solo tiene la intención de ejercer su propia estrategia para ganar" (Kijima, A., Kadota, K., Yokoyama, K., Okumura, M., Suzuki, H., Schmidt, R. C & Yamamoto, Y., 2012).

[259] Krabben, Orth & Van Der Kamp (2019) para promover un enfoque más interactivo, buscaron comprender los deportes de combate desde la perspectiva combinada de la psicología ecológica y los sistemas dinámicos. En consecuencia, los atletas de combate son impulsados por la percepción de posibilidades para atacar y defender. Dos combatientes en una lucha se autoorganizan en una sinergia interpersonal, donde se acoplan las percepciones y acciones de ambos deportistas. Para tener éxito en el combate, los artistas deben manipular y aprovechar la (in) estabilidad del sistema. El desempeño hábil en los deportes de combate, por lo tanto, requiere una actitud arriesgada.: los combatientes deben ser conscientes de sus límites de acción y actuar con determinación en regiones metaestables en los límites de sus capacidades (Krabben, K., Orth, D. & Van der Kamp, J., 2019).

LAS AGUJAS DE LA CONTINUA LLUVIA O EL GOLPE ÚNICO DE LA ENORME PIEDRA

Los manuales suelen ser extensos repertorios de técnicas, de golpes. Mi profesor decía que los viejos karatekas iniciaban y concluían la lucha con un solo golpe. Mejor dicho, extendía la idea al punto de pensar que un buen cinturón negro era aquel capaz de dominar una sola técnica. Sus palabras, ahora que solo aparece en sueños, se presentan como un ideal platónico, una metáfora oriental sobre la pretendida flor que se espera del árbol sagrado. Pero no siempre fue así, tomaba sus explicaciones como pretendida flor del árbol sagrado. Confundía la búsqueda con el fin.

*

Porque el problema no es hacer bien una patada sino el armado de la escena completa.

En lucha deportiva, un competidor se deja llevar por su emoción, ante el golpe recibido redobla la apuesta, separa aún más las piernas, prepara su pie atrasado como un ariete. En el momento justo entra, un pequeño círculo perfecto. Fortísimo. Pero hay gente fortísima, resistente, y así es el otro competidor. Recibe con la facie impávida del japonés que entierra el *wakizachi* en su vientre y es artífice de su propia eventración. Recibe y, como si nada, prosigue, y pega dos, tres golpes de puño en la cara, tirándose encima con todas sus fuerzas. La realidad del deporte ha sumado más para el kamikaze.

La muerte no existe, solo la derrota. Y otra nueva lucha se suma. No hay victoria duradera ni derrota que no pueda repetirse. El golpe final es un arma de doble filo. Entre el *nockout* y la expulsión hay una mera interpretación.

*

Son formas de pensar el combate, el encuentro con el matón, con el asaltante, con el compañero de prácticas. El *Hagakure*, el libro *oculto bajo las hojas* cuenta una reflexión del anciano Tetsuzan: "Tenía tendencia a pensar que el combate a manos desnudas difería del

Sumo, debido a que no tenía importancia ser tirado al suelo al principio, ya que lo esencial era ganar al final del combate. Recientemente he cambiado de punto de vista. Se me ha ocurrido que si un juez tomaba la decisión de parar el combate en el momento en que uno se encuentra en el suelo, os declararía vencido. Hay que ganar desde el principio para salir victorioso siempre".

Hay que estar muy seguro para aguantar, para esperar, la llegada de la policía, el cansancio, la huida.

*

Vuelvo a la competencia, que es medible. O un poco más medible. Cuanto mayor es el peso de los contendientes, menor cantidad de acciones realizan durante un combate[260]. Quizá se deba a que requieren mayor cantidad de energía para sostener el ritmo de combate. Los efectos de golpes son distintos. La pegada de un pesado no es la de un liviano. Los competidores de mayor peso realizan más acciones defensivas (bloqueos y cortes) que los de menor peso ya que no requieren de un desplazamiento para su realización[261].

---

[260] Menescardi, Liebana y Falco analizaron el comportamiento técnico-táctico de los competidores taekwondistas hombres y las competidoras taekwondistas mujeres que participaron en los Juegos Olímpicos (Londres, 2012) en función de la categoría de peso y del resultado del combate (ganar o perder). Sus resultados van en la línea de trabajos previos (Falco et al., 2012; Mavi Var, 2018) que muestran que los taekwondistas hombres y las taekwondistas mujeres de mayor peso realizan un número menor de acciones. Esto podría deberse al menor ritmo de combate de los competidores más pesados en comparación con aquellos de menor categoría de peso. Esto se atribuye a la mayor energía necesaria para mantener el ritmo de combate por parte de los competidores más pesados, ya que al invertir más energía para contactar con el oponente necesitarían de un mayor tiempo de descanso, disminuyendo así el ritmo de combate en comparación con los taekwondistas hombres y mujeres de menor peso, cuyo gasto energético es menor y por tanto, pueden mantener un ritmo más elevado de combate (Menescardi, C., Liebana, E. & Falco, C., 2019).

[261] Los competidores de menor peso realizan más acciones (directas, indirectas, anticipadas y posteriores y con técnica lineal y circular, a la cabeza y al peto, y con pierna derecha e izquierda y guardia tanto abierta como cerrada) en comparación con los competidores de mayor peso; mientras que las competidoras de mayor peso realizan más acciones

Florindo siempre decía que los hombres de más edad resisten más los golpes. Un pibe, difícilmente iba al uno por uno. Recibir para dar.

*

La preparación, la conjunción y puesta en acto de la técnica, potencia, blanco, velocidad, decisión, terminan en menos de lo que tarda un suspiro. Y es necesario una reevaluación inmediata, iniciar otro nuevo ciclo, continuar el ataque, la defensa, las esquivas, o detenerse. Caer. Terminar.
Y la diferencia entre continuar y comenzar es desde dónde se parte. La continuidad exige salir de donde se ha caído, desde donde se ha recuperado.
Se puede pensar en términos de tocar en la segunda o tercera técnica, y entonces, las primeras se piensan en función de su retroceso, regreso, retorno, continuidad, que de su efectividad final en sí. Como una serie de vasallos que limpian el camino por el que transitará el rey.

*

Aquí es necesaria la flexibilidad mental. Conforme la potencia que se aplique al blanco se restrinja, por la razón que sea, porque no se quiere herir, porque no se pretende romper huesos, cuando el oponente no actúa movido por una sana voluntad, cuando los beneficios son menores que las consecuencias, cuando el reglamento lo impide, no se puede pretender dominar por medio de un solo golpe.

*

El luchador puede decidir: partir desde una posición desfavorable o no partir de ahí.

*

El golpe que noquea no pertenece a quien golpea. Es el producto mistérico de dos oponentes mistéricamente coordinados. Es el punto cúlmine de una unión extraña. No es la búsqueda, es la consecuencia última cuando no se pudo resolver antes.

---

defensivas (bloqueos y cortes) que las de menor peso ya que no requieren de un desplazamiento para su realizaron. Esta tendencia se mantiene dentro del grupo de ganadores y perdedores (Menescardi, C., Liebana, E. & Falco, C., 2019).

No se puede aprender a luchar solo

El pensamiento del lejano oriente no toma como referencia a la substancia sino a la relación. En los caracteres chinos para la palabra *hombre* se indica que este no es una substancia, dice el filósofo Byung Chul Han. En la palabra hombre se encuentra incluido el carácter para *entre*. El hombre es, pues, una relación[262]. Quizá no exista, entonces, aquello que pueda aprenderse en soledad, quizá el autodidacta puro y aislado no exista, o sí, pero mucho más allá de las teorías de Vygotsky, y no en el terreno del arte. El mundo marcial se genera y alimenta en la relación, en las innumerables relaciones. El rival es necesario, el oponente, el que nos pone a prueba, el compañero de prácticas, el guía, ese otro cuerpo que se deja hacer ante nosotros. No puede existir el artista autodidacta y aislado, como no existe el humano de la selva, criado por los lobos. O si cree existir oculta parte importante de su verdad.

Para ser artista marcial de la cabeza a los pies es menester haber sido el agresor, el oponente, el defensor, el alumno, el educador, el profesor, el juez. Haber sido el otro. Bruce Lee, quien fue también estudiante de filosofía, ávido lector de la psicología de Fritz Perls, bajó esta idea de la Gestalt en El *Tao del Jeet Kune Do*: conocerse a sí mismo es estudiarse a sí mismo en acción con otra persona.

*

Aquí está el núcleo fundamental para la pedregosa construcción del arte. El artista aikidoka se entrena en cómo ser uno con los que se

---

[262] "El lejano Oriente no ha desarrollado una idea substancial-ontológica de la cultura. Tampoco el hombre es una unidad substancial o individual definida de modo fijo, es decir, una persona. Tampoco tiene un alma. Ya los caracteres chinos para hombre indican que este no es una substancia. En la palabra hombre se encuentra incluido el carácter para entre. El hombre es, pues, una relación. Categorías occidentales como intersubjetividad o interpersonalidad, que fundarían a posteriori una relación entre personas o sujetos, son extrañas para el pensamiento del lejano oriente. Pág. 80 (Han B. C., Hiperculturalidad, 2018).

oponen. El aikido se fundamenta en la existencia de los otros, en el reconocimiento mutuo, de modo que está diseñado para permitir que este modo de vida, valorar el reconocimiento mutuo, la aceptación, el perdón y el dar, sea recreado claramente en el contexto de cada técnica[263].
*

Quienes se escudan diciendo que entrenan solos, como quien no se atiene a los deberes y obligaciones cívicas, pero vive en la seguridad que le brindan las urbes, los hospitales, la seguridad policial, no son más que arrogantes, falsos, sumergidos en sus propias fantasías omnipotentes. Aprender a luchar requiere el cruzarse frente a frente con grandes y chicos, adultos, niños, mujeres, varones, completos, cercenados, hambrientos, iracundos. Aun para aprender a luchar competitivamente. Cada oponente aporta lo suyo y exige algo diferente.
Porque el otro nos exige aquello que somos incapaces de imaginar. De alguna manera, también en la lucha vale la premisa lacaniana *yo es un otro*. El luchador también conforma su identidad a partir del

---

[263] "Aikido no es simplemente el cultivo de habilidades para derrotar a los oponentes; más bien, se está entrenando en cómo ser uno con los que se le oponen y, en esa unidad, encontrar caminos de coexistencia mutua. Por lo tanto, a medida que tu técnica entre en vigor, ya deberías estar en un estado de unidad con tu oponente. En el pasado, el budo japonés seguía un credo de "tomar", que en última instancia incluía quitar la vida a otros. Este credo no reconoció, afirmó, permitió o perdonó al "otro", es decir, al oponente, y por lo tanto permitió que lo cortaran. El Aikido, por el contrario, siempre se ha basado en el reconocimiento mutuo. El reconocimiento mutuo, la concesión mutua, y las donaciones mutuas, son el núcleo del aikido, y este enfoque es bastante diferente de aquel que aboga simplemente por derribar al oponente en un instante y terminarlo. Cualquier técnica de aikido le ofrece al menos cuatro o cinco oportunidades para derribar a su oponente. El ideal del aikido, sin embargo, es evitar cada una de estas oportunidades, pasar a las siguientes etapas y finalmente a una forma que "le pregunte" a su oponente, "¿Qué tal esto? ¿Es esto lo que queremos? ", Y lo lleva a una nueva comprensión de la situación. En este sentido, el aikido ofrece un ideal que podemos llamar un "yurusu budo" o "budo de aceptación". El Aikido está diseñado para permitir que este modo de vida-valorando el reconocimiento mutuo, la aceptación, el perdón y el dar sea recreado claramente en el contexto de cada técnica. Sin estos, el espíritu del Fundador Morihei Ueshiba nunca podrá cobrar vida (Nishio, 2004).

otro, de la mirada del otro, de la identificación. Dice Lee: *el enemigo surge a causa del yo*[264].

*

En el dojo, en el dojang, en taekwondo, el karate, en judo, en kung fu, en kendo, en penjat silat, en chi sao, se entrena por parejas, uno toma el papel de atacante, otro de defensor[265]. Se entrena siempre en el cambio de roles. Espejo y reflejo. Ser el que se opone, el que agrede exige tanto como ser el defensor. Adecuarse, si se es más experto, tirar sin exceso y sin faltar el respeto. Lo mejor que ese rival esté preparado para soportar.

Ser el que ayuda requiere entrega y sinceridad[266]. Ejercer una oposición leal. Y esa oposición, forma íntimamente al artista.

*

También se pone en juego la empatía. Ponerse en los zapatos del otro reduce el comportamiento agresivo y permite un mejor manejo de la culpa[267]. Las neuronas espejo hacen su trabajo y median en la comprensión de la experiencia social[268].

---

[264] En los textos recobrados, pág. 307 (Lee, Bruce lee un artista de la vida. Sus escritos esenciales, 2020).

[265] En un dojo de aikido es común entrenarse por parejas, con un estudiante en el papel de atacante y otro como defensor. Después de practicar la técnica cuatro veces, los estudiantes intercambian los roles. Como resultado, durante el desarrollo de una única clase todos los estudiantes han estado muchas veces en ambos papeles de atacante y defensor (Miller-Lane J. , 2007).

[266] En el papel de atacante, un practicante de aikido debe hacer un ataque "sincero" a su compañero para que el defensor sea capaz de practicar la técnica defensiva. Sin embargo, el atacante debe ser también lo suficientemente flexible como para absorber y armonizarse con la técnica que el defensor (*nage*) ha decidido emplear. Por ataque "sincero" entiendo un ataque que sea lo más similar posible a la forma perfecta del golpe que el instructor de aikido haya anunciado. Con el propósito de aclarar la analogía entre los *ukemi* y la oposición leal, de aquí en adelante me referiré a un ataque sincero como un ataque leal (Miller-Lane J. , 2007).

[267] Stanger & cols. (2012) escribieron estudiaron los efectos de la empatía sobre las emociones y la agresión. Sus hallazgos sugieren que la empatía puede ayudar a reducir el comportamiento agresivo y resaltar el papel mediador potencial de la culpa (Stanger, N., Kavussanu, M., & Ring, C., 2012).

[268] El papel que desempeñan las neuronas espejo en el lenguaje consiste en transformar las acciones corporales de una experiencia privada en una experiencia social que se comparte con los otros seres humanos a través

*

En el aprendizaje de las artes marciales los escenarios son interminables. Son inesperados. Una vez superado el inicio, para continuar aprendiendo hay que moverse al otro lado. Hay que transitar todas las etapas posibles: alumno, competidor, árbitro, juez, instructor, jefe de instructores, maestro, etc. Y luego, otra vez, volver a situarse como alumno habiendo sido instructor, instructor habiendo sido maestro, coach habiendo sido competidor, competidor habiendo sido coach. Árbitro habiendo sido competidor, competidor habiendo sido juez.

*

Aprender artes marciales requiere aceptar que el objetivo final puede ser más amplio y estar más allá del entendimiento momentáneo. Es fácil y cómodo patear un muñeco o una bolsa en la calidez del gimnasio propio, tirar patadas frente al espejo, hacer boxeo de sombra y sentirse poderoso, creer que se sabe, ser quien pregunta y quien responde. Realizar hermosas técnicas de dominación con palancas cuando el asistente hace lo que es esperable que haga. Eso puede ser muy reconfortante, pero es escaso, incompleto. Hacer solo lo que uno cree es permanecer en zona de confort. No hay zona de confort que alimente al arte marcial.

El arte marcial comienza a existir entre dos. Cuando las alimañas callan.

---

del lenguaje (Iacoboni, 2009).

Entrenar en forma integral, lo aislado y lo múltiple

Acostumbrados a ver siempre la mitad interesante de las cosas, el frente de las casas, el jueguito que hace el delantero de futbol, la zona turística de las ciudades, solemos enfocamos en ese fragmento de la técnica que se acerca al momento pleno del contacto con su blanco, el movimiento involuntario del objeto alcanzado, la cabeza, el abdomen doblándose fláccido. El efecto de la extensión en la patada. Del golpe de puño. Las etapas previas, el retorno, el recupero de la pierna, del brazo, lo que resta, lo dejamos abandonado tras el parto, junto a la sangre, a la placenta, la mirada perdida en el recién nacido, en el culmen aparente de la obra.
*

Los novatos sienten predilección por entrenar la mitad vistosa, la mitad interesante, la musculatura que participa en el choque, en el movimiento inicial, en el despliegue de las patadas y golpes, y la preparación para el regreso, la vuelta al inicio suele quedar relegada, apenas le son entregadas las sobras, los efectos secundarios del entrenamiento principal.

Ese entrenamiento unívoco, incompleto, en el caso de ser útil, lo sería para una lucha que solo durase un golpe, un todo o nada, rojo o negro, cosa que, aunque se intente reglamentar, no es posible.

Todo lo que va tiene que regresar, para renacer, para volver a ser. Y lo que va, parte de una acción anterior. Es el eterno círculo, *samsara*, rueda de Brahman. Los elementos tienen que limpiarse, alistarse para lo nuevo. El cuerpo es uno y para volver a usarlo no puede estar ocupado.
*

Golpear y dar todo por concluido en el punto de contacto, bajar los pies en el punto de contacto, caer adelante, es regalarse, jugar una apuesta a la discontinuidad, al final ahí. Pero el azar es todo lo contrario al arte marcial. Nunca hay final ahí. Al arte no le va la callejera piña que concluye en choque, caída, fractura, revolcón, el acto que no prevé, el después, la contienda que no termina de pie y entero.

El arte demanda recuperar las armas, volver al punto de equilibrio. Hay periodicidad y armonía en los sistemas de combate.

El artista marcial debería ser capaz de repetir una técnica, cualquiera sea, tantas veces como quiera, pidan o requiera la situación.

La técnica ideal es un ciclo, el principio y el fin pueden ubicarse donde quiera en la cinta que nos graba, pero en la arena se cierra, reinicia, continúa.

*

Y no solo es un círculo que se recorre en una dirección, la reversibilidad importa. A veces, la decisión se toma, se larga el golpe y el panorama cambia. El artista puede revertir su acción. Volver la pierna, el brazo, el lance, desde donde esté. Y si el panorama vuelve a cambiar, desde ahí puede retomar su técnica o modificarla. Feldenkrais observó: "*La particularidad del movimiento voluntario es la reversibilidad, es decir la posibilidad de interrumpirlo en cualquier momento, invertirlo, reiniciar en la misma dirección del comienzo otro movimiento*".

*

Nunca se sabe dónde nos tomará la lucha. Entrenar sólo una mitad, no funciona. Entrenar de una sola manera, no alcanza. Y esto se aplica a las grandes ramas del árbol. Entrenar solo combate, o solo formas, o defensa personal, forma especialistas, no artistas marciales.

*

Un artista marcial no solo es efectivo sino también bello y autorreproducible. Un fractal de sí mismo. Pies o manos se mueven con la misma velocidad y precisión en versión y retroversión, adelante y atrás. El equilibro se restituye como la mañana.

Una piña la tira cualquiera pero no cualquiera es capaz de controlar, recuperar y repetir un *tzuki* japonés, un *chirugui* coreano, un *quán* chino.

El artista marcial no empieza, pero si empieza nunca termina. Nunca abandona ni se emperra. Es cíclico y quieto. Repite para no repetir, consciente de su búsqueda.

RESUMEN GENERAL

Todos sentimos miedo ante la posibilidad de resultar dañados, nos detenemos ante el dolor. Conservamos, en lo más hondo, a veces disfrazado, el impulso de luchar como herramienta de la supervivencia. Y aún más es un empuje que brinda suprasentido a nuestra vida. Un artista de la lucha es aquel que busca la perfección de su don y sigue un camino de aprendizaje constante, evitando el resultado azaroso. Buscando un profundo conocimiento de su naturaleza íntima, de la información que lleva, del animal humano en sus vísceras, de su experiencia vital y genómica, busca el conocer y saber del cuerpo sobre el cuerpo, en relación con otros cuerpos, del propio ser sobre el ser.

Sin esta búsqueda y comprensión no hay arte posible. No hay experiencia de camino, aunque no se pueda evitar el camino. Porque todo ser es, en tanto lucha. Y esta lucha sucederá, una o cientos de veces, nos tendrá como protagonistas, o víctimas, y la forma en que se elija luchar, la manera en que se decide hacerlo, o no hacerlo, el cómo sobreponerse, enfrentando o huyendo, con estrategias o sin ellas, terminará conformando, dando forma, aún más allá de lo evidente, en diversos y profundos sentidos, muchas veces ocultos para los agonistas.

Las artes marciales permiten desplegar la metáfora de la lucha. Podrían elegirse otras búsquedas. Podría elegirse la literatura, el automovilismo, la música. Este libro no pretende mostrarse como una publicidad engañosa, dar razones de peso para que alguien escoja las artes marciales. Muy por el contrario, es necesario comprender que las artes marciales no son antídotos para la vulnerabilidad, no son fórmulas para prevenir fatalidades, efectos adversos físicos, psíquicos, socioambientales. Aunque en ocasiones puedan llegar a funcionar adecuadamente. No son sistemas exactos, tienen tantas limitaciones como los individuos que las practican. Conocer estas limitaciones permitirá evitar fatalidades, actos estúpidos, temerarios. Conocer la distancia entre los modelos ideales y reales, permitirá evitar fatalidades y actos temerarios. En la lucha, el enfrentamiento, el ataque sorpresivo, la acción siempre tendrá lugar en contextos impredecibles, variables, distantes en mayor o menor medida del mundo ideal esquematizado de la práctica.

Los contextos resultarán determinantes, y dependerán de una cantidad enorme de factores. Esto quiere decir que cuando un evento adverso finalmente sucede, la necesidad luchar, defenderse, etc. no coincidirá con la situación ideal. No resultará ideal, en tanto situación personal ni condiciones ambientales. Para permitir la adecuación personal a la situación (de lucha o cualquier otra situación) es necesario el reconocimiento de las condiciones íntimas y ajenas que se presentan, o sea, no sólo la situación contextual ambiental externa, sino lo que se lee en el propio cuerpo, percibir lo que frena. Diferenciar miedo, pánico, si se ha registrado una situación como peligrosa. Especialmente para evitar el desencadenamiento de respuestas automáticas, descontroladas, o no adecuadas a la situación actual, para mantener cierto control sobre sí mismo y no agotar al organismo. Por otro lado, si bien es casi imposible determinar las motivaciones de quien ataca, o agrede, etc. pueden considerarse ciertos elementos bastante permanentes en la conducta humana para no tentar a las fieras. Por ejemplo, cuando alguien siente que no tiene nada que perder, o que ya lo ha perdido todo, puede considerar su accionar instantáneo más poderoso que su propia vida, o simplemente desapegarse de los resultados, no medir las consecuencias. Ante una perspectiva así el panorama del enfrentamiento se vuelve aún más áspero.

Puestos a luchar, toma el mando del ser entero su inconsciente corporal. Todo lo que requiere ser pensado, ordenado, disciplinado, será antes. En el presente, la voz calla, la razón descansa, se deja ser al cuerpo disciplinado. Porque cualquier acto que requiera ser pensado se vuelve demasiado lento. Ante la duda, cuando no se sabe qué hacer, es mejor no hacer nada. Detenerse a pensar puede ser indicado antes o después, nunca durante la lucha. De aquí que los entrenamientos en artes marciales requieran pocas palabras y mucha repetición, generar respuestas automáticas, y los entrenamientos de lucha, aún menos palabras y más repetición. Las enseñanzas y aprendizajes en artes marciales pasan por el cuerpo más que por cualquier otro lado. Por eso, tanto en el combate, como en el entrenamiento, o en la enseñanza, cuando no se sabe exactamente qué decir, para qué y por qué decirlo, es mejor no decir nada y dejar que la estructura del arte se repita. Que el modelo se copie. El artista marcial cuece sus automatismos a fuego muy lento. Y esto no tiene vuelta, no hay fórmulas rápidas de tres meses, cinturones negros *express*. La relación tiempo de entrenamiento y resultados puede no ser satisfactoria para los individuos de una sociedad del rendimiento, una sociedad sin tiempo, una sociedad de la inmediatez y de la atemporalidad. Las artes marciales no son respuestas a situaciones, son interminables búsquedas. Intentan sostener: "la prolífica semántica del camino".

Cualquier análisis más o menos profundo de la lucha requiere comprender que, sin inteligencia, sin estructura inteligente, las artes marciales no serían más que una forma de sadismo consensuado. En este punto radica la diferencia esencial entre deporte de contacto y arte. La lucha de la que hablan las artes marciales no se refiere a una lucha cualquiera, a una forma cualquiera de enfrentar o defender, o evitar, no se trata de gozar o sobrevivir, o ganar, sin importar el costo. La búsqueda intenta la adecuación entre recursos y necesidades. Usar, de no poder evitarlo, no la potencia extraordinaria sino la justa y necesaria. Aunque pueda no parecerlo, esta clase de sabiduría es inmensamente difícil de conseguir. Para ello es necesario entender, además, al conjunto técnico más allá de los juicios a posteriori, despojándolos de los límites en que las palabras los hunden, comprendiéndolos como herramientas. Estos puntos resumen adónde se quiere llegar y por qué medios.

Para analizar el combate, la situación de lucha, en sí, es menester priorizar los elementos a controlar, su significado, conocerlos para luego reconocerlos. En principio, lo referido a entrada de información y su recepción. Observar cómo se reciben percepciones, cómo se procesa la información. Observar la forma en que se mueven y funcionan los propios procesos atencionales, encargados de echar adecuada luz sobre las cosas. Comprender la delicadeza de la mirada y el oído en la lucha. Entender que la atención y la mirada, la percepción visual, se imbrican. Que hay un ejercicio en la percepción visual propia y la lectura de la percepción visual ajena. Que lo mismo se aplica a lo auditivo. Que hay una gran cantidad de datos útiles que la percepción nos puede aportar al momento de ver cómo se presenta el panorama de la lucha. Estos puntos se resumen en: ¿Cómo se observa la lucha?

Partiendo de la base de que sólo se percibe aquello que se conoce, la pregunta siguiente es: ¿qué es conveniente observar? En principio, los elementos que delimitan el contexto espacial de la relación actual: a que distancia nos encontramos, como está parado el oponente, etc. Conocer la distancia nos aporta información acerca de lo que puede el oponente y nosotros podemos llegar a hacer. La parada aporta datos sobre su estabilidad, ¿qué tan pegado al piso está, o estoy? ¿qué tan rápido y eficientemente podrá moverse? ¿con cuánto peso deberé encararlo? Las posturas de inicio, tanto propias como ajenas, engloban mucha información útil en distintos niveles, mecánico y semiótico. Y las localizaciones respecto del entorno, la disposición de las piezas en el campo también permite sumar recursos. A estas observaciones se le suman la lectura de otras percepciones, signos corporales, lectura intuitiva emocional, respuestas programadas. Leer los signos del cuerpo ajeno y el nuestro, el lenguaje universal de los cuerpos, aprenderlo e inhibirlo. Entender las señales del inicio, del ataque. Pero de todo lo que está a disposición del luchador solo algunas señales son relevantes. Es necesario separar la paja del trigo. El aprendizaje no tiende a modelar el aparato perceptor en sí, sino que poda y delimita la interpretación de los datos recibidos para dejar solo los que verdaderamente importan. Con la interpretación de los datos obtenidos se está entonces en condiciones de evaluar el *potencial de situación*, para determinar las estrategias que más favorezcan, los elementos facilitadores. Este momento, una vez delimitado el contexto y la posibilidad de acción, es uno de los puntos clave, ya que se deciden las propias acciones. Para ello, es necesario tener en cuenta las consecuencias de las acciones. ¿qué pretendo hacer? ¿escapar, responder, dominar, golpear? Es necesario saber que lastimar será un recordatorio vivo, una deuda pendiente que alguien tendrá con nosotros. Se deben ultimar las alternativas de dominio antes de lastimar. Siempre es mejor que la guerra esté ganada de antemano.

Pero si, a pesar de todo, es necesaria la acción técnica específica se requiere ajustar los llamados: elementos del foco. Para lograr la eficacia técnica, hay que entender que no se trata de hacer lo que viene en gana sino lo conveniente. La relación entre elección de la técnica y blanco ha de ser adecuada. Son elementos conjugados. Que deben actuar en el momento justo, o sea, en el timing adecuado, con la potencia y la distancia justas. Estas interrelaciones son fáciles de observar, en tanto la fórmula clásica de Potencia, indica que está directamente relacionada con la realización de un trabajo, o sea la fuerza que se aplica sobre un cuerpo durante una determinada distancia, e inversamente proporcional al tiempo en que esta es efectuada. $P = W/t = (F.d) / t$. Se requiere comprender la rapidez, el equilibrio, la coordinación y las variables que la modifican.

En el Tomo II. Se analizan conceptos sobre la sistematización de las artes marciales tradicionales, malosentendidos sobre filosofía y método, historia y problemas de la práctica contemporánea.

En el Tomo III: Se analizan conceptos sobre enseñanza y aprendizaje en artes marciales.

DICCIONARIO

Daeryon: en artes marciales coreanas, ejercicios de combate. De ahí, *Il Bo Daeryon* (combate a un paso), *Sam Bo Daeryon* (combate a tres pasos), y otras formas de ejercitación de combate.

Daimyo: literalmente gran nombre, señor feudal que dirigía un clan samurái y ejerció una autoridad absoluta sobre el territorio que sostenía con sus ejércitos.

Shinai: El shinai (竹刀?) es un sable de bambú, implemento que sirve para entrenar de una forma más segura las técnicas de combate inspiradas en la katana o sable japonés. El shinai, es mucho más seguro, y menos letal que el sable de madera o *bokken*.

Shihan: maestro o gran maestro para las artes marciales japonesas.

Guro: maestro en artes marciales filipinas. Similar al sensei, sabon, sifu.

Dojang: es el sinónimo coreano del dojo japonés.

Dojo: La palabra dojo viene del término budista que significa "sitio de iluminación" (Kano, 1986).

Hyong: se llama así a una serie de patrones prestablecidos de lucha coreanos, cuyos diagramas son similares a los *tul* de Taekwondo, pero se realizan con otro tipo de movimientos, que suelen basarse en movimientos tipo *de tierra* y no de tipo *ola*, como suelen realizarse los tul.

Judo: Ju es un carácter chino que significa suavidad, o forma de ceder. El significado de jutsu es arte y do significa principio o camino, siendo el camino el concepto de la vida misma. Judo camino de la suavidad, con la implicación de ceder primero para finalmente conseguir la victoria (Kano, 1986).

Jujitsu-kan: Los japoneses a menudo mencionan la palabra para describir un sentimiento de que están funcionando plena y efectivamente hasta los límites de sus habilidades existentes.

Kake: Todas las técnicas de lanzamiento de judo se componen de tres fases principales: kuzushi, la fase preparatoria definida como romper el equilibrio de un oponente o simplemente prepararlos para un lanzamiento, tsukuri el proceso de encajar en el lanzamiento y kake la fase aérea que describe la ejecución del lanzamiento

Kamiza: espacio similar a un altar que se encuentra en los dojos japoneses.

Kata: en artes marciales japonesas, secuencia de movimientos de ataque y defensa preestablecida que remedan una lucha. Similar a los *hyong, tul, poomse*, o a lo que en ingles es llamado *pattern* o *form*.

Kumite: en artes marciales japonesas, combate libre. Lo que artes coreanas es llamado *daeryon*.

Kuzushi: Todas las técnicas de lanzamiento de judo se componen de tres fases principales: kuzushi, la fase preparatoria definida como romper el equilibrio de un oponente o simplemente prepararlos para un lanzamiento, tsukuri el proceso de encajar en el lanzamiento y kake la fase aérea que describe la ejecución del lanzamiento.

Maru: espacio de suelo que determina el área de entrenamiento en artes marciales coreanas. el marú, usualmente, está dentro del Dojang.

Oh: es similar al satori, pero coreano.

Randori: significa práctica libre (Kano, 1986).

Sabón: en taekwondo y otras artes marciales coreanas, se trata de una forma familiar de trato al profesor que prescinde de la aclaración ayudante de, señor profesor, u otras, cuyas formas completas correctas serían: *bu sabon im, bu sajio nim, sabon nim*, etc. Es una forma de expresión similar a *profe*, utilizado en el español vulgar. En artes marciales japonesas su traducción es *sensei*, y en chinas, *sifu*.

Samurái: es una expresión que proviene del verbo Saburaru: servir saburaru. La primitiva designación del guerrero era saburai-hito, hombre de servicio. Una designación extensiva a los clanes militares que lucharon contra los aborígenes primero y que durante el siglo XII comenzaron a ocupar un rol preponderante en la sociedad. La conducta de los samuráis fue guiada por los valores del Bushido: camino de los samuráis, inspirado en el shinto, el confusionismo y el budismo.

Satori: es un momento de no-mente y de presencia total, término japonés que designa la iluminación en el budismo zen.

Sensei: se llama así al profesor de artes marciales japonesas.

Shifu (sifu, sifú): se llama así al profesor de artes marciales chinas.

Sijak: en coreano 시작 (pronunciado sijag) significa empezar.

Tsukuri: Todas las técnicas de lanzamiento de judo se componen de tres fases principales: kuzushi, la fase preparatoria definida como romper el equilibrio de un oponente o simplemente prepararlos para un lanzamiento, tsukuri el proceso de encajar en el lanzamiento y kake la fase aérea que describe la ejecución del lanzamiento

Tul: es una serie de patrones de movimientos de ataques y defensas preestablecidos en taekwondo (ITF). Que suman un total de 24 y se utilizan como método de estudio y evaluación desde cinturón 9° kup a 6° Dan. Similar al *kata* japonés.

BIBLIOGRAFÍA

Edwards, C. & Al Khalili, Y. (2020). Moro Reflex. *StatPearls [Internet]*.

Adam, J., Müskens, R., Hoonhorst, S., Pratt, J. & Fischer, M. H. (2010). Left hand, but not right hand, reaching is sensitive to visual context. *Exp Brain Res, 203*(1), 227-32. doi:10.1007/s00221-010-2214-6

Adamec, J., Hofer, P., Graw, M. & Schöpfer, J. (2021). Biomechanical assessment of various punching techniques. *Int J Legal Med., 135*(3), 853-859. doi:10.1007/s00414-020-02440-8.

Ahumada Acevedo, P. (2005). *Hacia una evaluación auténtica*. México D.F.: Paidós.

Alesi, M., Bianco, A., Padulo, J., Vella, F. P., Petrucci, M., Paoli, A., Palma, A. & Pepi, A. (2014, Jul). Motor and cognitive development: the role of karate. *Muscles Ligaments Tendons J, 14*(4), 114-20.

Allen, B. (2015). *Strinking Beauty. A Philosophical Look at the Asian Martial Arts*. New York: Columbia University Press.

Anna C. Nobre; M-Marsel Mesulam. (2014). Large-scale Networks for Attentional Biases . In *The Oxford Handbook of Attention*. Oxford: Oxford University Press.

Aristóteles. (349 a.c. [1948]). Ética. In Aristóteles, *Obras filosóficas*. (Vol. III, pp. 155-232). Buenos Aires: W.M.Jackson Inc. Editores.

Aronson, E. & Mills, J. (1959). El efecto de la severidad de la iniciación sobre el gusto por un grupo. *Revista de psicología social y anormal, 59*(2), 177-181. Retrieved from https://doi.org/10.1037/h0047195

Arus, E. (2012). *Biomechanics of human motion. Applications in the martial arts*. Boca Raton: CRC Press.

Avelar-Rosa, Bruno et al. (2015, junio). "Fighting knowledge" characterization and development: contents of an integrated model for teaching martial arts and combat sports. *Revista de Artes Marciales Asiáticas, 10*(1), 16-33.

Avois, L., Robinson, N., Saudan, C., Baume, N., Mangin, P. y Saugy, M. (2006). Estimulantes del sistema nervioso central y práctica deportiva. *Revista británica de medicina deportiva, 40*(Suppl 1), i16 – i20. Retrieved from https://doi.org/10.1136/bjsm.2006.027

Bao, G. C. (2020, Sep). The idealist and pragmatist view of qi in tai chi and qigong: A narrative commentary and review. *J Integr Med, 18*(5), 363-368. doi:10.1016/j.joim.2020.06.004.

Barros Blanco, J. A. (2011). *Obras completas, Tomo I*. Barranquilla: Ed. Universidad del Norte.

Bartlett, R. (2007). *Introduction to Sports Biomechanics: Analysing Human Movement Patterns* . New York: Taylor & Francis e-Library.

Bateson, G. (1972 [1998]). *Pasos hacia una ecología de la mente*. Buenos Aires: Ediciones Lohle-Lumen.

Baurdin, C. (2012). Apropiación. *Laboreal, 8*(2). Retrieved from http://journals.openedition.org/laboreal/6845

Bayés, R. (1998). Psicología del sufrimiento y de la muerte. *Anuario de Psicología*, 5-17.

Becker, H. (2016). *Mozart, el asesinato y los límites del sentido común. Cómo construir teorías a partir de casos*. Buenos Aires: Siglo XXI Editores.

Begoña, M. & Martín, C. (2015). *Manual de Baja Visión y Rehabilitación Visual*. Madrid: Editorial Médica Panamericana.

Beguin, P. (2006). Acerca de la evolución del concepto de actividad. *Laboreal, 2*(1). doi:10.4000/laboreal.13806

Benesh, O. (2014). *Inventing the way of the samurai*. Oxford: Oxford University Press.

Benitez-Quiroz, C. F., Srinivasan, R. & Martinez, A. M. (2018, Apr 3). Facial color is an efficient mechanism to visually transmit emotion. *Proc Natl Acad Sci U S A., 115*(14), 3581-3586. doi:10.1073/pnas.1716084115

Bennet, A. (2015). *Kendo. Culture of the Sword*. California: University of California Press.

Bilbao, A. & Oña, A. (2000). efectos del aprendizaje sobre el cambio de tendencia lateral. La lateralidad motora como habilidad entrenable. *European Journal of Human Movement, ISSN 0214-0071, ISSN-e 2386-4095, N°. 6, 2000, págs. 7-27*.

Bing, W. C. & Kim, S. J. (2021). Un estudio fenomenológico de la mejora de la salud mental en el entrenamiento de taekwondo: aplicación de la teoría de la catarsis. *Revista internacional de investigación ambiental y salud pública, 18*(8), 4082.

Bolander, R. P., Neto, O. P. & Bir, C. A. (2009). The effects of height and distance on the force production and acceleration in martial arts strikes. *J Sports Sci Med, 1*(8), 47-52.

Bordieau, P. & Wacquant, L. . (1995). *Reflexiones por una antropología reflexiva*. México D.F.: Grijalbo.

Bosga, J., Meulenbroek, R. & Cuijpers, R. (2010). Intra- and Interpersonal Movement Coordination in Jointly Moving a Rocking Board. *Motor Control*(14), 440-459.

Boudin, C. (2012). Apropiación. *Laboreal, VIII*(2), 111-114.

Bourdieu, P. (1982 [2014]). *¿Qué significa hablar? Economía de los intercambios lingüísticos*. Buenos Aires: Akal.

Bruya, B. & Tang, Y.Y. . (2018). Is Attention Really Effort? Revisiting Daniel Kahneman's Influential 1973 Book Attention and Effort. . *Front. Psychol.*, 9:1133. doi: 10.3389/fpsyg.2018.01133.

Bueno-Gómez, N. (2017). Conceptualizing suffering and pain. *Philosophy, Ethics, and Humanities in Medicine*, 12:7. doi:10.1186/s13010-017-0049-5

Bulacio, J. M. (2011). *Ansiedad, estrés y práctica clínica.* Buenos Aires: Akadia.

Burke, D.T., Al-Adawi, S., Lee, Y.T. & Audette, J. (2007, Mar 47 (1)). Martial arts as sport and therapy. *J Sports Med Phys Fitness.*, 96-102.

Byun, S., An, C., Kim, M. & Han, D. (2014, Oct 26 (10)). The effects of an exercise program consisting of taekwondo basic movements on posture correction. *J Phys Ther Sci.*, 1585-8. doi: 10.1589/jpts.26.1585. Epub 2014 Oct 28.

Camerino Foguet, O. & Castañers Ballcels, M. (1999). La comunicación de los profesionales del deporte. *Revista de la Universidad de Lima*(12). Retrieved from http://revistas.ulima.edu.pe/index.php/contratexto/article/view/732/704

Campbell, J. (2010). *El heroe de las mil caras. Psicoanálisis del mito.* Buenos Aires: Fondo de Cultura Económica.

Carlucci, L. & Case, J. (2013). On the Necessity of U-Shaped Learning. *Top Cogn Sci. Enero de 2013; 5 (1):*, 56-88. doi:10.1111 / tops.12002.

Carpio, A. P. (1997 [1974]). *Principios de Filosofía.* Buenos Aires: Glauco.

Cavallari P, Bolzoni F, Bruttini C & Esposti, R. (2016, octubre). The Organization and Control ofntra-Limb Anticipatory Postural Adjustments and Their Role in Movement Performance. *Front. Hum. Neurosci., 10.* doi:10.3389/fnhum.2016.00525

Celeghin, A., Diano, M., Bagnis, A., Viola, M. & Tamietto, M. (2017). Basic Emotions in Human Neuroscience: Neuroimaging and Beyond. *Front. Psychol. 8:1432.* doi:10.3389/fpsyg.2017.01432

Celeghin, A., Diano, M., Bagnis, A.,Viola, M. & Tamietto, M. (2017). Basic Emotions in Human Neuroscience: Neuroimaging and Beyond. *Front. Psychol. 8:1432.*

Céspedes, E. (2018). Propiedades emergentes, valor intrínsecos y ecología: Algunas perspectivas éticas sobre los habitantes de la Isla Navarino. *Magallania, 46*(1), 227-235. Retrieved from http://dx.doi.org/10.4067/S0718-22442018000100227

Chan, A., Chair, S., Lee D., Leung D., Sit J., Cheng H. & Taylor-Piliae, R. (2018). Tai Chi exercise is more effective than brisk walking in reducing cardiovascular disease risk factors among adults with hypertension: A randomised controlled trial. *nt J Nurs Stud.*(88), 44-52. doi:10.1016/j.ijnurstu.2018.08.009

Channon, A. (2014). Towards the "Undoing" of Gender in Mixed-Sex Martial Arts and COmbat Sports. *Societies, 4,* 587–605. doi:10.3390/soc4040587

Chiozza, L. (1998). *Cuerpo, afecto y lenguaje.* Buenos Aires: Alianza.

Chiozza, L. (2005). *Obras Completas. Tomo XV. Las cosas de la vida.* Buenos Aires: Del Zorzal.

Chiozza, L. (2008). *Corazón, hígado y cerebro.* Buenos Aires: Del Zorzal.

Chiozza, L. (2008). *Mano y Palabra en el abordaje terapéutico.* Buenos Aires: Del Zorzal.

Chiozza, L. (2008). *Obras Completas. Tomo IV. Metapsicología y Metahistoria 2.* Buenos Aires: Libros del Zorzal.

Chiozza, L. (2009). *Obras completas. ¿Por qué nos equivocamos? Lo malpensado que emocionalmente nos conforma y otros textos* (Vol. VIII). Buenos Aires: Libros Del Zorzal.

Chiozza, L. (2009). *Obras Completas. Tomo XI. Afectos y afecciones 2 .* Buenos Aires: El Zorzal.

Chiozza, L. (2012). *Obras Completas. Tomo XX. El interés en la vida y otros escritos.* Buenos Aires: Del Zorzal.

Chiozza, L. (2017). *Mano y Palabra en el abordaje terapeutico. Anexo Gráfico.* Buenos Aires: Fundación Luis Chiozza.

Cho, S. Y., So, W. Y. & Roh, H. T. (2017, Apr 25). The Effects of Taekwondo Training on Peripheral Neuroplasticity-Related Growth Factors, Cerebral Blood Flow Velocity, and Cognitive Functions in Healthy Children: A Randomized Controlled Trial. *Int J Environ Res Public Health, 25*(14). doi:10.3390/ijerph14050454.

Cho, S.Y. & Roh, H.T. (2019). Taekwondo Enhances Cognitive Function as a Result of Increased Neurotrophic Growth Factors in Elderly Women. *Int J Environ Res Public Health. 2019 Mar 18;16(6). pii: E962. doi: 10.3390/ijerph16060962.*

Choi, H. H. (1993 [1983]). *Encyclopedia of Taekwondo.* Ontario, Canadá: International Taekwon-do Federation.

Chow, T.H., Lee, B.Y., Ang, A., Cheung, V., Ho, M. & Takemura, S. (2017, Jun 26). The effect of Chinese martial arts Tai Chi Chuan on prevention of osteoporosis: A systematic review. *J Orthop Translat.*, 74-84. doi:10.1016/j.jot.2017.06.001. eCollection 2018 Jan.

Chun, R. (1993). *Advancing in Taekwondo.* Boston: YMAA Publication Center.

Cohen, R. G., Baer, J. L., Ravichandra,. R., Kral, D., McGowan, C. & Cacciatore, T. W. (2020). Lighten Up! Postural Instructions Affect Static and Dynamic Balance in Healthy Older Adults. *Innov Aging*, igz056. doi:10.1093/geroni/igz056. PMID: 32226825; PMCID: PMC7092748.

Colom, R., Karama, S. & Haier R.J. (2010, Dic). Human intelligence and brain networks. *Dialogues in Clinical Neuroscience, 12*(4), 489-501.

Cong E. & Walker M.D. (2014). The Chinese skeleton: insights into microstructure that help to explain the epidemiology of fracture. *Bone Res. 2014 Jun 10;2:14009. doi: 10.1038/boneres.2014.9. eCollection 2014.*

Corballis, M. C. (1983). *Human Laterality.* London: Academic Press Inc. (London) LTD.

Corominas, J., Pascual J. A. (1980). *Diccionario crítico etimológico castellano e hispánico.* Madrid: Gredos.

Couture, R. (2007). *The Best of Mixed Martial Arts.* Chicago: Triumph Books.

Csikszentmihalyi, M. (2008). *Flor. The Psychology of Optimal Experience.* New York: Harper Collins .

Csikszentmihalyi, Mihaly & Asakawa, Kiyoshi. (2016). Universal and Cultural Dimensions of Optimal Experiences. *Japanese Psychological Research, 58*(1), 4–13. doi:10.1111/jpr.12104

Cupponea, A. V., Semprinib, M. & Konczakc, J. (2018). Consolidation of human somatosensory memory during motor learning. *Behavioural Brain Research, 347,* 184–192.

Damasio, A. (2006 [2003]). *En busca de Spinoza.* Barcelona: Critica.

Damasio, A. (2008). *El error de Descartes.* Madrid: Crítica.

Damasio, A. (2010). *El Error de Descartes. La razón de las emociones.* Buenos Aires: Paidós.

Damiano, C. & Walther Dirk. (2019). Distinct roles of eye movements during memory encoding and retrieval. *Cognition,* Mar;184:119-129. doi: 10.1016/j.cognition.2018.12.014. Epub 2018 Dec 27.

Darwin, C. (1946 (1872)). *La expresión de las emociones en el hombre y en los animales.* (J. Desar, Trans.) Buenos Aires: Ed. Intermundo.

Davis, S. F., & Buskist, W. (Eds.). (2008). *21st Century Psychology: A Reference Handbook.* California: Sage Publications Inc.

De Groot, J. H., Semin, G. R. & Smeets, M. A. (2014 , Apr;143(2)). I can see, hear, and smell your fear: comparing olfactory and audiovisual media in fear communication. *J Exp Psychol Gen.,* 825-34. doi: 10.1037/a0033731. Epub 2013 Jul 15.

De La Riva, I., Reyes Toso, C., Gonzalez De Quiroz, F., Planells, F. & Vega, G. (1999). *Fisiología Respiratoria.* Buenos Aires: Pache.

Der-Avakian, A., Barnes, S. A., Markou, A. & Pizzagalli, D. A. (2016). Translational Assessment of Reward and Motivational Deficits in Psychiatric Disorders. *Curr Top Behav Neurosci, 28,* 231–262.

Ekman, P. (2009). *Cómo detectar mentiras. Una guía para utilizar en el trabajo, la política y la pareja.* Barcelona: Paidos.

Estevan, I., Jandacka, D. & Falco, C. (2013). Effect of stance position on kick performance in taekwondo. *J Sports Sci, 31*(16), 1815-22. doi:10.1080/02640414.2013.803590. Epub 2013 Jul 23.

Estévez-González, A., García-Sánchez, C. & Junqué, C. (1997). La atención: una compleja función cerebral. *Revista de Neurología, 27,* 1989-97.

Evangelio de Tomás. (Origen desconocido [2019], 12 27). Retrieved from Escrituras.tripod.com: http://escrituras.tripod.com/Textos/EvTomasGn.htm

Evangelio según Tomás (texto copto de Nag Hammadi). (2004). In *Evangelios Apócrifos.* Madrid: Arkano Books.

Falcón, R. (2007). El viaje intelectual de los Cuadernos de Paul Valéry. *Espéculo. Revista de estudios literarios. Universidad Complutense de Madrid.* Retrieved from http://www.ucm.es/info/especulo/numero37/valery.html

Feinman, J. P. (n.d.). *Filosofía aquí & ahora. Cap. 7 . Segunda temporada.* Retrieved from You Tube: https://www.youtube.com/watch?v=Y8N25yyxZjw

Feldenkrais, M. (1981). *The Elusive Obvious.* California.

Ferrater Mora, J. (1964). *Diccionario de Filosofía.* Buenos Aires: Sudamericana.

Feynman, Richard P., Leighton, Robert B. & Sands, M. (1998). *Física. Vol 1. Mecánica, Radiación y Calor.* México D.F.: Addison Wesley & Longman.

Florindo, P. (1992). Las técnicas correctas y las técnicas de combate. *Todo Taekwondo - Libro de Oro,* 58-62.

Florindo, P. (n.d.). Respeto. *Yudo-Karate.*

Fortó, J. Quevedo, L. & Massafret, M. (1999). Visión y deporte: hacia una metodología integradora. Un ejemplo en el baloncesto. *Educación Física y Deporte, 55,* 85-89.

Freud, S. (1916). *Obras Completas. Tomo XVIII. .* Buenos Aires: Amorrortu.

Freud, S. (1953 [1900]). *Obras Completas. La interpretación de los sueños* (Vol. IV). Buenos Aires: Amorrortu.

Freud, S. (1976 (1914-1916)). *Obras Completas. Tomo XIV.* Buenos Aires: Amorrortu.

Fujiwara, H., Ueno, T., Yoshimura, S., Kobayashi, K., Miyagi, T., Oishi, N., & Murai, T. (2019). Martial Arts "Kendo" and the Motivation Network During Attention Processing: An fMRI Study. *Frontiers in human neuroscience, 13, 170.* Retrieved from https://doi.org/10.3389/

Fulfer, M. (2001, Spring). Nonverbal communication: how to read what´s plain as the nose...or eyelid... or chin...on their faces. *Journal of Organizational Excellence .*

Funakoshi, G. (1973 [1957]). *Karate-Do Kyohan.The Master Text.* Tokyo: Kodansha International Inc.

Gardner, H. (1993 [2003]). *Inteligencias Múltiples. La teoría en la práctica.* Buenos Aires: Paidos.

Geneser, F. (3ra edición). *Histología*. Buenos Aires: Panamericana.

Gerard, H. B. & Mathewson, G. C. (1966). El efecto de la severidad de la iniciación sobre el gusto por un grupo: una replicación. *Revista de psicología social experimental, 2*(3), 278-287. Retrieved from https://doi.org/10.1016/0022-1031(66)90084-9

Ghasemi, M., Koohpayehzadeh, J., Kadkhodaei, H. & Ehsani, A. (2016, December 28). The effect of foot hyperpronation on spine alignment in standing position. *Med J Islam Repub Iran, 30*, 466.

Gierczuk, D., Bujak, Z., Cieśliński, I., Lyakh, V. & Sadowski, J. (2018). Tiempo de respuesta y efectividad en luchadores grecorromanos de élite en condiciones de lucha simuladas. *J Strength Cond Res*, 32 (12): 3442–3449.

Gordillo, F., Mestas, L., Castillo, G., Pérez, M. A., López, R. M, & Arana, J. M. (2017). Redes neuronales de la expresión facial. *Rev Neurol*(64), 125-32.

Gordillo, F., Pérez,M., Arana, J. M., Mestas, L & López, R. M. (2015). Papel de la experiencia en la neurología de la expresión. *Rev Neurol, 60*, 316-20.

Green, T. A. (2001). *Martial Arts of the World. An Encycopedia*. Santa Bárbara, California, USA: ABCClio.

Grigg, T. M., Fox-Turnbull, W., & Culpan, I. (2018). Retained primitive reflexes: Perceptions of parents who have used Rhythmic Movement Training with their children. *Journal of Child Health Care*, 1-13. doi:10.1177/1367493518760736

Gutiérrez Calvo, M., Ramos, P. & Eysenck, M. W. (1993). Estrés, ansiedad y lectura: eficiencia versus eficacia. *Cognitiva*, 77-93.

Guyton, Arthur C. & Hall, John E. (2016). *Fisiología Médica* (13° ed.). España: Elsevier.

Guzman Díaz, J. (2004, Enero). Los géneros cortos y su tipología en la oralidad. *Andamios no.1 México ene. 2004*(1).

HajduÂ-SzuÈcs, K., Fenyvesi, N., SteÂger, J. & Vattay, G. (2018). Audio-based performance evaluation of squash players. *Plos one*. Retrieved from https://doi.org/10.1371/journal.pone.0194394

Han, B. C. (2014). *En el enjambre*. Barcelona: Herder.

Han, B. C. (2015). *El aroma del tiempo. Un ensayo filosófico sobre el arte de demorarse*. Barcelona: Herder.

Han, B. C. (2015). *La agonía del Eros*. Barcelona: Herder.

Han, B. C. (2016). *Shanzhai*. Buenos Aires: Caja negra.

Han, B. C. (2016). *Sobre el poder*. Madrid: Herder.

Han, B. C. (2016). *Topología de la Violencia*. Madrid: Herder Editorial.

Han, B. C. (2018). *Hiperculturalidad*. (F. gaillour, Trans.) Barcelona: Herder.

Han, B. C. (2020). *La desaparición de los rituales. Topología del presente*. Madrid: Herder.

Han, B. C. (n.d.). *La sociedad de la transparencia*. Buenos Aires: Herder.

Hanigan, G. & Peterson, R. (1987). Síndrome del oído de estaño: aceleración rotacional en traumatismos craneales pediátricos. *Pediatría*, 618-622.

Haramboure, R. G. (2007). Requisitos para una adecuada escuela para. *El deportes*(106).

Harari, Y. N. (2014). *De animales a dioses. Breve historia de la humanidad*. Buenos Aires: Debate.

Heidegger, M. (1927). *Ser y Tiempo*. (J. E. RIvera, Trans.)

Heidegger, M. (2012). *¿Qué significa pensar?* Buenos Aires: Agebe.

Hepper, P. G. (2013). Los orígenes evolutivos de la lateralidad: la destreza fetal. *Dev Psychobiol. 2013 Sep;55(6):588-95.*, 588-95. doi:doi: 10.1002/dev.21119

Hewitt, P. (1998). *Física conceptual*. México D.F.: Addison, Wesley & Logman.

Hi, C. H. (1996). *Taekwon-Do. EL arte coreano de la defensa personal*. (H. M. Pablo Trajtemberg, Trans.) Buenos Aires: International Taekwon-Do Federation.

Higaonna, M. (1985). *Traditional karate do - Okinawa Goju Ryu*. Japan: Sugawara Martial Arts Institute Inc.

Hine, J. (1992). *Yang Tai Chi CHuan*. London: A & C Black (Publishers) Ltd.

Hobart, P. (2009). Manadas & lobos solitarios. Entrevista con Ellis Amdur sobre las tradiciones marciales japonesas. *Revista de Artes Marciales Asiáticas*, Volumen 4 Número 3 (58-73) .

Hodgson, J. C. & Hudson, J. M. (2018). Speech lateralization and motor control. *Prog Brain Res*, 145-178. doi:10.1016/bs.pbr.2018.06.009. Epub 2018 Jul 9.

Hodgson, J. C., Hirst, R. J. & Hudson, J. M. (2016). Hemispheric speech lateralisation in the developing brain is related to motor praxis ability. *Dev Cogn Neurosci*, 9-17.

Hong, Y. & Bartlett, R. (2008). *Handbook of Biomechanics and Human Movement Science*. New York: Routledge International.

Horak, F. B. (2006). Postural orientation and equilibrium: what do we need to know about neural control of balance to prevent falls? *Age and ageing*, 35 Suppl 2, ii7–ii11. https://doi.org/10.1093/ageing/afl077.

Hordacre, B., Immink, M. A., Ridding, M. C., & Hillier, S. . (2016). Perceptual-motor learning benefits from increased stress and anxiety. *Human Movement Science, 36*, 36-46.

Horton, N. (2005). *Japanese Martial Arts*. West Sussex: Summersdale Publishers Ltd.

Hwang I, Song R, Ahn S, Lee MA, Wayne PM, Sohn MK. (2019, Jul/Aug;44(4)). Exploring the Adaptability of Tai Chi to Stroke Rehabilitation. *Rehabil Nurs.*, 221-229. doi:10.1097/rnj.0000000000000110.

Iacoboni, M. (2009). *Las neuronas espejo*. Buenos Aires: Katz Editores.

Ibrahim, D.A., Myung K.S. & Skaggs D.L. (2013, May). Ten percent of patients with adolescent idiopathic scoliosis have variations in the number of thoracic or lumbar vertebrae. *J Bone Joint Surg Am.*, *1*(95(9)), 828-833. doi:doi: 10.2106/JBJS.L.00461

Idiazabal-Alecha, M. A., Sebastian-Guerrero, M. V., Navascues-Sanagustin, M. A.., Arcos-Sanchez, C., Arana-Aritmendiz, M. V., Ruiz-Lopez, C., Iso-Perez, J. M. (2018). Estudio cortical de la atención en tests de simulación militar. *Rev Neurol, 66*, 331-9.

Imamura, R., Iteya, M., Hreljac, A., & Escamilla, R. . (2007). A Kinematic Comparison of the Judo Throw Harai-Goshi during Competitive and Non-Competitive Conditions. *Journal of sports science & medicine, 6(CSSI-2)*, 15-22.

Inosanto, D. (1980). *The Filipino Martial arts*. Los Ángeles: Know Now Publishing Company.

Izquierdo, M. (2008). *Biomecánica y bases neuromusculares de la actividad física y el deporte* . Buenos Aires : Editorial Médica Panamericana.

Jakubiak, N. y. (2008). La viabilidad y eficacia del entrenamiento de resistencia elástica para mejorar la velocidad de la patada giratoria de Taekwondo Olímpico. *J Strength Cond Res 22*, 1194-1197.

James, W. (2009). *El universo pluralista*. Buenos Aires: Cactus.

Jensen, A. R. (1998). *The g Factor. The sciencie of Mental Ability*. New York: Praeger Publishers.

John T. Serences; Sabine Kastner. (2014). A Multi-level Account of Selective Attention. In S. Kastner (Ed.), *The Oxford Handbook of Attention*. Oxford, UK: Oxford University Press.

Jones, D. A. (2010). Changes in the force-velocity relationship of fatigued muscle: implications for power production and possible causes. *The Journal of physiology*, 588(Pt 16), 2977–2986. https://doi.org/10.1113/jphysiol.2010.190934.

Jullien, F. (1996). *Traité de l´ efficacité*. Paris: Grasset.

Jullien, F. (2005). *Conferencia sobre la eficacia* (2006 ed.). (H. García, Trans.) Buenos Aires: Katz Editores.

Jullien, F. (2021). *Des-coincidencia. De dónde vienen el arte y la existencia*. Buenos Aires: El cuenco de plata.

Jullien, F. (2021). *Una segunda vida*. Buenos Aires: El cuenco de plata.

Kadri, A., Slimani, M., Bragazzi, N., Tod, D. & Azaiez, F. (2019, Jan). Effect of Taekwondo Practice on Cognitive Function in Adolescents with Attention Deficit Hyperactivity Disorder. *Int J Environ Res Public Health, 12*(16).

Kail, R. & Cavanaugh, J. (2015). *Desarrollo humano: Una perspectiva del ciclo vital*. México D.F.: Cengage Learning Editores.

Kamau, C. (2013). ¿Qué significa ser iniciado severamente en un grupo? El papel de las recompensas. *Revista Internacional de Psicología*, 48: 3, 399-406, DOI: 10.1080 / 00207594.2012.663957.

Kanerva, L. (1998, Jul-Aug). Knuckle pads from boxing. *Eur J Dermatol. , 5*(8), 359-61.

Kano, J. (1986). *Kodokan Judo*. Japan: Kodansha International Ltda.

Kato, T. (2020). Using "Enzan No Metsuke" (Gazing at the Far Mountain) as a Visual Search Strategy in Kendo. *Frontiers in sports and active living, 2, 40. https://doi.org/10.3389/fspor.2020.00040*.

Kavanagh, C. M., Jong, J., McKay, R. & Whitehouse, H. (2019). Las experiencias positivas de los rituales de artes marciales de alta excitación están vinculadas a la fusión de identidades y costosas acciones a favor del grupo. *Revista europea de psicología social, 49*(3), 461-481.

Kelly, M. (2008). Traumatic neuralgia from pressure-point strikes in the martial arts: results from a retrospective online survey. *The Journal of the American Osteopathic Association, 108(6)*, 284-287.

Kijima, A., Kadota, K., Yokoyama, K., Okumura, M., Suzuki, H., Schmidt, R. C & Yamamoto, Y. (2012). El cambio de dinámica en una competición interpersonal provoca una sincronización de jugadores "en punto muerto". *PloS One*, 7 (11), e47911. https://doi.org/. Retrieved from https://doi.org/

Kim, J. M. (1998, Sep). Los conceptos de niños coreanos sobre la autoridad de adultos y compañeros y el razonamiento moral. *Dev Psychol. , 5*(34), 947-55.

Kimm, H. Y. (2020, Marzo). Choi Hong Hi: el origen del nombre de Taekwondo, su historia... *Katana*. Retrieved from https://www.revistakatana.com/leyendas/choi-hong-hi-el-origen-del-nombre-de-taekwondo-su-historia/

Knaus, W. (2010). *End Procrastination Now!* New York: McGraw-Hill.

Kottke, F., & Lehmann, J. (1994). *Krusen. Medicina física y Rehabilitación*. Madrid: Panamericana.

Krabben, K., Orth, D. & Van der Kamp, J. (2019). El combate como sinergia interpersonal: un enfoque de dinámica ecológica para los deportes de combate. *Medicina deportiva (Auckland, Nueva Zelanda)*, 49 (12), 1825–1836. https://doi.org/10.1007/s40279-019-0.

Kraus, M. & Chen, T. (2013). A winning smile? Smile intensity, physical dominance, and fighter performance. *Emotion. , Apr;13(2):270-9. doi: 10.1037/a0030745. Epub 2013 Jan 28.

Lacan, J. (2008). *Seminarios. Libro 16*. Buenos Aires: Paidos.

Laplanche, Jean & Pontalis, Jean-Bertrand . (1996). *Diccionario de psicoanálisis*. Buenos Aires: Paidos.

Le Deux, J. (1998). *The Emotional Brain*. London: Weindenfeld & Nicolson.

Le Veau, B. (1991). *Biomecánica del movimiento humano*. Trillas: México.

Lee, B. (1975/ 1994). *The Tao of Jeet Kune Do*. California: Ohara Publications Incorporated.

Lee, B. (1975/2014). *El Tao del Jeet Kune Do*. Madrid: Eyras.

Lee, B. (2020). *Bruce lee un artista de la vida. Sus escritos esenciales*. (A. P. Rodriguez, Trans.) Badalona: Koan.

261

Lee, S. H., Scott,S., Pekas, E., Lee, S., Lee, S. & Park, S. Y. (2019). Taekwondo training reduces blood catecholamine levels and arterial stiffness in postmenopausal women with stage-2 hypertension: randomized clinical trial. *Clin Exp Hypertens, 41*(7), 675-681.

Le-Hoa, M. & Wolfe, J. M. (2015). The role of memory for visual search in scenes. *Ann N Y Acad Sci.* , March ; 1339(1): 72–81. doi:10.1111/nyas.12667.

Lenfesty, H. L. & Morgan, T. J. H. (2019, Diciembre 17). Por reverencia, no miedo: prestigio, religión y regulación autonómica en la evolución de la cooperación. *Front Psychol* , 10:2750. doi:10.3389/fpsyg.2019.02750

Licata, A., Taylor, S., Berman, M. & Cranston, J. (1993). Effects of cocaine on human aggression. *Pharmacology Biochemistry and Behavior, 45*(3), 549-552. doi:https://doi.org/10.1016/0091-3057(93)90504-M.

linea, D. e. (2020, 10 10). *Etimologías de Chile.* Retrieved from http://etimologias.dechile.net/?robar

Litovsky, R. (2015). Development of the auditory system. *Handb Clin Neurol.* , 55-72. doi:10.1016/B978-0-444-62630-1.00003-2.

Lizasoain, I.; Moro, M.A. & Lorenzo, P. (2002). Cocaína: Aspectos Farmacológicos. *Adicciones, 14*(1).

López de Subijana, C., Ramos, J., García, C. y Chamorro, JL. (2020). El proceso de empleabilidad de deportistas españoles jubilados de élite: comparación de género y éxito deportivo. *Revista internacional de investigación ambiental y salud pública , 17*(15). doi:10.3390 / ijerph17155460

López-Vera, J. (2016). *Historia de los Samuráis.* Gijón: Satori.

Lorenz, K. (1963 [1971]). *Sobre la agresión: el pretendido mal.* (F. Blanco, Trans.) México, México: Siglo XXI.

Lorenz, K. (1965 [1984]). *Consideraciones sobre las conductas animal y humana.* Buenos Aires: Planeta Agostini.

Lota, K. S., Malliaropoulos, N., Blach, W., Kamitani, T., Ikumi, A., Korakakis, V., & Maffulli, N. (2022). Rotational head acceleration and traumatic brain injury in combat sports: a systematic review. *British medical bulletin, 141*(1), 33-46.

Loyber, I. (1999). *Funciones motoras del sistema nervioso.* Buenos Aires: El Galeno Libros.

Madden, M. (1995). Perceived vulnerability and control of martial arts and physical fitness students. *Perceptual and motor skills*, 80(3 Pt 1), 899–910. https://doi.org/10.2466/pms.1995.80.3.899.

Magkos, F. & Kavouras, S. A. (2004). Caffeine and ephedrine: physiological, metabolic and performance-enhancing effects. *Sports Med*, 871-879. doi:10.2165/00007256-200434130-00002. PMID: 15487903.

Manzaneque, J. M., Vera, F. M., Carranque, G. A., Rodríguez-Peña, F. M., Navajas, F, & Blanca, M. J. (2018, Jun 26). Immunological Modulation in Long-Term Karate Practitioners. *Evid Based Complement Alternat Med.*

Martínez Martínez, A. & Rábano Gutiérrez, A. (2002). Efectos del alcohol etílico sobre el Sistema Nervioso. *REV ESP PATOL, 35*(1), 63-76.

Martínez-Fierro, S. & Lechuga Sancho, M. P. (2021). Elementos descriptivos y estructura conceptual de la investigación sobre techos de vidrio. *Revista internacional de investigación ambiental y salud pública, 15*(18), 8011. Retrieved from https://doi.org/10.3390/ijerph181

McEwen, B. S. & Sapolsky, R. M. (1995, Abril). Stress and cognitive function. *Curr Opin Neurobiol, 5*(2), 205-16. doi:10.1016 / 0959-4388 (95) 80028-x

McGill, S. M., Chaimberg, J. D., Frost, D. M. & Fenwick, C. M. (2010). Evidence of a double peak in muscle activation to enhance strike speed and force: an example with elite mixed martial arts fighters. *Journal of strength and conditioning research*(24), 348-357. doi:https://doi.org/10.1519/JSC.0b013e3181cc23d5

Mead, N.L., Baumeister, R.F., Stuppy, A., Vohs, K. D. (2018, Apr). Power increases the socially toxic component of narcissism among individuals with high baseline testosterone. *Journal of Experimental Psychology. General, 4*, 591-596. doi:10.1037/xge0000427

Meistera, M. L. R. & Buffaloa, E. A. (2016). Getting directions from the hippocampus: The neural connection between looking and memory. *Neurobiol Learn Mem.* , October ; 134(Pt A): 135–144. doi:10.1016/j.nlm.2015.12.004.

Melillo, R., Leisman, G., Mualem, R., Ornai, A. & Carmeli, E. (2020). Efectos persistentes de la reducción del reflejo primitivo infantil en el rendimiento cognitivo, sensoriomotor y académico en el TDAH. *Fronteras en salud pública*, 8 , 431835. https://doi.org/10.3389/fpubh.2020.431835.

Mello, A. d. (2008). *Autoliberación interior.* Madrid: Lumen.

Mendonça D. L. C. , Alonso A. C. , Greve J. M. D. & Garcez-Leme L. E. . (2017, Nov). Assessment of the quality of life, muscle strength, and dynamic balance of elderly Kendo players. *Clinics (Sao Paulo), 11*(72), 661-6. doi:doi: 10.6061/clinics/2017(11)03.

Menescardi, C., Liebana, E. & Falco, C. (2019, Julio-Diciembre). ¿Por qué ganan los y las taekwondistas los combates? Un análisis en función de la categoría de peso olímpica y el resultado de los combates. *Revista de Artes Marciales Asiáticas, 14(2)*, 67-82.

Mercado Cruz, E. (2003, enero-junio). De estudiante a maestro practicante: los ritos de paso en las prácticas pedagógicas en la escuela. *Tiempo de Educar, 4*(7), 121-151. Retrieved 12 22, 2019

Migliorini, L., Cardinali, P. & Rania, N. (2011). La cotidianidad de lo familiar y las habilidades de los niños. *Psicoperspectivas, 10*, 183-201. doi:10.5027/PSICOPERSPECTIVAS-VOL10-ISSUE2-FULLTEXT-165

Millan, G. (2015). El Dojang: escuela de disciplina y moralidad. *Revista de Artes Marciales Asiáticas, 10*(1), 1-15. Retrieved from http://revpubli.unileon.es/ojs/index.php/artesmarciales

Millán, G. A. (2019). La Honorable Hermandad de Cinturones Negros en las artes marciales coreanas. (U. d. León, Ed.) *Revista de Artes Marciales Asiáticas, 14*(1), 21-36. doi:10.18002/rama.v14i1.5863

Millazo, N.I.; Farrow D.; Ruffault A. &, Fournier, J.F. (2016, Aug). Do karate fighters use situational probability information to improve decision-making performance during on-mat tasks? *J Sports Sci.*, 34(16):1547-56. doi:10.1080/02640414.2015.1122824. Epub 2015 Dec 14.

Miller-Lane, J. (2007). La oposición leal y la práctica del Aikido. *Revista de Artes Marciales Asiáticas, 2*(2), 64-81.

Miller-Lane, J. (2007). La oposición leal y la práctica del aikido . *Revista de Artes Marciales Asiáticas*(2), 64-81.

Miralles Marrero, R. (1998). *Biomecánica Clínica del aparato locomotor.* Barcelona: Masson.

Mobbs, D., Hagan, C., Dalgleish, T., Silston, B. & Prévost, C. (2015). The ecology of human fear: survival optimization and the nervous system. *Frente Neurosci*, 9:55. doi:10.3389/fnins.2015.00055

Moliner, M. (2007). *Diccionario de uso del español.* Buenos Aires: Del Nuevo Extremo.

Monk, R. (1994). *Ludwig Wittgenstein. El deber de un genio.* Barcelona: Anagrama.

Monleau y Roca, P. F. (1866). *Diccionario etimológico de la lengua castellana.* Madrid: Imprenta y estereotipia de M. Rivadenetra.

Montalbetti, M. (2014). *Cualquier hombre es una Isla. Ensayos y Pretextos.* LIma: Fondo de Cultura Económica.

Moore B, Woodcock S, Dudley D. (2018). Developing Wellbeing Through a Randomised Controlled Trial of a Martial Arts Based Intervention: An Alternative to the Anti-Bullying Approach. *Int J Environ Res Public Health. 2018 Dec 29;16(1).* pii: E81. doi: 10.3390/ijerph16010081.

Moreira, P., Falco, C., Menegaldo, L., Goethel, M., de Paula, L. & Gonçalves, M. (2021). ¿Son los pares isocinéticos de las piernas y la velocidad de la patada predictores confiables del nivel competitivo en los atletas de taekwondo? *PloS uno,* 16 (6), e0.

Moreno de Alba, J. (1992). *Minucias del Lenguaje.* Madrid: Fondo de Cultura Económica.

Mörtl, A., Lorenz, T., Vlaskamp, B. N., Gusrialdi, A., Schubö, A. & Hirche, S. (2012, Jul). Modeling inter-human movement coordination: synchronization governs joint task dynamics. *Biol Cybern*(106 (4,5)), 241-59. doi:10.1007/s00422-012-0492-8. Epub 2012 May 31. PMID: 226485

Muñoz Cobos, F., Alarcón Pariente, E., Gaspar Solanas, A., Méndez Ramos, M., Canalejo Echeverría, A. & Burgos Varo, M. L. (2019). The effect of a falls prevention program in elderly people in primary health care. What does Tai Chi practice provide? *Rev Esp Salud Publica.*

Musashi, M. (1643 (1996)). *El libro de los cinco anillos.* (T. Cleary, Trans.) Madrid: Editorial Barca de sabiduría.

Mutic, S., Brünner, Y., Rodriguez-Raecke, R., Wiesmann, M. & Freiherr, J. (2017, May). Chemosensory danger detection in the human brain: Body odor communicating aggression modulates limbic system activation. *Neuropsychologia,* 187-198.

Mutic, S., Parma, V., Brünner, Y. & Freiherr, J. (2016, Jun). You Smell Dangerous: Communicating Fight Responses Through Human Chemosignals of Aggression. *Chem Senses,* 35-43.

Myers, T. & Balmer, N. (2012). The impact of crowd noise on officiating in MuayThai: achieving external validity in an experimental setting. *Frontiers in Psychology.* doi:doi: 10.3389/fpsyg.2012.00346

Nakayama, M. (1979). *Best Karate.* New York: Kodansha International.

Neniskyte, U. & Gross, C. (2017). Errant gardeners: glial-cell-dependent synaptic pruning and neurodevelopmental disorders. *Nature Reviews Neuroscience, 18,* 658–670.

Niesztche, F. (1883). *Así habló Zaratustra.* Madrid: Alianza.

Nietzsche, F. (1887). *La Genealogía de la Moral.* Madrid: Edimat Libros.

Nieztche, F. (1892 (2007)). *Así habló Zaratustra.* Buenos Aires: Alianza Editorial.

Nishio, S. (2004). *Aikido. Yurusu Budo.* Japan: Aiki News.

Nobre, A. & Kastner, S. (2014). Attention: Time Capsule 2013. In *The Oxford Handbook of Attention.* Oxford, UK: Oxford University Press.

Nota, A., Tecco, S., Ehsani, S., Padulo, J. & Baldini, A. (2017, Dec). Postural stability in subjects with temporomandibular disorders and healthy controls: A comparative assessment. *J Electromyogr Kinesiol, 37,* 21-24. doi: 10.1016/j.jelekin.2017.08.006. Epub 2017 Aug 31.

Núñez, A. (2007). Los pliegues del tiempo: Kronos, Aión y Kairós. *Paperback*(4).

Olsson, A.; Ebert, J.; Banaji, M. & Phelps, E. A. (2005, Jul 29;309(5735)). The role of social groups in the persistence of learned fear. *Science,* 785-7. doi:10.1126/science.1113551. PMID: 16051800.

Ortega y Gasset, J. (1946). *Obras Completas. Tomo II.* Madrid: Revista de Occidente.

Ostrovsky, Ana Elisa; Moya, Luis Alberto. (2014, octubre-diciembre). La mirada del extranjero. Reflexiones de José Ortega y Gasset sobre la psicología de los varones y las mujeres argentinas. *Universitas Psychologica, 13*(5), 1993-2002.

Oyama, M. (1978). *Mas Oyamas Essential Karate.* New York: Sterling Publishing Co., Inc.

Pannikkar, R. (2005). *Espiritualidad Hindú*. Barcelona: Kairós.

Parovel, G. & Guidi, S. (2020). Sobreestimación de la velocidad del objeto en movimiento en el efecto causal de la reacción intencional. *i-Perception, 11*(6). doi:2041669520980019. https://doi.org/10.1177/2041669520980019

Patterson, R., Operskalski, J. T. & Barbey, A. K. (2015). Explicación motivada. *Frontiers in Human Neuroscience*, 559.

Pavelka, R., Třebický, V., Fialova, J., Zdobinsky, A., Coufalova, K., Havlíček, J. et al. (2020). La fatiga aguda afecta los tiempos de reacción y la consistencia de la reacción en los luchadores de artes marciales mixtas. *PLoS One*, e0227675 . doi:10.1371/journal.pone.0227675. eCollection 2020.

Pech, V.S. & Raschka Ch. (2005). Deformation of the fist due to Taekwondo training. *MMW Fortschr Med. 2005 Oct 20;147(42)*, 48-9.

Pecht, V. S., & Raschka, C. h. (2005). Droht dieser Faust bald das Knock-out? [Deformation of the fist due to Taekwondo training].. *MMW Fortschritte der Medizin, 147(42)*, 48-49.

Penn B. J. ; Cordoza, G. & Krauss, E. (2007). *Mixed Martial Arts. Books of knowledge*. Calfornia: Victory Belt Publishing.

Pinguet, M. (1984 (2016)). *La muerte voluntaria en Japón*. Buenos Aires: Adriana Hidalgo.

Platonov, V. N. (2001). *Teoría General del Entrenamiento Deportivo Olímpico*. Barcelona: Paidotribo.

Prigogine, I. (1997 [1983]). *¿Tan sólo una ilusión?* Barcelona: Tusquets.

Quignard, P. (2015). *Morir por pensar*. Buenos Aires: El Cuenco de Plata.

Rajchert, J., Konopka, K., Huesmann, L.R. (2014). It is More than Thought that Counts: the Role of Readiness for Aggression in the Relationship Between Ostracism and Displaced Aggression. *Curr Psychol. , 3*(36), 417-427. doi:1007/s12144-016-9430-6.

Rassovsky, Y.; Harwood, A.; Zagoory-Sharon, O. & Feldman, R. (2019, Sep10;9(1):12980). Martial arts increase oxytocin production. *Sci Rep.* . doi:10.1038/s41598-019-49620-0.

Real Academia Española. (2014). *Diccionario de la Lengua Española*. Madrid: http://www.rae.es/recursos/diccionarios/drae.

Rebollo, M. A. & Montiel, S. (2006). Atención y funciones ejecutivas. *REV NEUROL 2006, 42 (Supl 2)*, S3-7.

Reifel Saltzberg, J., Hondzinski, J.M. & Flandes, M. (2001). Humans adapt the initial posture in learning a whole-body kicking movement. *Neurosci Lett.* doi:10.1016/s0304-3940(01)01875-4.

Rhee, J. (n.d.). *Tan Gun and Do San Hyong in Taekwondo*. Washington: O'Hara Publications.

Richardson, M. J., Harrison, S. J., Kallen, R. W., Walton, A., Eiler, B. A., Saltzman, E. & Schmidt, R. C. (2015). Acción conjunta complementaria autoorganizada: Dinámica de comportamiento de una tarea interpersonal para evitar colisiones. *Revista de psicología experimental*.

Rivero, M. (2009). Teoría Genética de Piaget: Constructivismo Cognitivo. *Universidad de Barcelona*. Retrieved from https://s3.amazonaws.com/academia.edu.documents/37821440/Teoria_de_Jean_Piaget.pd f?response-content-disposition=inline%3B%20filename%3Dpiaget.pdf&X-Amz-Algorithm=AWS4-HMAC-SHA256&X-Amz-Credential=AKIAIWOWYYGZ2Y53UL3A%2F20191209%2Fus-east-1%2Fs3%2Faws4_req

Rosa, F. & Giulia, T. (2017, Mayo). Cognitive and personality factors in the regular practice of martial arts. *The Journal of Sports Medicine and Physical Fitness, 05.*

Rubio-Pérez, M. A., Gálvez-Ruiz A. L., Sepúlveda-Gázquez, M., Planellas-Giné, L. & Roquer-González, J. (2011). Revisión del modelo del control de la mirada vertical. *Rev Neurol, 53*(8), 477-482.

Ruglioni, G. (2003). *Ki Aikido. La unificación del cuerpo y de la mente*. Barcelona: Paidotribo.

Rybanska V., McKay R., Jong J. & Whitehouse H. (2018, Mar). Rituals Improve Children's Ability to Delay Gratification. *Child Development, 2*(89), 349-359. doi:10.1111/cdev.12762

Sánchez García, R. (2013). Taming the habitus: the gym and the dojo as civilizin workshop. In R. &. Sánchez García, *Fighting Scholars: Habitus and Ethnographies of Martial Arts and Combat Sports* (pp. 155-170). London: Anthem Press.

Sant'Ana, J., Franchini, E., da Silva, V. & Diefenthaeler, F. (2017). Efecto de la fatiga sobre el tiempo de reacción, el tiempo de respuesta, el tiempo de rendimiento y el impacto de la patada en la patada circular de taekwondo. *Sports Biomech*, Jun;16(2):201-209. doi: 10.1080/14763141.2016.1217347. Epub 2016 Sep 5.

Sargeant, J. A. (1959). *Sumo. The Sport and Tradition*. Vermont/Tokyo: Charles E. Turtle Company Inc.

Sartre, J.-P. (1943). *El ser y la nada* (1993 ed.). (J. Valmar, Trans.) Buenos Aires: Altaya.

Sawynok, J. (2018). Benefits of Tai Chi for fibromyalgia. *Pain Manag. 2018 Jul 1;8(4):247-250. doi: 10.2217/pmt-2018-0021. Epub 2018 Jun 5.*

Schall, M., Goetz, T., Martiny, S., & Maymon, R. (2015, Aug). Responses to Success: Seeking Pleasant. *PLoS ONE, 21*(10(8)).

Schiera, G., Di Liegro, CM., Di Liegro, I. (2019). Cell-to-Cell Communication in Learning and Memory: From Neuro- and Glio-Transmission to Information Exchange Mediated by Extracellular Vesicles. *Int J Mol Sci. 2019*, Dec 30;21(1). pii: E266. . doi:10.3390/ijms21010266.

Šebesta, P., Třebický, V., Fialová, J., & Havlíček, J. . (2019). Roar of a Champion: Loudness and Voice Pitch Predict Perceived Fighting Ability but Not Success in MMA Fighters. *Frontiers in psychology, 10, 859.* doi:10.3389/fpsyg.2019.00859

Šebesta, P., Třebický, V., Fialová, J., Havlíček, J. (2019). Roar of a Champion: Loudness and Voice Pitch Predict Perceived Fighting Ability but Not Success in MMA Fighters. *Front Psychol.* doi:10.3389/fpsyg.2019.00859

Segalen, M. (1998 [2005]). *Ritos y rituales Contemporaneos.* Madrid: Alianza.

Seligman, M. (2002). *Authentic Hapinness.* New York: Free Press. Retrieved from https://archive.org/details/authentichappine00seli_0

Seligman, M. E. & Maier, S. F. (2016, Julio). Learned helplessness at fifty: Insights from neuroscience. *Psychol Rev., 4*(123), 349-67. doi:10.1037/rev0000033.

Shin, J., Lee, Y., Kim, S.G., Choi, B.Y., Lee, H. & Bang, S. (2015, diciembre). The beneficial effects of Tai Chi exercise on endothelial function and arterial stiffness in elderly women with rheumatoid arthritis. *Arthritis Research & Therapy, 24*(380).

Shin, Y., Lee, Y., Kim, S. G., Choi, B. Y., Lee, H. S. & Bang, S. (2015). The beneficial effects of Tai Chi exercise on endothelial function and arterial stiffness in enderly woman with rheumatoid arthritis. *Arthritis Research & Therapy, 17:380.*

Sinnett, S., Maglinti, C. & Kingstone, A. (2018). Grunting's competitive advantage: considerations on force and distraction. *PLoS One, 13*(2). Retrieved from https://doi.org/10.1371/journal.

Sloterdijk, P. (1998 [2017]). *Esferas. Vol I.* Madrid: Siruela.

Sloterdijk, P. (2010 [2017]). *Ira y Tiempo.* Anzos, España: Siruela.

Spencer, D. (2013). Sensing violence: An ethnography of mixed martial arts. *Ethnography, 0.*

Stanger, N., Kavussanu, M., & Ring, C. (2012). Put yourself in their boots: effects of empathy on emotion and aggression. *Journal of sport & exercise psychology*, 34(2), 208–222. https://doi.org/10.1123/jsep.34.2.208.

Sternberg, R. J. (2012, Marzo). Intelligence. *Dialogues in Clinical Neuroscience, 14*(1), 19-27.

Suárez, A. B. (2000). Artículo reflexiones acerca del uso de los conceptos de eficiencia, eficacia y efectividad en el sector salud año 2026 1:50 56. *Revista cubana de salud pública, 26*(1), 50-56.

Šumec, R., Filip, R., Sheardová, K. & Bares, M. (2015). Psychological Benefits of Nonpharmacological MethodsAimed for Improving Balance in Parkinson's Disease:A Systematic Review. *Behavioural Neurology.* doi:http://dx.doi.org/10.1155/2015/620674

Sun, L., Zhuang, L. P., Li, X. Z., Zheng, J. & Wu, W. F. (2019, Oct). Tai Chi can prevent cardiovascular disease and improve cardiopulmonary function of adults with obesity aged 50 years and older: A long-term follow-up study. *Medicine (Baltimore), 98*(42). doi:10.1097/MD.0000000000017509.

Suryaningrat RD, Mangunsong FM, Riantoputra CD. (2020). Teachers' aggressive behaviors: what is considered acceptable and why? . *Heliyon*, Oct 17;6(10):e05082. doi: 10.1016/j.heliyon.2020.e05082. PMID: 33102833; PMCID: PMC7575843.

Suzuki, D. T. (1995 [1949]). *Ensayos sobre Budismo Zen.* Buenos Aires: Kier.

Swami, V., Gaughan, H., Tran, U., Stieger, S. & Voracek, M. (2015, Sep). Are tattooed adults really more aggressive and rebellious than those without tattoos? *Body Image, 15*, 149-52. doi:10.1016/j.bodyim.2015.09.001. Epub 2015 Oct 4.

Taylor, S. (1983, noviembre). Adjustment to threatening events: A theory of cognitive adaptation. *American Psychologist, 38*(11).

Tomás, E. d. (n.d.). Texto copto de Nag Hammadi- Evangelio de Tomás. *http://escrituras.tripod.com/Textos/EvTomasGn.htm#texto copto.*

Tonna, M., Marchesi., C., & Parmigiani, S. (2019). The biological origins of rituals: An interdisciplinary perspective. *Neurosci Biobehav Rev.*, Mar;98:95-106. doi: 10.1016/j.neubiorev.2018.12.031. Epub 2019 Jan 2.

Trebicky, V., Havlícek, J., Roberts, S. C., Little, A. C. & Kleisner, K. (2013). Perceived aggressiveness predicts fighting performance in mixed-martial-arts fighters. *Psychol Sci*, 1664-72. doi:10.1177/0956797613477117

Tsunetomo, Y. (1991/1716). *Hagakure. El libro de los samurais.* . Buenos Aires: SigloVeinte.

Tzu, Sun & Ames, R. T. (1993). *The art of war: the first English translation incorporating the recently discovered Yin-ch' ueh-shan texts.* NY, New York: Ballantine Books.

Ueshiba, K. (1984). *The spirit of Aikido.* New York: Kodansha International.

Umbers, K., White, T. E., De Bona, S., Haff, T., Ryeland, J., Drinkwater, E. & Mappes, J. (2019). The protective value of a defensive display varies with the experience of wild predators. *Scientific reports*, 9(1), 463. doi:10.1038/s41598-018-36995-9

Vallortigara, G. (2006, Sep). The evolutionary psychology of left and right: costs and benefits of lateralization. *Dev Psychobiol., 6*(48), 418-27.

265

Vargas Castro, D. A. (2016). Profecía autocumplida o los dos tiempos de la verdad. *Desde el Jardín de Freud, 16*, 63-75. doi:10.15446/dfj.n16.58154

Vavalle, N., Thompson, A. B., Hayes, A. R., Moreno, D. P., Stitzel, J. D. & Gayzik, F. S. (2014, Jun). Investigation of the mass distribution of a detailed seated male finite element model. *J Appl Biomech, 30*(3), 471-6. doi:10.1123

Volk, E. (2000). Autoconciencia por le movimiento. Método Feldenkrais. In *Encyclopedie Medico Chirurgicale*. Paris: Editions Scientifiques et Medicales Elsevier SAS.

Voss, I. M. (1998). *Facilitación Neuromuscular Propioceptiva*. Madrid: Panamericana.

Wąsik, J. & Shan, G. (2015). Efecto objetivo sobre la cinemática de Taekwondo Roundhouse Kick: ¿la presencia de un objetivo físico es un estímulo que influye en la generación de energía muscular? . *Acta Bioeng Biomech. 17(4):115-20.* .

Wasik, J. & Shan, G. (2015). Target effect on the kinematics of Taekwondo Roundhouse Kick - is the presence of a physical target a stimulus, influencing muscle-power generation? *Acta Bioeng Biomech, 4*(17), 115-20.

Wąsik, J., Ortenburger, D., Góra, T., Shan, G., Mosler, D., Wodarski, P. & Michnik, R. A. (2018). La influencia del género, la extremidad inferior dominante y el tipo de objetivo en la velocidad de la patada frontal de taekwon-do. *Acta Bioeng Biomech*, 133-138.

Watling, D. & Damaskinou, N. (2018). Children's Facial Emotion Recognition Skills: Longitudinal Associations With Lateralization for Emotion Processing. *Child Dev. 2018* , Dec 6. doi: 10.1111/cdev.13188. [Epub ahead of print].

Watzlawik, P., Beavin Bavelas J. & Jackson D. D. (1991). *Teoría de la comunicación*. Barcelona: Herder.

Weill-Fasina, A. (00). Diccionario: Esquema. *Laboreal*.

Weiszäcker, V. V. (2005). *Patosofía*. Buenos Aires: Del Zorzal.

Welch, A. & Tschampl, M. (2012). Something to Shout About: A Simple Quick Performance Enhancement Technique Improved Strength in Both Experts and Novices. *Journal of Applied Sport Psychology*, 418-428. Retrieved from http://dx.doi.org/10.1080/10413200.2012.688787

Welch, A. S. (2012). Something to Shout About: A Simple, Quick PerformanceEnhancement Technique Improved Strength in Both Experts and novices. *Journal of Applied Sport Psychology* · *October 2012*. doi:DOI: 10.1080/10413200.2012.688787

Williams, K. (2007). Ostracism: The Kiss of Social Death. *Social and Personality Psychology Compass, 1*(1), 236-347. doi:10.1111/j. 1751-9004.2007.00004.x.

Williams, S., Middleton, E. R., Villamil, C. I. & Shattuck, M. R. (2016). Vertebral Numbers and Human Evolution. (A. A. Anthropologist, Ed.) *Yearbook of Physical Anthropology*(159), S19–S36.

Wittgestein, L. (1921). *Tractatus Logico Philosophicus*.

Wofl, O. & Swabe, L. (2010, Feb). Learning under stress impairs memory formation. *Neurobiol Learn Mem, 93 (2):*, 183-8. doi:10.1016 / j.nlm.2009.09.009

Woodward, T. (2009). A review of the effects of martial arts practice on health. *WMJ. 2009 Feb;108(1):40-3*.

Woodward, T. W. (2009, Feb 108 (1)). A review of the effects of martial arts practice on health. *WMJ. 2009*, 40-3.

Woolfolk, A. (2010). *Psicología Educativa*. México D.F.: Pearson Educación.

xx. (00). Diccionario: Apropiación. *Laboreal*.

Yamamoto, T. (1979). *Hagakure. El camino del samurai*. Oxobuco.

Yañez, B. & Gomila, A. (2018). Evolución de la esclerótica en el ojo humano. Una hipótesis social. *Ludus Vitalis, XXXVI*(49), 119-132.

Zafeiriou, D. I. (2004). Primitive reflexes and postural reactions in the neurodevelopmental examination. *Pediatric Neurology, 1*(31), 1-8. doi:10.1016/j.pediatrneurol.2004.01.012

Zaza Atanelov & Thomas P. Bentley. (2019). *Greenstick Fracture*. StatPearls Publishing LLC.

Zeng, Y. & Crew, S. (2018). Biomechanics of omnidirectional strikes in flat spiders. *J Exp Biol.* , Apr 11;221(Pt 7). doi: 10.1242/jeb.166512.

Zenko, Z.; Ekkekakis, P. & Ariely, D. (2016, Apr). Can You Have Your Vigorous Exercise and Enjoy It Too? Ramping Intensity Down Increases Postexercise, Remembered, and Forecasted Pleasure. *J Sport Exerc Psychol., 2*(38), 149-59. doi:10.1123/jsep.2015-0286. Epub 2016 Mar 15.

Zhong, D., Xiao, Q., He, M., Li, Y., Ye, J., Zheng, H., Xia, L., Zhang, C., Liang, F., Li, J. & Jin, R. (2019). Tai Chi for improving balance and reducing falls: A protocol of systematic review and meta-analysis. *Medicine (Baltimore)*, e15225.

Zilioli, S., Sell, A. N., Stirrat, M., Jagore, J., Vickerman, W. & Watson N. (2014, Junio 6). Face of a fighter: Bizygomatic width as a cue of formidability. *Aggressive Behavior*. Retrieved from https://doi.org/10.1002/ab.21544

Žižek, S. (1992 [2021]). *¡Goza tu síntoma!* (H. Pons, Trans.) Buenos Aires: Godot.

Žižek, S. (2006). *Visión de Paralaje*. México D.F.: Fondo de Cultura Económica.

Žižek, S. (2009). *Sobre la Violencia*. Barcelona: Paidós.

Zweig, C. & Abrams, J. (1991). *Encuentro con la sombra*. (D. González, & F. Mor, Trans.) Madrid: Kairos.

ÍNDICE